구범진

서울대 동양사학과에서 학사, 석사, 박사 학위를 취득하였다.
성균관대 동아시아 학술원, 서울시립대 국사학과를 거쳐 현재
서울대 동양사학과에 재직 중이다. 「청말(清末)의 북양신정(北洋新政)
연구」로 박사 학위를 취득한 이래 청나라의 염세와 재정 문제를
공부하는 외에 조선·청의 관계에도 꾸준한 관심을 두고 있다.

청나라, 키메라의 제국

01　서울대 인문 강의

청나라, 키메라의 제국

구범진

민음사

일러두기

1. 인명과 지명 등 고유 명사는 해당 언어의 발음대로 표기하는 것을 원칙으로 하였다.

2. 지금도 사용되는 중국어 지명은 한어 발음을 옮겼고, 지금은 쓰지 않는 옛 지명은 우리말 한자음으로 적었다. 인명은 신해혁명 이전 생존 인물이라면 우리말 한자음, 신해혁명 이후 생존 인물이라면 한어 발음으로 표기하였다.

3. 만주어는 특별한 경우가 아닌 한 그 발음을 한글로 적을 뿐 로마자 전사 형태는 따로 밝히지 않았다. 이름 표기에 이설이 있는 누르하치/누르가치, 슈르하치/슈르가치는 모두 '누르하치'와 '슈르하치'로 통일하였다.

4. 팔기에 편입된 조선인 후예의 이름은 만주어 발음으로 적었다. 예컨대 신달리(新達理) 대신에 신다리(Sindari)로 썼다.

5. 지배자의 칭호인 칸/한은 몽골인이라면 '칸', 여진-만주인이라면 '한'으로 썼다.

6. 몽골/몽고는 모두 몽골로 통일하였다. 단, '팔기몽고', '몽고아문' 같은 관제(官制) 용어나 직접 인용한 만주어 사료의 경우에는 '몽고'로 적었다.

7. 몽골어는 현재 국내외 학계에서 통용되는 표기법을 채택하였다. 이 때문에 몇몇 고유 명사는 국립국어원의 외래어 표기법과 다르게 적었다. 예컨대 '테무친', '칭기즈', '중가르' 등은 각각 '테무진', '칭기스', '준가르' 등으로 적었다.

8. 유구(琉球)는 19세기 말에야 일본 영토가 되었다는 사실을 중시하여 '류큐'가 아닌 '유구'로 표기하였다.

들어가는 말
두 마리 토끼 잡기

　　이 책은 청나라의 역사에 관한 이야기다. 학창 시절 많은 이의 기피 과목이었던 역사를, 그것도 우리나라도 아닌 남의 나라 역사를 다루었으니 대부분의 독자는 이 책을 어렵다고 느낄 것이다. 아마도 십중팔구는 곳곳에서 튀어나오는 낯선 인명과 지명, 복잡하게 전개되는 상황 등으로 어지간히 골치가 아플 것이다. "좀 읽기 쉽게 쓸 것이지, 이건 너무 어렵잖아!"라고 질타하는 독자의 목소리가 벌써부터 귓가에 맴돈다.

　　사실 전문적인 역사 연구자가 일반 교양 독자를 위한 글을 쓰기란 여간 어려운 일이 아니다. 오히려 소수의 전문가를 겨냥한 학술 논문이 훨씬 쓰기 편하다. 특히 한문 사료에 주로 의존할 수밖에 없고, 그 때문에 사료를 가득 채우고 있는 한자 용어의 사용을 피할 수 없는 동양사 연구자의 글이라면, 독서 대중에게 다가서기가 더욱더 어렵기 마련이다. 그래서인지 몰라도 우리나라의 동양사 연구자가 우리 독서 대중의 읽을거리를 직접 저술한 사례는 손으로 꼽을 지경이다. 그 결과 교양 독자층은 거의 외국 학자가 쓴 저술을 번역한 것을 읽으며 지적 욕구를 해소했다.

이런 상황에서 이 책이 세상에 나온 계기는 서울대학교에서 기획한 인문 강의 시리즈 덕분이다. 근래 인문학에 대한 지적 갈망과 관심이 높은 가운데 서울대학교 인문대학은 민음사의 후원을 받아 대중을 위한 인문 강의 시리즈를 기획하였다. 인문 강의 시리즈의 기획자는 청나라 역사를 소재로 삼은 강의와 저서 집필을 권유하였다.

그런데 기획자는 마치 텔레비전의 예능 프로그램에 '재미'와 '감동'을 동시에 요구하듯이, 독서 대중에게 '재미'를 주면서도 독창적인 연구 성과를 담아 학문적인 '감동'까지 자아낼 것을 요구하였다. 그것은 서투른 사냥개에게 두 마리 토끼를 동시에 쫓아가서 잡으라는 것과 다름이 없었다. '두 마리 토끼 잡기'가 부담스럽기는 하였지만, 이번 인문 강의가 거대 제국 청나라의 구조와 성격에 대한 내 나름의 생각을 독서 대중에게 전달할 수 있는, 앞으로 다시 찾아오지 않을지도 모르는 소중한 기회라는 생각이 들었다.

과거 청나라는 '중국 역사 속의 마지막 왕조'로 일컬어졌다. 또한 명청시대(明淸時代)라는 용어에 단적으로 드러나듯이 청은 명(明)과 연칭(連稱)되면서 중국의 전통을 완성한 왕조로 기억되었다. 그러나 근년 들어 세계 여러 나라에서 청나라의 역사를 새롭게 조명하려는 분위기가 역력하다. 미국 학계에서는 '신청사(新淸史)'라는 연구 조류가 형성되어 청의 제국 건설과 그 성공적인 운영이 적극적인 '한화'에 있다는 종래의 시각에 의문을 제기하였다. 일본에서도 청나라 역사를 '중국 역사 속 마지막 왕조'로서의 '청대사(淸代史)'가 아닌 '대청제국사(大淸帝國史)'라는 시각에서 접근하려는 학자들이 주목할 만한 연구 결과를 내놓았다.

중국에서도 청나라 역사에 대한 관심이 고조되기는 마찬가지인데, 이는 오늘날 중국이 직면한 현실 문제와도 관련이 있다. 즉, 티베트, 신장, 내몽골 등 소수민족 자치구에 대한 중국의 주권 주장은 청나라가 남긴 역사적 유산의 행방과 떼려야 뗄 수 없는 관계가 있다. 또한 중국은 청나라가 전성기를 누리던 1800년경의 영토 범위를 곧 중국사의 '역사 주권'이 작용한 공간으로 규정하려 한다. 고구려사의 귀속 문제 등을 중심으로 우리나라와 외교적 갈등을 일으킨 중국의 '동북공정(東北工程)'도 사실 따지고 보면 청나라의 역사를 어떻게 이해할 것인지와 밀접하게 연관된다.

이처럼 근년 들어 청나라 역사에 대한 학계의 관심이 높은 가운데 나는 우리 시각에서 청나라의 역사를 어떻게 이해하고 서술할지 고민하면서 몇 편의 관련 논문을 발표했다. 이들 논문을 준비하는 과정에서 나는 청 제국의 지배 구조가 제국 형성의 역사 과정과 불가분의 관계에 있었으며, 만주 땅의 작은 집단에서 시작되는 청 제국 형성의 역사는 '키메라' 생명체가 잉태되어 태어나고 자라나는 과정에 비유할 수 있다는 생각을 품게 되었다.

여기서 '키메라' 생명체란 서로 다른 유전적 형질을 지닌 세포조직이 하나의 생명체 안에 공존하는 유전자 혼재 생물을 가리킨다. 청나라를 '키메라' 생명체에 비유하는 까닭은 나중에 설명할 것이므로 여기에서는 다만 이 '키메라'라는 말로부터 신화 속 '괴물'의 이미지를 떠올리지 않았으면 한다는 부탁을 독자 여러분께 하고 싶다.

본격적으로 '두 마리 토끼 잡기'를 시작하기 전에 독자 여러분께 세 가지 양해를 구한다.

첫째, 어떤 곳에서는 익숙한 소재를 비교적 평이한 수준에서 이야기하기도 하지만, 또 어떤 곳에서는 소재도 낯설뿐더러 너무하다 싶을 정도로 깊은 수준으로 고찰하고 있다는 점이다. 이처럼 서술 수준이 고르지 못한 이유는 '두 마리 토끼 잡기'를 시도한 탓이다. 나의 '두 마리 토끼 잡기' 전략은 그동안의 연구 성과를 담아낸 아주 긴 논문을 써 내려 간다는 기조를 유지하되 독자의 '흥미'를 자극할 만한 몇 가지 에피소드를 끼워 넣는 것이었다.

둘째, 이 책의 청나라 이야기가 청나라 역사의 전모를 포괄적으로 다룬 것은 아니라는 점이다. 정치·경제·사회·문화 등 다방면에서 접근해야만 비로소 청나라에 대한 온전한 역사상을 얻을 터이지만, 이 책은 주로 정치 분야만을 다루었을 뿐이다. 게다가 이 책은 청나라 정치사의 여러 측면 중에서 우리 독자에게 널리 알려지지 않았다고 판단되는 부분에 초점을 맞추었다. 그러다 보니 보기에 따라서는 균형 감각이 부족한 주장을 앞세울 때도 있다. 이것 역시 내 나름의 연구 성과를 담아내려는 욕심에서 기인한 것으로 양해해 주기 바란다.

　　셋째, 이 책의 이야기가 전적으로 나의 독자적인 연구에 기초한 것은 아니라는 점이다. 이 책에서 나는 나름의 독자적 시각에서 청나라 역사에 접근하고자 시도하였고, 그동안 내가 얻은 연구 결과를 가급적 많이 반영하려고 하였다. 그렇지만 국내외 여러 연구자의 연구 성과에 의지한 부분이 더 많다는 점을 독자 여러분이 기억해 주었으면 한다. 그리고 이와 관련하여 학술 논문을 작성할 때와 같은 수준으로 주석을 달지 못한 점도 특별히 양해해 주기 바란다. 주로 교양 독자층을 대상으로 삼은 이 책의 성격을 감안하여 주석을 최소화한다는 편집 방침을 세웠기 때문이다. 이에 따라 본문에 특정 사료나 연구 논저의 내용을 언급한 것은 그 출처를 밝히는 주석을 달았지만, 적어도 전문가들 사이에 널리 알려진 사실에는 주석을 달지 않았다. 그 대신 참고문헌 목록을 통해서 이 책에 직간접으로 영향을 끼친 국내외 연구 성과를 밝혔다.

　　마지막으로 이 책이 나오기까지 큰 도움을 주신 여러분께 감사의 마음을 전한다. 2010년 4월 8일 서울대학교 박물관 강당을 가득 채우고 강의와 토론을 알차게 만들어 주었던 청중 여러분, 지정 토론을 맡아 수준 높은 비평으로 이 책의 집필에 큰 영감을 주었던 서울대학교 국제대학원의 조영남 교수께 때늦은 감사의 인사를 올린다. 한편 순진(?)하게도 인문 강의 시리즈 기획자가 정해 준 빡빡한 마감 시한을 맞춘 덕분에, 나는 일일이 거명할 수 없을 정도로 많은 분으로부터 소중한 조언을 청취하며 원고를 다듬을 수 있는 기회를 2년 넘게 누릴 수 있었다. 한 분 한 분의 성함을 밝히지 않는 무례를 용서해 주십사 빌면서, 바쁜 와중에 시간을 쪼개어 원고를 읽어 주신 여러분께 고개 숙여 감사의 말씀을 올린다. 이 모든 도움에도 불구하고 이 책에서 사라지지 않은 오류는 전적으로 나의 책임이다. 또한 인문 강의 시리즈를 가능하게 만든 박맹호 회장님과 서울대학교 인문대학의 여러 선생님, 그리고 부실한 원고를 어엿한 단행본으로 만들어 준 민음사 편집진에도 감사의 인사를 올린다.

2012년 8월

구범진

차 례

| 들어가는 말 | 두 마리 토끼 잡기   5

1장   청나라와 중국   13
　　| 더 살펴보기 | 삼전도비의 '수난'   44
2장   미약한 시작, 창대한 나중   49
　　| 더 살펴보기 | 누르하치, '혁신'의 지도자   96
3장   팔기와 청나라의 제국 통치   101
　　| 더 살펴보기 | 팔기의 조선인 후예들   146
4장   청 제국과 러시아   151
　　| 더 살펴보기 | 러시아에 간 청나라 사절단   173
5장   청 제국 질서와 조선   179
　　| 더 살펴보기 | 연행사의 봉변   217
6장   키메라의 제국   221
　　| 더 살펴보기 | '대청황제', 중국 국민으로   252

주석   257

참고 문헌   269

1장 청나라와 중국

병자호란

우리나라 사람들에게 "청나라 하면 가장 먼저 떠오르는 역사적 사건은 무엇입니까?"라고 질문하면 아마도 대부분 "병자호란(丙子胡亂)"이라고 답할 것이다. 이어서 "병자호란은 언제 일어난 사건입니까?"라고 물으면, 대답을 못하는 사람도 적지 않겠지만, 중·고등학교에서 한국사 공부를 열심히 한 사람이라면 "1636년에 일어났다."라고 답할 것이다. 2011년 8월 개봉되어 수백만 명이 관람한 액션 영화「최종병기 활」의 포스터도 "1636, 병자호란 위대한 신궁의 전설이 깨어난다."라고 하여 병자호란이 1636년의 사건이었음을 상기시켰다. 그리고 "병자호란 하면 어떤 느낌이 드십니까?"라고 물으면 "야만적인 오랑캐 앞에 임금이 무릎을 꿇었으니 정말로 우리 역사에 전무후무한 일대 치욕이었다."라고 말할 것이다.

이처럼 청나라 하면 우리는 '병자호란', '1636년', '오랑캐', '치욕' 등의 단어를 머릿속에 떠올린다. 그러나 곰곰이 따져 보면 우리는 청나라 '오랑캐'나 '병자호란' 등에 대하여 그리 많은 것을 알고 있지 않으며 잘못 아는 것도 적지 않다. 예컨대 '병자호란' 하면 얼른 떠오르는 연도인 '1636년'부터가 그렇다.

조선의 인조(仁祖) 14년은 간지(干支)로 병자년(丙子年)이었다. 병자년 12월 청나라가 조선을 침략하였다. 이듬해인 인조 15년 정축년(丁丑年) 정월, 인조는 삼전도(三田渡)에서 청 태종(太宗) 홍타이지에게 정식으로 항복하였고, 이로써 전쟁은 끝이 났다. 병자년에 '오랑캐'의 침략으로 일어난 전란이었기 때문에 우리는 이 전쟁을 병자호란이라고 부른다.

어떤 연구 논문은 이 사건을, "1636년 12월, 청군의 침략으로 시작된 병자호란을 맞아 조선 조정은 남한산성에 들어가 항전을 벌였다. 그러나 척화파(斥和派)와 주화파(主和派) 사이의 논쟁 속에서 45일 동안 이어진 조선의 저항은 1637년 1월, 이른바 '삼전도의 항복'으로 결말을 맺고 말았다."라고 설명하고 있다.[1] 이 설명을 읽은 독자는 병자호란이 '1636년 12월'에 발발하였고, '1637년 1월'에 끝이 났다고 생각할 것이다. 그리고 이를 영어로 번역해 보라고 하면 아마 'December 1636'에 전쟁이 발발하여 'January 1637'에 끝이 났다고 번역할 것이다.

그러나 사실 병자호란은 1636년 12월이 아니라 1637년 1월에 발발하였다. '6·25 전쟁'이라는 말은 북한 인민군이 북위 38도선을 돌파한 날짜, 즉 1950년 6월 25일을 전쟁의 발발 시점으로 간주한다. 이와 마찬가지로, 병자호란의 개시 시점은 청의 군대가 압록강을 건넌 날짜로 잡아야 할 터인데, 기록에 따르면 청 태종이 직접 군사를 이끌고 강을 건넌 날짜는 '숭덕(崇德) 원년(元年) 병자(丙子) 십이월

(十二月) 경진(庚辰)'이었다. 여기서 '숭덕'이란 청 태종이 제정한 연호이고, '병자'는 그해의 간지, '경진'은 12월 초십일(初十日)의 간지에 해당한다. 청군의 본진이 강을 건넌 날짜는 '병자년 12월 10일'이었던 셈이다. 한편, 장사꾼으로 가장한 선봉대가 강을 건넌 날짜는 본진보다 이틀 앞선 '병자년 12월 8일'이었다.[2]

'병자년 12월 10일'은 우리가 보통 음력이라고 부르는 날짜 표기법에 따른 것이다. 이를 오늘날 사용하는 날짜 표기법인 양력, 즉 그레고리력으로 환산하면 '1637년 1월 5일'이 된다. 선봉대가 강을 건넌 '병자년 12월 8일'은 '1637년 1월 3일'로 환산된다. 달리 말하자면 병자호란은 '1636년 12월'이 아니라 '1637년 1월'에 발발한 사건이었던 것이다. 마찬가지로 '정축년 정월 30일'에 있었던 삼전도의 항복은 '1637년 2월 24일'에 일어난 일이었다.[3]

병자호란이 발발했던 병자년은 1636년 2월 7일부터 1637년 1월 25일까지였으므로 이 사건을 병자호란이라고 부르는 것은 맞다. 그러나 이 사건이 1636년에 발발했다고 하는 것은 사실과 다르다. 그런데도 우리는 병자호란을 1636년에 발발한 사건으로 잘못 기억하고 있다.

삼전도의 치욕

'병자호란' 하면 '1636년'을 떠올리는 것은 정확하지 못하다고 하더라도, '병자호란'을 '치욕'으로 기억하는 것은 별 문제가 없어 보인다. 이 치욕의 기억 한가운데에는 삼전도의 항복이 자리를 잡고 있다. 여기서 병자호란과 삼전도의 항복이 조선 시대는 물론이거니와 오늘날에 이르기까지 얼마나 큰 치욕으로 기억되고 있는지 이야기해 두고 싶다.

근년에 출판된 한 연구서는 『조선왕조실록』의 기록에 근거하여 이날의 참담한 상황을 다음과 같이 묘사하였다.

남색 융의 차림으로 남한산성을 나온 인조는 삼전도를 향해 걸었다. 이윽고 그는 청 태종 홍타이지에게 무릎을 꿇고 '용서'를 빌었다. 인조는 세 번 큰 절을 올리고 아홉 번 머리를 조아렸다. 삼궤구고두례(三跪九叩頭禮). 치욕적인 항복 의식이었다. 홍타이지는 이어 승전을 자축하는 잔치를 벌였다. 풍악 소리와 함께 술잔이 돌고, 청군 장졸들은 활쏘기 시합을 벌였다. 인조를 수행했던 조선 장졸도 홍타이지의 채근에 떠밀려 활을 쏘았다. 홍타이지에게 갖옷을 선물받은 인조는 다시 무릎을 꿇고 머리를 조아렸다. 잔치가 파한 뒤에도 인조는 밭 가운데 앉아 기다려야 했다. 해질 무렵에야 도성으로 돌아가도 좋다는 '분부'가 떨어졌다. 인조가 배에 오르려 할 때 주변의 신료들은 정신이 없었다. 먼저 타기 위해 서로 밀고 밀치며 아수라장이었다. 심지어 인조의 어의를 잡아끄는 자도 있었다. 인조는 청군의 호위 속에 서울로 향했다. 지나는 길에서는 1만 명 가까운 포로들이 울부짖었다. "왕이시여, 왕이시여! 우리를 버리고 가십니까?"호곡하는 그들을 뒤로하고 인조는 창경궁으로 들어갔다. 그의 인생에서 가장 길었던 하루였다.[4]

그리고 이 연구서의 저자는 "남한산성을 나와 청 태종에게 항복한 직후 인조와 조정 신료들은 정신적으로 거의 '공황 상태'에 처해 있었던 것으로 보인다."라고 말하였다.[5] 이러한 삼전도의 치욕을 낳은 병자호란이 조선 사대부들의 정신세계에 좀처럼 씻을 수 없는 트라우마로 남은 것은 어쩌면 당연한 노릇이었다. 그리고 그 트라우마는 조선 후기 정치사의 전개에도 큰 영향을 끼쳤다.

예컨대 서인이 노론과 소론으로 분열된 데에도 병자호란의 트라우마는 결코 무시하지 못할 작용을 하였다. 노론(老論)과 소론(少論)이 원래 스승과 제자 사이였던 송시열(宋時烈)과 윤증(尹拯)을 중심으로 분당(分黨)하게 된 데에는 물론 여러 원인이 있었지만 두 사람의 개인적인 감정 대립도 얼마간 작용하였다고 한다. 그리고 두 사람의 감정은, 윤증의 부친 윤선거(尹宣擧)가 병자호란 당시 강화도에서 아내와 친구들이 죽었는데도 혼자 변복을 하고 빠져나와 목숨을 부지한 일을 송시열이 새삼 문제로 삼으면서 악화되었다.[6]

이와 반대로 병자호란 때 조상의 행적이 정치적 자산이 된 경우도 있었다. 19세기 세도정치의 주역으로 유명한 안동 김씨 가문은 병자호란 당시 대표적인 척화파였으며 끝까지 청나라에 굴복하지 않았던 것으로 유명한 김상헌(金尙憲)을 조상으로 둔 덕분에 강력한 사회적 권위를 누릴 수 있었다고 한다.

병자호란과 삼전도의 치욕은 이미 370년이 넘는 먼 과거의 일이 되었지만 그 치욕의 기억은 지금도 우리의 몸을 부르르 떨게 한다. 얼마 전 베스트셀러 목록 상단에 이름을 올린 소설『남한산성』은「흙냄새」라는 제목으로 삼전도의 치욕을 이렇게 묘사하였다.

　임금은 새벽에 성을 나섰다. ……임금은 말에서 내려 걸었다. ……청병에 둘러싸인 임금의 대열은 다시 삼전도를 향해 들길을 건너갔다. 칸은 구층 단 위에서 기다렸다. 황색 일산이 강바람에 펄럭였다. 칸은 남향으로 앉아서 기다리고 있었다. ……조선 왕의 대열이 구층 단 아래 도착했다. 조선 왕이 말에서 내렸다. ……"일 배요!" 조선 왕이 구층 단 위를 향해 절했다. 세자가 왕을 따랐다. 조선 기녀들이 풍악을 울리고 춤추었다. 기녀들의 소맷자락과 치마폭이 바람에 나부꼈다. ……조선 왕은 오랫동안 이마를 땅에 대고 있었다. 조선 왕은 지심 속 흙냄새를 빨아들였다. 볕에 익은 흙은 향기로웠다. 흙냄새 속에서 살아가야 할 아득한 날들이 흔들렸다. 조선 왕은 이마로 땅을 찧었다. ……"이 배요!" 조선 왕이 다시 절을 올렸다. 기녀들이 손을 잡고 펼치고 좁히며 원무를 추었다. 풍악이 자진모리로 바뀌었다. 춤추는 기녀들의 동작이 빨라졌다. 속곳이 펄럭이고 머리채가 흔들렸다. ……조선 왕이 삼배를 마쳤다. 칸이 조선 왕을 가까이 불렀다. ……조선 왕은 황색 일산 앞에 꿇어앉았다. 술상이 차려져 있었다. 칸이 술 석 잔을 내렸다. 조선 왕은 한 잔에 세 번씩 다시 절했다. 세자가 따랐다. 개들이 황색 일산

안으로 들어왔다. 칸이 술상 위로 고기를 던졌다. 뛰어오른 개가 고기를 물고 일산 밖으로 나갔다. "아, 잠깐 멈추라." 조선 왕이 절을 멈추었다. 칸이 휘장을 들치고 일산 밖으로 나갔다. 칸은 바지춤을 내리고 단 아래쪽으로 오줌을 갈겼다. 바람이 불어서 오줌 줄기가 길게 날렸다. 칸이 오줌을 털고 바지춤을 여미었다. 칸은 다시 일산 안으로 들어와 상 앞에 앉았다. 칸이 셋째 잔을 내렸다. 조선 왕은 남은 절을 계속했다. ……긴 하루가 저물었다. 그날 저녁에 임금은 나룻배로 송파강을 건너 도성으로 향했다. ……새벽에 임금은 도성에 도착했다.[7] (분량 관계로 원문 일부를 생략 — 인용자)

삼궤구고두례를 올리는 조선의 국왕 인조와 조선 기녀들의 풍악과 춤, 그리고 술잔을 받을 때마다 절을 올리는 인조와 도중에 휘장을 들치고 일산 밖으로 나가 오줌을 갈기는 청 태종! 국왕 인조의 참담한 처지를 이보다 극적으로 이미지화하기란 어려울 것이다. 독자는 삼전도의 치욕에 몸을 부르르 떨며, 「일러두기」의 "이 책은 소설이며, 오로지 소설로만 읽혀야 한다."라는 작가의 당부를 망각해 버리기 십상이다.

또한 『남한산성』이 출판되기 두 달 전인 2007년 2월에는 삼전도비가 붉은색 스프레이로 훼손되는 사건이 일어났다. 이 사건은 청나라 '오랑캐'만 떠올리면 피가 거꾸로 치솟던 조선인의 후예인 우리가 냉정한 시각으로 청나라 또는 그와 관련된 역사 기념물에 접근하기란 아직도 쉽지 않다는 사실을 잘 보여 준다.

그러나 시각을 좀 달리해 보자면, 임금이 곧 나라를 의미하던 시대에 살면서 충군(忠君)과 애국(愛國)을 동일시하던 조선 시대 양반 사대부의 감성을 국민국가(nation-state)의 시대를 사는 우리가 꼭 공유할 필요는 없지 않을까 하는 생각도 든다. 또한 삼전도에서 임금이 겪어야 했던 치욕만 자꾸 되새기다 보면, 혹 전란의 와중에 죽거나 포로로 잡혀가야 했던 사람들의 삶은 도외시하지 않을까?

다른 한편으로, 2007년 2월의 훼손 사건과 관련하여 삼전도비의 '수난' 자체보다는 청나라가 곧 오늘날의 중국과 연결되고 있다는 점에 주목하고 싶다. 2007년 2월의 훼손 사건에 대한 언론 보도에 따르면, 당시 "송파구청 관계자들은 최근 중국과의 '역사 마찰'에 격분한 사람이 중국과 관련한 '치욕스러운 역사'는 지워야 한다는 의미에서 훼손한 것으로 추정했다."고 한다. 즉, 최근에 우리나라와 '역사 분쟁'을 치른 바 있는 중국과 청나라를 직접 연결시키고 있는 것이다. 여기서 청나라는 곧 중국 또는 그 과거와 동일시되고 있다.

명나라와 청나라

청나라를 곧 오늘날의 중국 또는 그 과거와 동일시하는 것과 관련하여 이번에는 텔레비전 드라마 이야기를 잠시 해 보겠다. 세계적으로 우리나라만큼 텔레비전 드라마가 사랑을 받는 나라는 아마도 찾아보기 힘들 것이다. 드라마의 시청률을 높이기 위하여 엄청난 경쟁을 벌이고 있다.

국내 시장의 치열한 경쟁 덕분인지 몰라도 최근에는 이웃 나라인 일본이나 중국은 물론이거니와 심지어 이란처럼 멀리 떨어진 나라에서조차 폭발적인 인기를 얻은 한류 드라마가 여러 편 나왔다. 특히 2003년 9월부터 2004년 3월까지 국내에서 방영된 「대장금」은 한류 드라마의 대표작으로 꼽힌다. 「대장금」은 16세기 조선의 중종(中宗) 시대를 배경으로 한 사극이다.

드라마가 어디까지나 픽션에 불과하다는 사실을 잊어서도 안 되겠지만, 완성도 높은 드라마라면 역시 일어날 법한 이야기로 구성해야 할 것이다. 특히 「대장금」 같은 사극에 대하여 다들 역사적 고증을 중요한 덕목의 하나로 꼽는 것은 아마도 드라마의 리얼리티를 살리기 위해서일 것이다. 그런데 나는 「대장금」을 시청하다가 '옥의 티'를 접하고 제작진의 실수에 안타까움을 느꼈던 기억이 있다. 그 것은 명나라에서 칙사가 왔을 때 수라간 최 상궁이 칙사의 요구에 응하여 만한전석(滿漢全席)이라는 요리를 차려 냈던 일인데, 「대장금」의 배경이 되었던 16세기에는 만한전석이라는 요리는 물론 그런 말조차 존재할 수 없었기 때문이다.

만한전석은 만주족의 요리와 한족의 요리를 망라한 연회 요리를 가리키는데, 만주족이라는 이름은 17세기에야 비로소 역사 속에 등장하며, 만주족은 바로 이 책에서 이야기하려는 청나라를 건설한 주인공이었다. 그리고 만한전석이라는 요리 이름은 18세기 중엽에야 기록에 등장하며, 사실은 많은 사람이 아는 바와 달리 청나라 궁정에서 즐기던 공식 연회 요리도 아니었다.[8]

청나라 궁정의 공식 연회 요리는 만주족 요리와 한족 요리로 구분되었다고 한다. 전자와 후자 모두 여섯 등급으로 나뉘었는데, 실록(實錄) 편찬에 참여한 사람들이나 수도 베이징에서 열리는 과거의 시험관 및 합격자들을 상대로 베푸는 연회에는 한족 요리를 대접하였던 반면에, 최고의 의전(儀典)이 요구되는 국가적 행사가 열릴 때에는 만주족 요리를 연회에 내놓았다고 한다.

여섯 등급의 만주족 요리에서 1등급부터 3등급까지는 황실의 제사 요리였으므로 살아 있는 사람을 위한 요리로는 4등급이 사실상의 최고급 연회 요리였다. 4등급은 황제의 생일과 결혼, 그리고 동지(冬至) 때의 연회에 식탁을 장식하였고, 5등급은 조선의 사절, 몽골 출신의 부마, 달라이 라마, 판첸 라마 등에게 베푸는 연회에, 6등급은 기타 국가의 사절들에게 베푸는 연회에 제공되었다.[9]

「대장금」의 제작진이 16세기에는 존재할 수도 없는 만한전석을 등장시키는 실수를 저지른 까닭을 짐작할 수는 있다. 아마도 제작진은 만한전석을 단지 중국 최고의 전통 연회 요리 이름이라고만 생각하였고, 중국에서 온 사신을 중국 최고의 연회 요리로 접대하는 것을 자연스럽다고 여겼을 것이다. 명나라든 청나라든 시대만 다를 뿐 모두 중국의 왕조라는 점에서는 아무런 차이가 없다. 같은 나라에서 후대의 일을 전대로 소급하였을 뿐이니, 마치 고려 시대를 배경으로 하는 사극 드라마의 밥상에 고춧가루를 듬뿍 넣어 버무린 김치를 올리는 것과 별반 차이가 없다.

    그러나 명나라와 청나라의 관계는 고려와 조선의 관계와는 달라도 한참 다르다. 국민국가 시대를 살아가는 우리는 나라의 주인이 국민이라는 사실에 추호의 의심도 품지 않는다. 하지만 국민 주권의 원리와는 거리가 멀었던 역사 속의 왕조국가에서 나라의 주인은 어디까지나 백성이 아닌 임금이었다. 백성은 임금의 보살핌을 받는 대상이었을 뿐이다.

    또한 오늘날에는 적어도 이념적으로는 모든 국민이 법률 앞에 평등하며 빈부의 차이가 있을지언정 선거와 같은 중요한 정치 참여 행위에서는 똑같이 한 표씩을 행사한다. 반면에 왕조국가에서는 귀족과 평민, 양반과 상민 등과 같은 신분이 있었고, 그런 신분이 정치에 참여할 수 있는 문호의 폭을 좌우하였다.

    그러므로 어떤 왕조국가든 국가의 성격이나 지배 구조를 역사적으로 이해하고자 할 때에는, 그 왕조의 주인이 누구였느냐에 각별히 주의하지 않으면 안 된다.

    명나라는 한인(漢人) 주원장(朱元璋)이 몽골 세력을 몰아내고 건설한 주씨(朱氏)의 왕조였다. 한인은 한족(漢族)이라고도 하며, 보통 영어로 'Han Chinese'라고 번역한다. 주원장의 후손인 명나라 황제들에게 충성을 바치던 신하들 역시 거의가 한인이었다. 황제와 신하들은 한어(漢語)로 말을 나누었고, 그들이 명나라를 다스리는 데 사용한 문서들은 한문(漢文)으로 작성되었다. 또한 주씨 왕조 황제들의 지배가 정당한 것임을 주장하면서 내세운 이념은 주로 천명(天

주원장(1328~1398)
가난한 농민의 아들로 태어나 황제에까지 오른 입지전적 인물이다.
주원장은 보통 '명 태조(太祖)' 또는 '홍무제(洪武帝)'라고 부른다.
'태조'는 묘호(廟號)로 종묘의 신위(神位)에 붙인 이름이다.
'홍무'는 주원장이 제정한 연호(年號)다. 주원장 이후 황제들은 대개 연호를 하나만 썼으므로 황제를 부를 때 연호를 이용한다.

命)을 받은 천자(天子)가 덕(德)으로써 백성을 다스린다는 유교의 정치 이념이었다.

그리고 여기서 다른 무엇보다 주목해야 할 것은, 명나라 사람들이 생각하던 '중국'이라는 공간의 범위가 오늘날 우리가 머릿속에 떠올리는 중국의 공간 범위와는 거리가 한참 멀다는 사실이다. '중국'이라는 말은 먼 옛날 주(周)나라 때부터 사용되었지만, 어디에서부터 어디까지를 '중국'이라고 생각했는지는 역사적으로 많은 차이를 보였다.[10]

춘추(春秋) 시대의 경우, '중국'이란 황허(黃河)의 중류와 하류 유역에 펼쳐진 광활한 평원 지대, 즉 중원(中原) 지역을 가리켰다. 중원 지역에 살던 사람들은 자신들과 언어와 문화가 달랐던 주변의 집단을 동이(東夷), 서융(西戎), 남만(南蠻), 북적(北狄) 등으로 통칭하며 '오랑캐', 즉 야만인으로 여겼다. 그래서 창장(長江), 즉 양쯔 강 유역에서 일어난 오(吳), 월(越), 초(楚) 등은 당시만 해도 '오랑캐'로 치부되었다. 훗날 한반도와 만주 및 일본 등에 사는 사람들을 통칭할 때 사용된 '동이'라는 말도 당시에는 오늘날 중국 대륙의 동부 지역에 살던 '오랑캐'를 가리키는 말이었다.

그러나 시간이 흐르면서 '중국'의 공간 범위는 점차 확대되는 추세를 보였고, 원래 '오랑캐'로 여겼던 사람들도 점차 '중국'에 속하는 것으로 인식하였다. 전국(戰國) 시대 말이 되면, 대체로 진(秦), 한(韓), 위(魏), 조(趙), 제(齊), 연(燕), 초(楚) 등 일곱 나라의 영토를 합한 공간을 '중국'으로 인식하였다. 그리고 진(秦)나라에 이어 등장한 통일 제국 한(漢)나라가 장기간에 걸쳐 '중국'을 지배한 결과 '중국'에 사는 사람들이나 그들의 문자 및 문화 등을 가리킬 때 한(漢)이라는 이름을 붙이게 되었다. 한나라 이후 역사상 '중국'을 다스렸던 여러 왕조는 그 지배 지역이 크기도 하고 작기도 하였지만, 대체로 한나라 이래 줄곧 군현(郡縣)을 유지할 수 있었던 공간 범위를 '중국'으로 인식하였다.

이는 명나라의 경우에도 마찬가지여서, '중국'이란 명나라 황제가 관리를 파견하여 직접 지배하던 공간, 즉 주현(州縣)을 설치하고 유지하였던 공간과 거의 차이가 없었다. 이는 만리장성(萬里長城) 이남의 정주 농경 지대와 거의 겹치는 지리 공간이었다. 예컨대 17세기의 인물인 왕부지(王夫之)에게 '중국'이란 북으로는 만리장성이 경계를 이루고, 서북으로는 간쑤(甘肅), 서로는 쓰촨(四川), 남으로 베트남 북부, 동으로 황해, 동북으로 요동(遼東)에 이르는 지리 공간을 가리켰다. 그는 이 공간을 천지의 정(情)이 표현된, 그 자체로 완결된 하나의 자연구로서 산천의 풍기(風氣)가 서로 호흡하고 동질적인 인간이 서로 어울려 살도록 마련된 곳이라고 주장하였다.[11]

한편, 이 책의 관심 대상인 청나라의 태조 누르하치는 17세기 초 역사의 무대에 혜성처럼 등장한 여진(女眞)의 영웅이었다. 그의 성씨는 '아이신 기오로(Aisin Gioro)'이며, 한자로는 '애신각라(愛新覺羅)'라고 옮긴다. 우리나라에서는 '애신각라'가 청나라 황실의 성씨가 된 이유가 그들의 조상이 신라 사람이었기 때문이라는 솔깃한 이야기가 인구에 회자되고 있다.

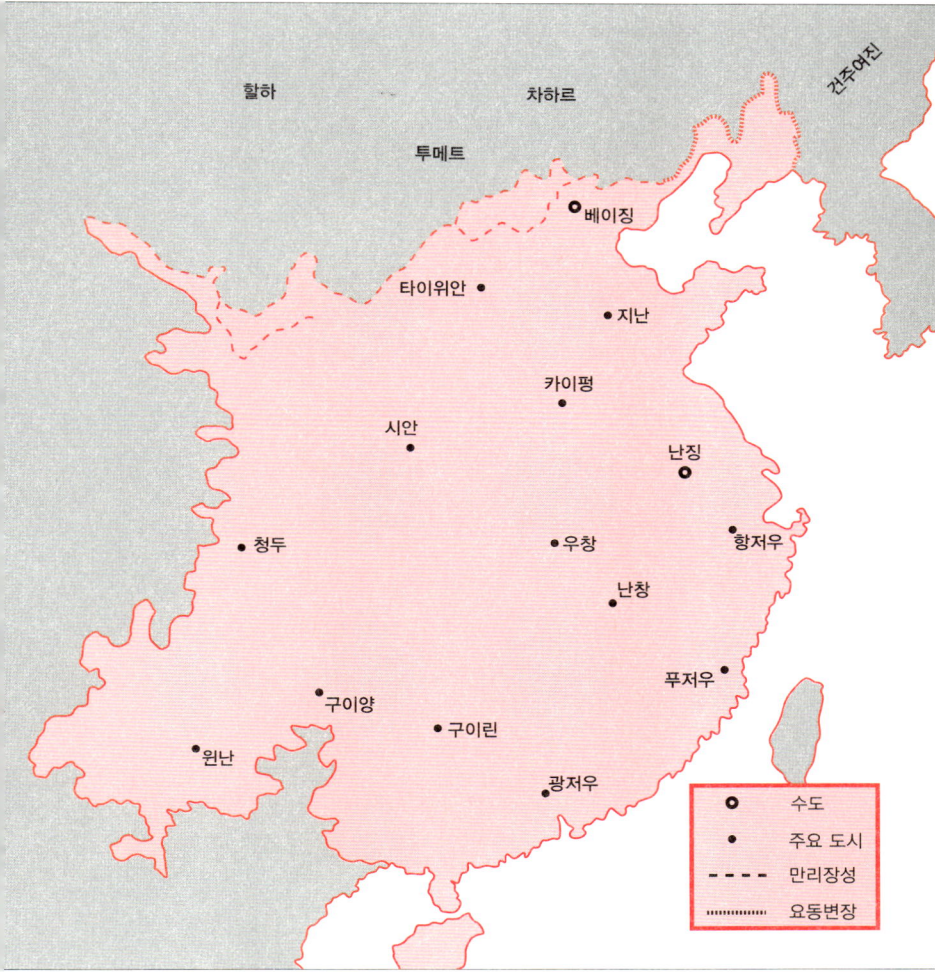

17세기 초의 '중국'

명나라 말기의 영토를 표시한 지도로 당시 사람들의 '중국' 범위와 거의 일치한다. 동북쪽의 요동변장과 북쪽의 만리장성이 '중국'의 북방 한계였다. 동남 해안의 타이완은 명나라 땅이 아니었다. 베이징과 난징은 제국의 수도였고, 나머지 13개 도시는 13개 성의 수도였다.

물론 이런 이야기에 아예 근거가 없는 것은 아니다. 청나라를 세운 만주족은 곧 여진족이 이름을 바꾼 것이고, 여진족은 12세기 초에 금(金)나라를 세운 적이 있다. 금나라 역사서에는 금나라를 세운 아구다의 조상이 신라에서 왔다는 기록이 있다. 따라서 청나라의 태조 누르하치는 신라 사람의 후손이고, 그래서 자신의 성씨에 '신(新)'과 '라(羅)'를 넣었다는 것이다.

언뜻 그럴듯하게 들리지만, 사실 이 이야기는 믿을 수 없는 속설에 불과하다. 먼저 누르하치와 그의 일족은 자신들이 금나라 황실의 후손이라고 주장한 적이 없으니 이런 식으로 족보를 구성할 수는 없다. 또한 '애신각라'라는 한자 성씨의 유래도 오해하지 말아야 한다. 누르하치 일족은 한족이 아니었다. 그들의 모국어도 한어가 아니라 여진어, 즉 만주어였다. 누르하치 일족의 성씨는 만주어로 '아이신 기오로'였으며, '애신각라'는 '아이신 기오로'를 비슷한 소리가 나는 한자로 옮긴 것에 불과하다.

게다가 누르하치의 원래 성씨는 '아이신 기오로'가 아닌 '기오로'였다. 만주어에서 '아이신'은 황금을 뜻한다. 누르하치는 나라를 세운 뒤에 자신의 가까운 친족을 여타의 '기오로' 일족과 구별하기 위하여 '아이신'이라는 수식어를 붙여 '아이신 기오로'를 성씨로 삼았다. '아이신 기오로'라는 성씨는 '황금의 기오로'라는 의미였던 것이다.

누르하치의 '아이신 기오로' 일족이 처음 나라를 세운 여진족의 땅은 명나라 사람들에게 '중국'의 바깥으로 인식되던 '오랑캐'의

청나라의 실록

청나라는 역대 황제의 실록을 만주어, 한어, 몽골어 등 세 언어로 나누어 편찬하였다. 특히 누르하치의 사적을 기록한 『만주실록』은 같은 책을 3단으로 나누어 상단은 만주어, 중단은 한어, 하단은 몽골어로 썼다. 위 그림은 『만주실록』의 일부로 만주문자 창제 경위를 적고 있다.

건륭제를 문수보살로 묘사한 그림

청더(承德), 즉 열하(熱河)에 있던 티베트 불교 사원 보녕사(普寧寺)에 걸려 있던 불화(佛畵)다. 이 그림의 가운데에는 건륭제가 문수보살의 모습으로 묘사되어 있다. 건륭제를 문수보살로 묘사한 불화는 현재 여섯 또는 일곱 점 정도 남아 있으며 스웨덴, 베이징, 선양, 라싸 등에 보관되어 있다.

공간이었다. 나중에 좀 더 자세히 설명하겠지만, 청나라 황제를 섬긴 신하들 중에는 명나라와 마찬가지로 한인도 있었지만, 만주인도 있었고 몽골인도 있었으며, 심지어 조선 출신도 있었다.

또한 황제와 신하들은 한어만 말한 것이 아니라 만주어도 썼고 몽골어도 썼다. 오히려 초기에는 황제는 물론이거니와 만주인과 몽골인 신하들에게 한어는 어디까지나 외국어였다. 그리고 청나라의 문서들은 한문만으로 작성되지 않았다. 예컨대 청나라의 실록만 해도 한어, 만주어, 몽골어 등 세 언어로 편찬되었다.

청나라의 황제들은 제국에 대한 지배를 정당화하기 위하여 유교의 정치 이념에만 기대지 않았다. 특히 티베트 불교는 개인의 신앙 차원을 넘어서서 청나라 황제의 제국 통치에서 대단히 중요한 의미를 지녔다. 그리고 다른 무엇보다도 청나라와 같은 시대를 살았던 조선 사람들은 청나라를 명나라와 같은 '중국'으로 인정하지 않고 어디까지나 '오랑캐'의 나라로 여겼다.

청나라와
오늘의 중국

명나라와 청나라가 이렇게 다른 왕조국가였으며 우리 조상도 분명히 다른 나라라고 생각했음에도 불구하고, 오늘날의 우리는 청나라가 명나라와 마찬가지로 중국 역사 속의 한 왕조였다는 이야기를 아무런 의심 없이 받아들인다. 왜 이렇게 된 것일까? 또 언제부터 이렇게 생각한 것일까?

곰곰이 따져 보면, 청나라에 대한 인식이 이렇게 달라진 것은 비교적 가까운 과거에 전개되었던 역사의 결과물이다. 사실 이 책의 궁극적인 목표는 바로 독자 여러분이 종래와 다른 새로운 시각에서 이 문제에 접근할 수 있는 실마리를 제공하는 데에 있다.

앞서 언급하였듯이, 17세기에 살던 사람들에게 '중국'이라는 공간은 명나라 말기의 영토 범위와 거의 일치하였다. 그러나 오늘날 우리는 중국이라는 말을 들으면 얼른 중화인민공화국의 영토가 그려진 지도를 머릿속에 떠올린다. 얼마 전에 나는 시안(西安)에 답사 여행을 다녀왔는데, 현지의 가이드로부터 "한국 사람들은 한반도를 호랑이의 형상과 연결하지만 중국 사람들은 중국 하면 닭의 모양을 떠올립니다."라는 이야기를 들었다. 우리 일행이 들렀던 장소에는 그런 중국의 땅 모양이 부조로 드러난 신기한 자연석이 전시되어 있었다. 마치 자연의 조화로 그 돌이 만들어진 까마득한 옛날부터 중국의 땅은 줄곧 그런 모양이었다고 이야기하는 것 같았다.

하지만 중국이라는 공간이 닭의 형상을 닮게 된 것은 현재의 중화인민공화국이 청나라 영토의 대부분을 상속받은 데에서 유래하였으며, 청나라조차 처음부터 그렇게 큰 나라는 아니었다. 또한 만주족이 건설한 청나라는 한족이 세운 명나라처럼 단지 '중화제국(中華帝國)'에 그친 국가가 아니었다. 청나라는 역사상의 동아시아 세계와 중앙유라시아 세계를 아우르는 하나의 '세계제국'이었다. 오늘날의 중국은 왕조국가 청나라가 근대 국민국가로 전환하는 과정에서 형성된 것으로, 청이라는 '세계제국'이 남긴 유산 속에서 새롭게 탄생한 역사의 산물이다.

만약 오늘날 중화인민공화국의 역사 교육을 착실하게 받은 중국인 학생이 이런 이야기를 듣는다면 분명 분개해 마지않을 것이다. 그러나 나는 오늘날 중국의 영토 범위를 부정하려는 것이 결코 아니다. 다만 오늘날 우리가 생각하는 중국이 형성되는 역사적 과정을 냉철하게 바라볼 필요가 있다는 것이며, 우리나라 역사에 접근할 때에도 이러한 시각을 적용해야 한다는 입장이다.

독자 여러분 가운데 이러한 주장이 언뜻 지나치다고 생각하는 분이 있을지도 모르겠다. 그런 생각이 드는 독자에게는, 어떤 미국 학자가 적절히 지적하였듯이, '청 제국과 중국'을 '오스만 제국과 터키'의 경우와 비교해 보라고 권하고 싶다. 대부분의 사람들은 "오스만 제국은 터키가 아니었다."라든가, "오스만 제국은 터키 이상이었다."는 말은 어렵지 않게 수긍하는 반면에, "청 제국은 중국 이상이었다."는 말에는 고개를 갸우뚱할 것이다.[12]

두 경우에 대한 우리의 인식 태도가 갈리는 까닭은 어디에 있을까? 아마 오늘날 터키공화국과 중화인민공화국이라는 두 국민국가가 과거 왕조국가의 영토를 얼마나 많이 상속하였는가가 이러한 차이를 낳았을 것이다. 잘 알려져 있다시피, 오스만 제국은 유럽, 아시아, 아프리카의 세 대륙에 걸친 거대 제국이었다. 그러나 근대 전환기에 오스만 제국은 해체의 운명을 피하지 못하였고, 그 결과 오

청나라의 최대 판도와 오늘의 중국

건륭 말 청나라의 최대 판도를 보여 주는 지도다. 당시 청나라의 영토가 점선으로 표시한 오늘날의 중국 영토보다 훨씬 넓었음을 한눈에 알 수 있다. 19세기 후반에 청나라는 만주의 동북 일부와 신장의 서북 일부를 러시아에 내주었다. 외몽골은 20세기 전반 소련의 후원 아래 독립하였다.

늘날의 터키는 아나톨리아 반도와 이스탄불 일대만 영토로 확보했을 뿐 나머지는 모두 상실하였다.

반면에 청 제국은 19세기 후반 이래의 잇따른 위기 속에서도 영토의 일부만 상실했을 뿐 20세기 초까지 대부분의 영토를 유지하는 데 성공하였다. 청나라의 멸망 이후에는 중화민국과 중화인민공화국이 외몽골을 제외한 청나라 말의 영토에 대한 주권 주장을 유지하였다. 나는 이러한 차이가 대단히 중요하다고 보며, 청 제국을 무조건 중국과 동일시하는 우리의 관념에 의문을 제기해야 한다고 생각한다.

왕조국가 청나라가 국민국가 중국으로 전환한 것을 하나의 역사적 과정으로 파악하려는 시각은 오늘날 중국이 안고 있는 주요 현안을 장기적 관점에서 이해하는 데에도 도움이 된다. 보기에 따라서는 중국이라는 국민국가의 청나라 유산 상속이 아직은 '미완성' 상태이기 때문이다.

오늘날 중국은 지난 30년 동안 기적 같은 경제성장을 이루어 미국과 나란히 'G2'로 일컬어지기까지 하지만 내부적으로는 실로 많은 난제에 직면해 있다. 2010년 6월 20일의 어떤 언론 보도에 따르면, 후진타오 중국 국가주석이 중국 공산당과 정부의 가장 중요한 3대 과제로 티베트, 신장(新疆), 빈부격차를 꼽았다. 이 세 가지 중에서 2008년 베이징 올림픽 직전의 소요 사태나 2010년 달라이 라마의 미국 방문 등으로 세간의 주목을 끌었던 티베트 문제, 2009년의 유혈 폭동 사태로 국제 뉴스의 헤드라인을 장식했던 신장의 위구르 문제는 사실 청 제국의 유산 상속과 직접 관련된다. 여기에 2011년 5월에 일어난 대규모 시위 사태는 내몽골(內蒙古)에서조차 민족문제가 완전히 해소되지 않았다는 사실을 세상에 알려 주었다.

또한 후진타오 주석이 꼽은 3대 과제에는 들지 못하였지만 타이완, 홍콩, 마카오 문제 역시 중국이 당면한 어려운 과제다. 국민국가가 주권, 국민, 영토의 3대 요소로 구성된다고 할 때, 티베트와 신장 문제는 티베트 불교도들과 신장의 위구르 무슬림들을 아직도 중국 국민으로 통합하지 못하였다는 데에 문제의 핵심이 존재하며, 홍콩과 마카오의 경우도 주권과 영토의 측면에서는 문제가 없다 할지라도 국민 통합의 측면에서는 여전히 완전한 해결을 보지 못한 상태다. 타이완의 경우는 '타이완 독립' 문제에서 보듯이 세 가지 모두 해결되지 않았다. 홍콩과 마카오 문제는 19세기 중엽 이후 청나라가 서양 열강의 침략 앞에 주권을 침탈당하는 과정에서 발생하였으며, 역사상 줄곧 '중국'의 바깥에 있던 타이완은 1680년대에 이르러서야 청나라에 정복된 땅이라는 점에서 티베트·신장과 공통점을 지닌다.

요컨대 왕조국가 청나라의 유산을 온전히 상속하여 중국이라는 국민국가를 건설하는 과정은 아직도 현재 진행형이다. 물론 이 책은 오늘날 중국의 현실 또는 중국 국민국가의 건설 과정에 관심을 둔 것이 아니라 어디까지나 청나라의 역사에 대한 한 편의 이야기일 따름이지만 독자 여러분이 중국의 현실을 역사적 시각에서 이해하는 데 이 이야기가 조금이라도 도움이 된다면 망외(望外)의 소득이라 여기고 싶다.

　　이미 서론이 너무 길어져 버렸지만 본론에 들어가기에 앞서 두 가지만 미리 언급해 두고 싶다.

　　첫째, 내가 이 책의 제목에 등장시킨 '키메라(chimera)'라는 말에 관한 것이다. 중년 이상의 독자라면 '키메라'라는 말이 꽤나 익숙하게 들릴 것이다. 1980년대 큰 인기를 끌었던 팝페라 가수 김홍희의 예명이 '키메라'였기 때문이다. 그러나 김홍희의 예명 '키메라'는 그녀의 성과 오페라를 합성한 'Kimera'로 이 책에서 말하려는 'chimera'와는 아무 관계도 없다.

　　영어 단어 'chimera'의 어원은 그리스 신화에 등장하는 사자, 염소, 뱀이 합체된 괴물의 이름이다. 불을 내뿜는 괴물 키메라는 머리가 사자이며, 몸통 한가운데에는 염소의 머리가 솟아 있다. 어떤 사람은 염소가 아니라 양으로 보기도 한다. 키메라의 꼬리는 뱀의 몸통 모양이며, 꼬리 끝에는 뱀의 머리가 달려 있다.

　　2004년 일본의 야마무로 신이치(山室信一)라는 학자가 『키메라: 만주국의 초상』이라는 책을 썼고, 이 책은 2009년 우리말로도 번역되었다. 1930년대 초 일본의 관동군(關東軍)은 만주사변을 일으켜 만주를 장악한 뒤 청나라의 마지막 황제 푸이(溥儀)를 끌어들여 만주국을 세웠다. 야마무로 신이치는 이 만주국의 초상(肖像)을 신화 속의 괴물 키메라에 빗대어 묘사하면서, "나는 만주국을 머리가 사자, 몸뚱이가 양, 꼬리가 용인 괴물 키메라로 상정해 보고자 한다. 사자는 관동군, 양은 천황제 국가, 용은 중국 황제 및 근대 중국에 각

각 대비"시킨다고 말하였다.[13] 야마무로 신이치의 키메라는 그리스 신화 속의 모습과 딱 들어맞지는 않는다. 꼬리의 뱀을 황제를 상징하는 동물인 용으로 대체하였기 때문이다. 어쨌든 그가 이 비유를 통해서 만주국을 하나의 괴물로 묘사하려 한 것은 분명해 보인다.

그러나 내가 청나라를 '키메라'의 제국이라고 부르려는 것은 청 제국을 그리스 신화 속의 괴물에 빗대려는 것도 아니며 야마무로 신이치의 책에서 영감을 얻은 것도 아니다. 이 책에서 말하는 '키메라'는 서로 다른 유전 형질을 가지는 세포조직이 하나의 생명체 안에 공존하는 유전자 혼재 생물을 가리킨다. 유전자 혼재 생물의 예로는 최근 언론에 보도된 '키메라 돼지'를 들 수 있다. 과학자들이 연구를 추진 중인 '키메라 돼지'는 이식용 장기를 생산하기 위하여 기른 돼지를 가리킨다. 줄기세포를 배양하여 사람의 장기 조직을 만들고, 이 장기 조직을 어린 돼지에게 이식한 다음 장기가 다 자라면 이식 수술을 실시한다는 것이다. 몸속에서 사람의 장기가 자라는 동안에 '키메라 돼지'의 신체에는 돼지의 유전 형질을 지닌 조직과 사람의 유전 형질을 지닌 조직이 공존한다. 동물만이 아니라 식물에서도 '키메라'를 볼 수 있다. 예컨대 접붙이기를 한 식물은 줄기와 가지의 유전 형질이 서로 다른 '키메라'의 일종이다.

사람에게서도 '키메라'를 찾을 수 있는데, 사실 이 책의 '키메라'에 영감을 준 것도 텔레비전 드라마에 등장한 인간 '키메라'였다. 몇 해 전에 나는 케이블 채널에서 방송하는 미국의 텔레비전 드라마 「과학수사대(CSI: Crime Scene Investigation)」를 열심히 보고 있었다. 라스베이거스를 무대로 과학수사대의 활약을 그린 이 드라마의 네 번째 시즌에 '키메라'라는 제목의 에피소드가 있었다. 이 에피소드의 원래 제목은 'bloodline'이었으나 우리나라 케이블 채널에서는 '키메라'라는 제목을 붙인 것인데, 그 내용을 간단히 소개하면 다음과 같다.

강간 살해 사건의 유력한 용의자를 체포하였으나, 피해 여성의 몸에서 채취한 범인의 유전자(DNA)는 용의자의 입 안에서 채취한 유전자와 달랐다. 그러나 이 두 유전자가 형제의 유전자임을 알 수 있었기 때문에, 용의자의 형제를 모두 찾아서 유전자 검사를 실시하였다. 하지만 이상하게도 범인의 유전자와 일치하는 사람은 없었다. 이에 사건은 미궁 속으로 빠졌지만, 드라마 속의 그리섬 반장은 용의자가 '키메라'라는 사실을 우연히 발견하여 사건을 해결하였다. 이 용의자는 이란성 쌍둥이의 두 수정란이 착상 전에 합체되어 자라난 인간 '키메라'였던 것이다. 신체의 다른 부위에서 채취한 유전자가 다르게 나타났던 것도 바로 이 때문이었다.

나는 이 드라마의 결말 부분을 보고 나도 모르게 무릎을 탁 쳤다. '괴물'의 이미지만 제거한다면 청 제국이야말로 이런 '키메라'에 '멋지게' 들어맞는 나라였기 때문이다. 앞으로 좀 더 자세히 설명할 예정이지만, 청나라의 지배 구조는 제국 형성의 역사 과정과 불가분의 관계에 있었으며, 만주 땅의 작은 집단에서 시작되는 청 제국 형성의 역사는 '키메라' 생명체가 잉태되어 태어나고 자라나는 과정에 비유할 수 있다는 것이 이 책의 논지다.

둘째, 이 책의 구성에 관한 것이다. 서론에 해당하는 제1장을 제외하면, 이 책은 모두 다섯 장으로 구성되어 있다. 제2장은 청 제국의 탄생과 성장에 관한 이야기다. 아마도 서술 내용이 너무 소략하다고 느끼는 독자가 많을 듯한데, 그것은 이 책의 '몸통'에 해당하는 제3장 이하의 내용 이해에 필요한 배경 지식을 제공하는 수준에 그쳤기 때문이다.

제2장에 서술한 청나라의 '성공담'을 읽으면서 "청나라가 이처럼 놀라운 성공을 거둔 비결은 도대체 무엇일까?"라고 질문하는 독자가 적지 않을 것이다. 아쉽게도 이 책의 주된 관심은 청나라의 '성공' 비결을 추적하는 데 있는 것이 아니라 청나라가 어떤 구조 속에서 어떤 원리에 입각하여 제국을 통치하였는지를 탐구하는 데 있다. 이를 위하여 제3장에서는 청나라의 제국 통치에서 팔기(八旗) 제도의 중요성과 한인(漢人) 관료들의 한계를 밝히는 데 초점을 맞추었다.

이어지는 제4장에서는 청나라의 대(對)러시아 외교가 '몽골 문제'와 대단히 밀접한 관계에 있었으며, 그렇기 때문에 한인 관료들이 대러시아 외교 교섭에 참여하지 못하였다는 사실을 설명하였다. 제5장에서는 청나라가 조선에 파견한 칙사(勅使)의 출신을 분석하고, 이를 실마리로 삼아 청 제국 중심의 국제 질서 속에서 조선이 어떤 위치에 있었는지 고찰하였다.

끝으로 제6장에서는 청 제국을 역사의 시간 속에 태어나고 자란 '키메라' 생명체에 비유해 보고, 이를 통해 제국의 형성 과정과 지배 구조, 그리고 19세기 후반 제국의 성격 변화 등을 어떻게 이해할 수 있을지 이야기하였다.

더 살펴보기

삼전도비의 '수난'

2007년 2월 5일 아침 서울시 송파구 석촌동에 위치한 국가지정문화재 사적 101호 삼전도비(三田渡碑)를 누군가 붉은색 스프레이로 훼손한 것이 발견되었다. 삼전도비는 비석의 몸통만 해도 높이 3.95미터, 폭 1.4미터에 달하고, 거북 모양의 받침돌까지 합하면 높이가 무려 5.7미터나 되는 거대한 유물이다.

이 비석을 훼손한 범인은, "과거 안 좋은 역사들이 있는데 그런 것을 두고 그냥 넘어간다면 그런 역사들이 반복될 것 같아서 그랬습니다."라고 진술하였다. 그는 비석의 앞면과 뒷면에 가로 세로 1미터 크기로 '철' 자와 '거' 자를 썼고, '철' 아래에는 '370'이라는 숫자를, '거' 아래에는 '병자'라는 글자를 썼다. '370'이라는 숫자는 인조가 삼전도에서 항복 의식을 거행한 1637년으로부터 2007년까지를 헤아린 것으로 보이며, '병자'는 병자호란의 '병자년'을 가리키는 것이 분명하다.

삼전도비, 즉 '대청황제공덕비(大淸皇帝功德碑)'는 말 그대로 청나라 황제가 조선에 베푼 '은혜'에 대한 감사의 뜻을 표하기 위해 건립한 것이다.[14] 비석에 새긴 비문은 앞면이 만주어와 몽골어, 뒷면이 한문이다. 비문에 따르면, 이 비석은 숭덕(崇德) 4년, 즉 조선의 인조 17년 12월 8일, 양력으로 환산하면 1639년 12월 31일자로 세워졌다.

그러나 비석의 건립은 이미 인조가 삼전도의 항복이 있은 지 얼마 되지 않은 시점부터 준비되고 있었다. 즉, 『승정원일기(承政院日記)』의 인조 15년 3월 12일 조에 비석 건립에 관한 언급이 보인다. 그리고 삼전도비의 건립은 형식상 조선의 자발적 요청에 따른 것처럼 되어 있지만, 사실 비석의 건립을 처음 제안한 사람은 청나라의 마부대(馬夫大), 즉 마푸타였다. 아마도 당시 상황에서 조선이 마푸타의 '권유'를 거부하기란 불가능하였을 것이다.

치욕을 '은혜'로 묘사하였을 뿐만 아니라 건립 자체가 '외압'에 의한 것이었던 만큼 삼전도비가 건립 당시부터 치욕의 상징으로 인식된 것은 당연하다. 명분(名分)과 의리(義理)가 정치 담론뿐만 아니라 지식인들의 정신세계를 온통 지배했다고 할 수 있는 조선 사회의 감성에 비추어 보면 거대한 삼전도비가 상기시키는 치욕의 정도는 오늘날과 비교할 수 없을 정도로 심각했을 것이다.

이 때문에 삼전도비 자체도 그렇지만 이 비석 건립에 연루된 사람조차 비석이 상징하는 치욕 때문에 수난을 겪어야 했다. 예컨대 인조의 명을 받들어 비문을 지은 이경석(李景奭)은 '비문을 지은 죄' 때문에 생전은 물론 사후에까지 비난의 표적이 되었다.

삼전도비 자체의 '수난'은 청일전쟁에서 청나라가 패하면서 본격화되었다. 청일전쟁 이후 사대(事大)의 상징물 영은문(迎恩門)을 헐고 독립문(獨立門)을 세운 일은 잘 알려져 있거니와 치욕의 상징인 삼전도비 역시 땅 속에 묻혀 버렸다. 그러나 일본의 조선총독부는 이 비석을 다시 일으켜 세우고 보물로 지정하였다. 해방 후에도 삼전도비는 문화재 대우를 받아 국보로 지정되었다.

이렇듯 한동안 '수난'의 역사에서 벗어날 수 있었던 삼전도비는, 1950년대에 치욕의 역사물이라는 이유로 다시 땅속에 매몰되었다. 그 뒤로 1960년대 초 삼전도비는 다시 사적 101호로 지정되어 문화재의 지위를 되찾았고, 홍수에 의한 하안(河岸) 유실로 강바닥에 매몰될 위험이 있어서 고지대로 이전되었다.

1980년대 초에는 삼전도비를 통해 "역사 속에서 교훈을 찾도록 하라."는 대통령의 지시에 따라 송파구 석촌동에 조성된 근린공원 안에 자리를 잡았다. 다만 '삼전도 청태종공덕비'라는 공식 명칭이 과분하다고 하여 '삼전도비'로 '격하'하였다. 그리고 2007년 2월에 이르러 한동안 잠잠하던 삼전도비의 '수난'이 한 민간인의 손에 의해 역시 치욕의 역사를 상징한다는 이유로 재연되었다.

2007년의 훼손 사건 이후 송파구청은 서울시립대학교 서울학연구소에 연구를 의뢰하여 비석의 원래 위치가 석촌호수 서호의 동북쪽 바닥에 있었다는 결론을 내렸고, 이에 따라 2010년 4월 원래 위치에서 가장 가까운 서호 언덕으로 삼전도비를 옮겼다. 비석의 이전과 관련한 언론 보도에 따르면, 송파구 관계자는 "치욕의 역사지만 자라나는 세대에게 국력의 중요함을 일깨우는 역사 교육의 장소가 될 것으로 기대한다."고 말하였다.

115년 만에 원래 있던 자리 가까이로 옮긴 삼전도비가 앞으로 더 이상의 '수난'을 겪지 않을지는 알 수 없는 노릇이다. 비석이 상기시키기 마련인 치욕의 기억이 그 기억을 아예 말살해 버리려는 충동만을 야기할지, 아니면 치욕의 역사로부터 교훈을 얻으려는 이성을 자극할지도 알 수 없다. 다만 삼전도비를 땅에 묻거나 훼손한다고 해서, 실제 있었던 일이 없었던 일로 바뀌지도 않거니와 설사 그것이 치욕이었다고 하더라도 역사의 기억 또한 결코 말살되지 않는다는 것은 확실하다. 또한 삼전도비를 없앤다고 하더라도 치욕의 역사가 반복되지 말라는 보장도 없을뿐더러 삼전도비를 그냥 둔다고 하더라도 그런 역사가 반복된다는 보장도 없다.

2장

미약한 시작, 창대한 나중

청 제국의
시기 구분

　　18세기 말 청나라는 거대 제국으로서 전성기를 구가하였다. 이 무렵 청 제국의 판도는 약 1315만 제곱킬로미터로, 15세기 전반 약 650만 제곱킬로미터였던 명나라는 물론이거니와 약 965만 제곱킬로미터나 되는 오늘날 중화인민공화국의 영토보다 훨씬 더 넓었다. 또한 1800년경 청나라의 인구는 약 3억 명에 달하였다. 당시 세계 인구가 약 9억 명으로 추정되므로 청나라는 세계 인구의 3분의 1을 지배하는 제국이었던 셈이다.

　　그러나 청나라가 처음부터 그처럼 거대한 제국이었던 것은 아니다. 동네의 작은 분식집에 가면 종종 발견하는 액자 속의 "네 시작은 미약하였으나 네 나중은 심히 창대하리라."는 성경 구절처럼 청 제국의 시작은 정말 미약하였다. 로마가 하루아침에 이루어지지 않았듯이 청 제국도 하루아침에 이루어지지 않았던 것이다. 오늘날 우리가 청 태조(太祖)라고 부르는 누르하치는 1583년 군사를 일으켜 주변으로 세력을 확장하기 시작하였다. 당시 누르하치 수중의 갑옷

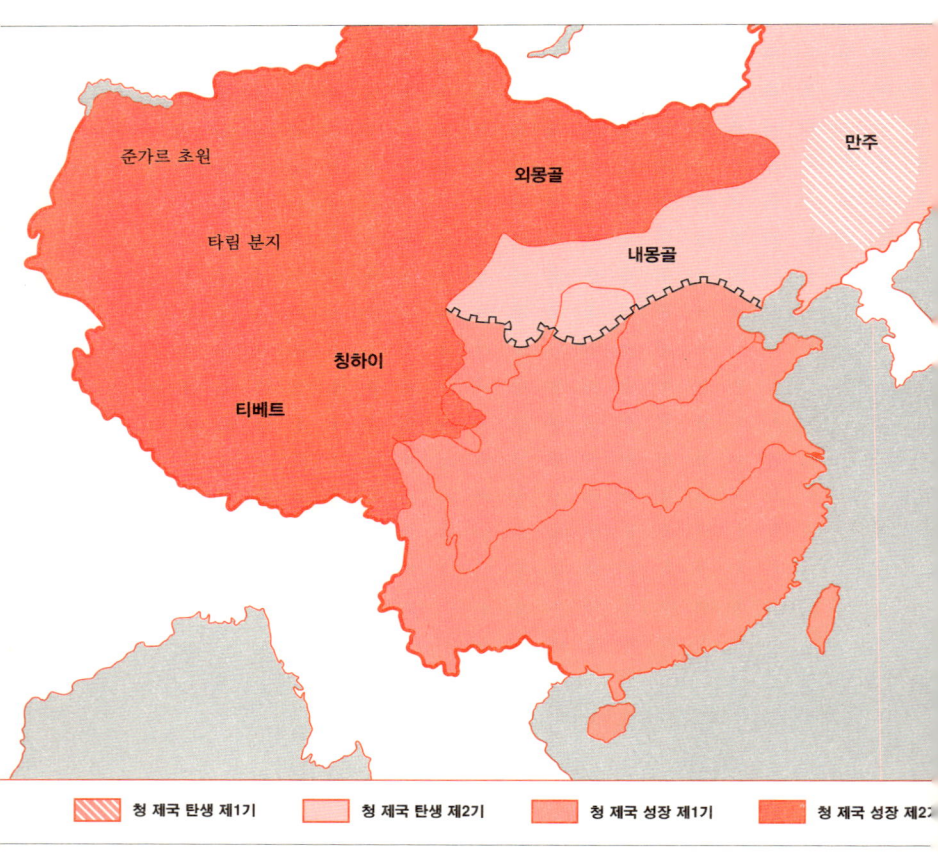

청 제국의 성장

누르하치의 아이신 구룬 건설 이후 청 제국의 확대 과정을 지도에 표시하였다. '청 제국 탄생'의 제1기까지 아이신 구룬의 세력 범위는 명나라 요동변장의 외곽에 국한되었으나, 제2기에는 내몽골과 만주 전역으로 확대되었다. '청 제국 성장'의 제1기에는 '중국'을, 제2기에는 외몽골과 티베트는 물론 준가르 초원과 타림 분지까지 정복하였다.

은 13벌에 불과하였다고 한다. 제대로 무장을 갖출 수 있는 부하가 13명뿐이었다는 말이다.

청나라가 누르하치 시절의 '미약한 시작'으로부터 건륭제 시절의 '심히 창대한 나중'에 이르기까지는 약 180년이라는 세월이 걸렸다. 이 책에서는 이 180년의 시간을 크게 '청 제국의 탄생'과 '청 제국의 성장'이라는 두 시기로 나누어 설명하고자 한다.

먼저 '청 제국의 탄생'은 1580년대 초부터 1640년대 초까지의 약 60년으로, 이는 다시 두 시기로 나눌 수 있다. 제1기는 1580년대 초 독자적인 군사 활동에 돌입한 누르하치가 아이신 구룬(Aisin Gurun)을 건설하기까지의 시간이다. '아이신'은 황금, '구룬'은 나라를 뜻하므로 아이신 구룬은 한자로 금국(金國)이라고 쓴다. 제2기는 아이신 구룬이 누르하치 말년에 요동 지역을 장악한 데 이어, 홍타이지의 치세에 내몽골의 유목민들을 복속시키고 요동의 한인들을 적극 포섭하여 마침내 다이칭 구룬(Daicing Gurun), 즉 대청국(大淸國)으로 거듭나는 시기다.

다음으로 '청 제국의 성장'은 1640년대 초부터 대략 1760년경에 이르는 약 120년으로, 역시 두 시기로 나눌 수 있다. 제1기는 1644년 다이칭 구룬이 산하이관(山海關)을 돌파하여 베이징에 입성한 뒤 약 40년에 걸친 정복 활동을 통해 마침내 '중국' 전체를 직접 지배하에 두는 시기다. 제2기는 1680년대 초 '중국' 정복을 완수한 청나라가 1760년경까지 약 80년에 걸쳐 북쪽으로 고비 이북의 외몽골 초원, 서쪽으로 티베트 고원, 그리고 톈산(天山) 산맥 북쪽의 준가르 초원과 남쪽의 타림 분지 등을 차례로 정복하는 시기다.

　　이처럼 이 책에서는 청 제국의 탄생과 성장 과정을 크게는 두 시기, 작게는 네 시기로 나누어 서술하고자 하는데, 우리 독자들에게 잘 알려져 있지 않다고 판단되는 사실을 소개하는 데에 가급적 많은 지면을 할애할 예정이다. 그러면 먼저 청 제국 탄생의 제1기, 즉 누르하치의 아이신 구룬 건설 과정을 살펴보기로 하자.

누르하치의
아이신 구룬

　　누르하치는 1559년 오늘날 중국에서 둥베이(東北)라고 부르는 땅에서 태어났다. 중국에서 '둥베이'라는 말은 헤이룽장(黑龍江)성, 지린(吉林)성, 랴오닝(遼寧)성 등 동북쪽에 위치한 3성의 통칭으로 쓰이지만, 우리에게는 둥베이보다 만주라는 지명이 더 친숙하다. 이 '만주'라는 말은 원래 지명이 아니라 청나라를 건설한 핵심 집단의 이름이었다. 19세기 이후 이 말이 청나라의 발상지를 가리키는 지명으로 쓰이기 시작하였으며,[1] 영어로도 'Dongbei'보다는 우리말의 만주에 해당하는 'Manchuria'라는 단어가 훨씬 더 광범위하게 쓰인다. 그래서 이 책에서는 둥베이 대신 만주라는 지명을 쓰기로 한다.

　　누르하치가 태어나고 자란 만주 땅에는 몽골계 언어나 퉁구

누르하치(1559~1626)
건주여진의 유력 가문 출신으로 1580년대 초부터 세력을 키워 1616년 금나라, 즉 아이신 구룬을 세우고 '겅기연 한'이라고 칭하였다. 누르하치는 '천명(天命)' 연호를 썼지만 그를 '천명제'라고 부르지는 않고 묘호를 따서 '청 태조'라고 부른다. 물론 청이라는 국호는 그가 죽은 뒤에 만든 것이다.

스계 언어를 말하는 여러 집단이 살고 있었다. 14세기 후반 명나라는 랴오허(遼河) 유역의 농경 지대를 점령하고 요동도사(遼東都司)라는 이름의 군정(軍政) 기구를 설치하였다. 요동도사의 관할 구역은 요동변장(遼東邊墻)이라는 방어 시설로 둘러싸여 있었다. 명나라에서는 변장 바깥의 동쪽에 살던 퉁구스계 언어를 쓰는 여러 집단을 건주여진(建州女眞), 해서여진(海西女眞), 야인여진(野人女眞) 등으로 분류하였다.

'여진'이라는 말은 여진어의 주션(jušen)을 한자로 옮긴 것으로 우리에게도 매우 익숙한 단어다. 여진은 일찍이 12세기 초에 금나라를 세우고 약 100년 동안 중원 지역을 지배하였다. 그러나 13세기 초 몽골 제국에 금나라가 멸망한 이후 여진족은 단일한 국가를 이루지 못한 채 만주 땅 곳곳에 흩어져 살았다.

15세기 초 명나라는 여러 여진족 집단의 수령들에게 무관 계통의 관직을 주고 명나라에 조공하도록 하는 한편 관직을 내린다는 칙서를 소지한 수령들에게는 요동의 변경에서 교역 활동을 허가하였다. 두만강과 압록강에 가까운 만주 남부 지역에 살던 여진족 수령들은 건주위(建州衛), 건주좌위(建州左衛), 건주우위(建州右衛) 등의 지휘사(指揮使)를 비롯한 여러 관직을 받았고, 이 때문에 건주여진이라고 불렸다. 누르하치는 바로 이 건주여진 출신이었다.

16세기 후반의 건주여진은 숙수후, 저천, 후너허, 동고, 왕기야 등 다섯 집단으로 나뉘었는데, 훗날 청나라의 실록에서는 이들을 통칭하여 '만주 구룬'이라고 불렀다. 또한 창바이산(長白山)이라고도

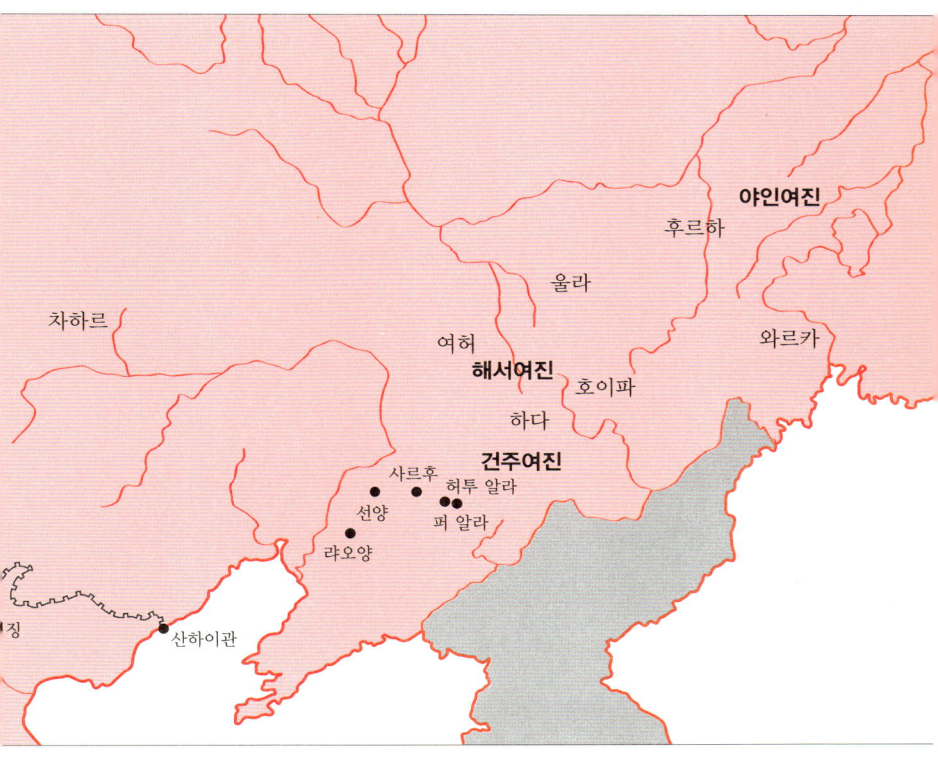

16세기 말의 만주

16세기 말 만주의 상황을 그린 지도다. 압록강 북쪽에 건주여진이, 그 북쪽으로 해서여진의 하다, 여허, 호이파, 울라 등 '훌룬 4부'가 있었다. 두만강 북쪽에는 야인여진으로 불리던 와르카, 후르하 등이 살았다. 서쪽 랴오허(遼河) 상류에 몽골의 차하르 부가 보인다.

불리는 백두산 일대에는 너연, 주셔리, 얄루 기얀 등으로 불리는 집단이 있었는데, 이들 역시 건주여진 계통으로 분류된다.

한편 건주여진의 북쪽에는 해서여진으로 통칭되던 하다, 여허, 호이파, 울라 등의 집단이 살았는데, 이들 네 집단을 합해서 '훌룬 4부'라고 한다. 건주여진의 동북쪽에는 과거 야인여진이라 불렸던 와르카, 워지, 후르하 등이 살았는데, 이 무렵에 그들은 동해부(東海部)로 통칭되었다.

16세기 말 만주 땅에서 누르하치 세력이 등장하여 급속도로 성장할 수 있었던 데에는 당시 지구적 규모로 진행되던 교역 활동이 중요한 배경 요인으로 작용하였다. 15세기 초 정화(鄭和)의 대규모 해상 원정이 있기는 하였으나, 명나라는 건국 이래 기본적으로 민간 상선에 의한 해외 무역을 금지하는 정책을 취하였다. 이에 따라 육로든 해로든 간에 외국이 명나라에 파견한 조공 사절을 통한 교역만이 합법적인 무역 활동으로 간주하였다.

그러나 도자기와 비단을 필두로 한 명나라의 상품은 외국에서 큰 인기를 끌었고, 이에 따라 나라 안팎의 상인들은 불법 수단을 동원해서라도 무역을 확대하고자 하였다. 한편, 명나라 중기 이후 국내 경제의 발전에 따라 화폐로 은(銀)의 사용이 점차 확대되었고, 명나라 정부도 종래 현물로 징수하던 세금의 은납화(銀納化)를 시작하였다.

16세기에 들어서자 일본 서부에서 대규모 은광이 개발되었다. 명나라의 동남 연해 지역에서 활동하던 상인들은 관헌의 눈을 피해 비단과 도자기 등을 수출하고 일본의 은을 수입하는 밀무역에 뛰어들었다. 이 무렵 희망봉을 돌아 인도양을 거쳐 동아시아 해상에 등장한 포르투갈 상인들도 이러한 밀무역에 적극 참여하였다.

16세기 중엽 명나라 정부는 대대적인 밀무역 단속에 나섰다. 그러자 밀무역 상인들은 무장을 하고 관군에 대항하였다. 당시 '왜구'라 불리며 연해 지역에 창궐했던 해적 집단 중에는 이런 무장 상인이 많았다. 결국 명나라 정부는 1567년에 종래의 민간 무역 금지 정책을 포기하였다. 그 결과 대외 교역이 크게 활성화되고 '왜구'의 폐해도 잦아들었다.

흥미롭게도 명나라가 남방에서 '왜구' 문제로 곤란을 겪고 있는 동안 북방에서는 알탄 칸이 이끄는 몽골 세력이 명나라를 괴롭혔다. 역사가들은 명나라가 남과 북에서 동시에 겪어야 했던 곤경을 '북로남왜(北虜南倭)'라고 부르는데, '남왜'와 비슷하게 '북로' 문제의 근본 원인도 사실은 몽골 세력의 교역 확대 요구에 있었다. 1567년의 조치를 계기로 남방의 '왜구'가 잦아들었듯이, 북방의 '북로' 문제도 1571년에 명나라가 알탄 칸과 화의를 맺고 변경 교역을 확대함으로써 일단 해결을 보았다.

이렇게 해서 1570년대 이후 명나라 경제는 종전과 비교할 수 없을 정도로 대외 개방적인 성격을 띠었다. 바로 이 무렵 아메리카 대륙에서 생산된 은이 본격적으로 유입되면서 이러한 추세는 더욱 가속화되었다. 아메리카 대륙에서는 1570년대 이후 은 생산이 급증하였다. 에스파냐는 필리핀의 마닐라에 식민지를 건설하고, 멕시

코의 아카풀코와 마닐라를 잇는 태평양 횡단 항로를 열었다. 이 항로를 따라 태평양을 건넌 아메리카 대륙의 은은 마닐라에서 명나라 상선이 실어온 비단, 도자기 등의 상품과 교환되어 명나라로 흘러들었다.

한편 대서양 항로를 따라 유럽으로 건너간 아메리카 대륙의 은 가운데 일부도 육로 또는 해로를 통해 동쪽의 아시아로 흘러들었고, 그 대부분은 최종적으로 명나라로 유입되었다. 은의 흐름과 반대 방향으로 비단과 도자기 같은 명나라의 상품이 흘러갔음은 새삼 언급할 필요도 없다.

이처럼 16세기 말에 은을 매개로 지구적 규모의 교역망이 형성되는 가운데 명나라의 상업 경제는 대단한 호황을 맞이하였고, 그 영향은 만주 땅에도 파급되어 변경 교역이 크게 활성화되었다. 마시(馬市)라는 명칭에서 알 수 있듯이, 원래 말이 주요 거래 품목이었던 요동 변경의 시장에서는 담비 가죽을 위시한 모피류, 백두산 지역에서 나는 인삼 등이 인기 상품으로 활발하게 거래되었다.

교역량이 늘어나면서 교역의 이익이 커지자 여진족 수령들은 명나라가 발급한 칙서를 두고 쟁탈전을 벌였다. 칙서는 곧 요동 변경 시장에서 교역 허가증으로 기능하였기 때문이다. 16세기 말 해서여진 하다의 수장은 무려 1000통에 달하는 칙서를 손에 넣을 정도로 세력이 커져 스스로를 한(汗)이라고 칭하였다. 따라서 이 시기 만주 땅에서 누르하치와 같은 영웅이 등장한 것은 단순히 돌발적이고 우연적인 사태가 아니라 16세기 이래 세계사의 큰 변동을 배경으로 일어난 사건이었다.

　　1580년대 초 하다는 한(汗)의 사망에 이은 내분으로 세력이 약해졌다. 이에 여허가 세력을 키워 하다에 도전장을 내밀었고, 일찍이 하다와 원한 관계가 있던 건주여진의 아타이라는 사람이 여허와 함께 하다 세력에 맞섰다. 당시 명나라 요동 지역의 군권은 이성량(李成梁)이 장악하고 있었다. 이성량은 조선인의 후예로, 임진왜란 때 명나라 원군을 이끌고 조선에 왔던 이여송(李如松)의 부친이기도 하다. 아타이가 요동 변경을 약탈하자 이성량은 건주여진의 니칸 와일란의 도움을 얻어 아타이를 공격하였다. 그 과정에서 누르하치의 조부와 부친이 명나라 군대에 의해 억울하게 살해되었다.

　　명나라 측은 누르하치에게 유감을 표명하고 일정한 보상을 제시하였으나 누르하치는 조부와 부친의 죽음에 책임이 있는 니칸 와일란을 넘겨 달라고 요구하였다. 자기 조부의 형제 및 자손들조차 자신을 지지하지 않았음에도 누르하치는 친구들의 도움을 얻어 약 30명의 사람들을 거느리고 니칸 와일란을 공격하였다. 누르하치의 나이 25살 때의 일이다.

　　명나라는 물론 자신의 친족들마저 니칸 와일란을 지지하는 상황에도 아랑곳하지 않은 채 독자적인 깃발을 내걸고 과감히 군사를 일으킨 누르하치는, 니칸 와일란 세력을 제거하는 데 성공하였을 뿐만 아니라 천재적인 군사적 재능을 발휘하면서 세력을 급속도로 확대하여 나갔다. 마침내 숙수후를 비롯한 '만주 구룬'의 통일을 달성한 누르하치는 1587년 퍼 알라에 성을 쌓고 근거지로 삼았다. 이에 명나라는 건주좌위 도독첨사(都督僉事)라는 관직을 주어 누르하치 세력을 공인하였고, 누르하치는 휘하의 여진족 수령들을 이끌고 베이징에 조공을 다녀왔다.

　누르하치는 대량의 인삼과 모피를 거래하면서 경제력을 축적하는 한편, 해서여진과 야인여진의 여러 집단을 하나씩 복속시켜 나갔다. 1592년에는 일본의 침략을 받은 조선에 원군을 파견하겠다고 제안하기도 하였다. 그 이듬해에는 여허와 하다를 위시한 해서여진뿐만 아니라 만주의 서북부 지역에서 유목하던 몽골의 호르친 부를 비롯한 아홉 '구룬'이 결성한 연합군을 격파함으로써 만주의 최강자로 확고하게 자리매김하였다. 이에 명나라는 누르하치에게 용호장군(龍虎將軍)이라는 칭호를 주어 그의 위상을 인정하였다.

　1603년에 허투 알라로 근거지를 옮긴 누르하치는 정복 활동을 계속하여 여허를 제외한 모든 여진 집단을 복속시켰다. 누르하치의 세력이 너무 커지자 명나라는 누르하치를 견제하기 시작하였다. 예컨대 누르하치가 만주 지역에서 인삼을 캐던 한인을 붙잡아 처형하자 명나라는 누르하치의 인삼 교역을 정지시켰다. 기록에 따르면, 이 일로 해서 누르하치는 무려 10만 근의 인삼이 썩어 버리는 피해를 입었다고 한다.[2] 10만 근이라는 숫자에는 상당한 과장이 섞여 있겠지만, 당시 누르하치의 경제적 손해가 엄청나게 컸다는 것만은 분명해 보인다.

　명나라와의 긴장이 점차 고조되어 갔지만, 누르하치는 끝내 명나라의 압력에 굴복하지 않았다. 마침내 누르하치는 1616년 2월

17일, 음력으로 정월 초하루에 여진족 수령들의 추대를 받아 즉위식을 거행하고 '겅기연 한'을 칭하였다. 이 일은 그보다 약 400년 전에 테무진이 몽골 초원 유목민 수령들의 추대를 받아 '칭기스 칸'으로 즉위했던 역사적 사건을 연상시킨다.

이로써 누르하치는 정식으로 한 나라의 군주가 되었다. 이 나라는 보통 후금(後金)이라고 불리는데, 후금이라는 이름은 과거 여진족이 세웠던 금나라의 뒤를 이었다는 의미다. 그러나 이 책에서는 후금 대신 이 나라의 만주어 공식 명칭인 아이신 구룬을 쓰기로 한다.

누르하치가 겅기연 한을 칭하고 아이신 구룬의 성립을 선포한 사건은 훗날의 청 제국을 향한 첫걸음이었다. 그러나 여진족 사회에서 한을 칭한 것은, 앞서 하다의 한에 대해 언급하였듯이, 누르하치가 최초는 아니었기 때문에 그 자체를 명나라에 대한 '독립'과 '대결'을 선언한 것으로 간주하기는 어려울 것이다.

하지만 누르하치의 아이신 구룬에는 무엇인가 특별한 것이 있었다. 누르하치가 전쟁터에서 뛰어난 군사적 능력을 발휘하여 불패의 신화를 일군 점도 간과해서는 안 되겠지만, 그에게는 앞선 시기의 누구도 생각하지 못했던 것을 생각해 내고, 그 생각을 실천에 옮기는 '혁신'의 능력이 있었다.

아이신 구룬 건설 과정에서 그가 이룩한 최대의 혁신은 역시 니루와 구사의 창설이다. '니루'는 원래 화살을 뜻하는 말로, 여진족이 사냥에 나설 때 만드는 임시 조직이었다. 그러나 누르하치는 니루를 민정은 물론 군정까지 아우르는 기층 사회 조직으로 발전시켜 사회 조직상의 일대 혁신을 이루었다.

　누르하치는 무력을 동원한 정복 활동으로도 휘하의 사람들을 늘려나갔지만, 자발적으로 그에게 투항하여 복속해 온 사람들도 적지 않았다. 그는 자신에게 복속한 다양한 출신의 사람들을 다시 조직하여 니루의 숫자를 늘려갔다. 그리고 이 니루들을 묶어 '구사'라는 이름의 조직을 편성하였다. 대략 1607년경까지는 4개의 구사를 만들었으며, 아이신 구룬의 성립을 선포할 무렵에는 구사의 숫자를 8개로 늘렸다.

　이 8개의 구사는 한자로 '팔기(八旗)'라고 부르는데, 이는 구사마다 서로 다른 깃발을 썼기 때문이다. 팔기의 깃발에는 황(黃), 백(白), 홍(紅), 남(藍) 등 4가지 색깔을 썼고, 그 각각은 가장자리에 테두리가 없는 사각형 모양의 정(正)과 테두리를 두른 오각형 모양의 양(鑲)으로 나누었다. 이렇게 해서 팔기의 각 구사는 깃발의 모양과 색깔에 따라 정황기(正黃旗), 양황기(鑲黃旗), 정백기(正白旗), 양백기(鑲白旗), 정홍기(正紅旗), 양홍기(鑲紅旗), 정람기(正藍旗), 양람기(鑲藍旗) 등으로 불렀다.

　1615년경 팔기 조직의 기층 단위인 니루는 239개 정도였던 것으로 추정되며,[3] 누르하치 시기 니루의 편성 기준은 장정(壯丁) 300명이었다.[4] 팔기와 니루를 구성하는 사람들은 물론 여진 출신이 다수였지만, 그렇다고 해서 모두가 여진 출신이었던 것은 아니다. 18세기의 한 사료에 의하면, 초기에 편성된 니루에 기원을 둔 400개의 니

우익 4기　　　좌익 4기

팔기 깃발

팔기는 좌익과 우익으로 나누는데, 이때의 좌·우는 남쪽을 향해 앉은 황제를 기준으로 방위상 동쪽이 좌익, 서쪽이 우익이다. 위 그림의 '좌익 4기'는 위에서부터 양황기, 정백기, 양백기, 정람기의 깃발이고, '우익 4기'는 정황기, 정홍기, 양홍기, 양람기의 깃발이다.

루 가운데 308개 니루에는 여진인을 위주로 일부 몽골인과 소수의 한인이 섞여 있었고, 76개 니루는 몽골, 나머지 16개 니루는 한인 출신이었다.[5]

홍타이지의 다이칭 구룬

지금까지가 '청 제국 탄생'의 제1기였다면, 이제는 제2기로 넘어갈 차례다. 아이신 구룬을 세운 누르하치는 1618년에 이르러 명나라에 대한 '칠대한(七大恨)'을 선포하였다. 그가 일곱 가지 원한 가운데 첫 번째로 꼽은, 명나라가 아무런 이유 없이 자신의 조부와 부친을 살해하였다는 원한은 해묵은 사건을 새삼 끄집어 낸 것이었고, 나머지는 대체로 서로의 경계를 지키는 문제라든가 명나라가 해서여진의 여허를 지원하여 자신을 견제한 문제 등에 관한 것이었다.

사실 일곱 가지 원한은 새삼 명나라와 전면 전쟁을 선포하는 이유로 그다지 적절해 보이지 않는다. 따라서 일곱 가지 원한 때문에 '선전포고'를 한 것이 아니라 그동안 누적되어 온 명나라와의 긴장과 갈등 때문에 '선전포고'를 결심한 누르하치가 그 명분으로 일곱 가지 원한을 내세웠던 것으로 보아야 한다.

'칠대한'의 선포 이후 누르하치는 실제로 명나라의 요동 지역을 공격하기 시작하였다. 이에 명나라는 1619년 약 10만 대군을 일으켜 보복에 나섰다. 아직 누르하치에게 복속하지 않은 여허가 명나라의 동맹군으로 참전하였고, 조선 또한 명나라의 요청을 받아들여 대규모 병력을 파견하였다. 그러나 누르하치는 명나라의 공세에 기세가 꺾이기는커녕 오히려 사르후 등지에서 명의 대군을 대파한 뒤 여허까지 멸망시킴으로써 마침내 여진 전체를 통일하였다. 이어서 요동 지역을 전면적으로 점령하고는 아예 랴오양(遼陽)으로 수도를 옮겼다.

　　누르하치가 요동 정복에 이어 랴오양으로 천도(遷都)한 사건은 아이신 구룬의 국가 성격에 중대한 변화가 일어났음을 암시한다. 아이신 구룬의 성립까지 누르하치 집단은 일종의 무장 상업 세력이었으며, 명나라와 교역을 하여 경제적 기반을 닦았다. 이제 명나라를 상대로 전면 전쟁에 돌입하였을 뿐만 아니라 요동 지역을 정복하고 수도마저 랴오양으로 옮긴 이상 적어도 단기적으로는 명나라와 교역하여 얻는 경제적 이익은 포기한 셈이었다. 따라서 아이신 구룬의 요동 정복과 천도는 요동 지역의 농업경제에 기반을 두는 새로운 국가의 건설을 지향한 것이라고 볼 수 있다.

　　그러나 1583년 불과 수십 명을 데리고 거병한 이래 승승장구를 거듭하던 누르하치의 성공담은 이 무렵에 이르러 서서히 막을 내리고 있었다. 요동으로 근거지를 옮긴 누르하치는 요동의 한인 농민들을 안정적으로 통치하는 데에는 실패하였다. 그는 정복민과 피정복민이 섞여 살도록 하였는데, 한인 농민들은 정복민의 착취와 압박에 강하게 반발하였다. 결국 한인들이 대거 폭동을 일으키는 상황이 일어났고, 누르하치는 무자비한 대량 살육으로 대응하였다. 누르하치가 랴오양을 버리고 선양(瀋陽)으로 재차 천도한 일은 요동 통치의 실패를 자인한 것이었다. 한편 아이신 구룬의 수도가 된 선양은 나중에 만주어로 묵던, 한자로 성경(盛京)이라고 불렸다.[6]

얼마 안 있어 누르하치는 생애 처음으로 전쟁터에서 패전의 쓴 맛을 보았다. 1626년 누르하치는 산하이관 동북쪽에 위치한 닝위안(寧遠)을 공격하였다. 그러나 원숭환(袁崇煥)이 이끌던 닝위안의 명나라 군대는 유럽식 대포로 무장하고 있었다. 이 대포는 원래 홍이포(紅夷砲)라고 불렸으나 청나라 기록에는 홍의포(紅衣砲)라고 적혀 있다. '오랑캐'를 뜻하는 '이(夷)' 자를 피하기 위하여 한어로 발음이 같은 '의(衣)' 자를 쓴 것이다. 유럽식 대포의 위력 앞에 누르하치는 퇴각을 명하지 않을 수 없었다.

선양으로 귀환한 누르하치는 곧 병이 들어 68살의 나이로 숨을 거두었다. 만주 땅 곳곳에 흩어져 살던 여진족을 통일하여 아이신 구룬을 건설한 여진족의 영웅 누르하치의 시대는 이렇게 막을 내렸다. 누르하치의 뒤를 이어 아이신 구룬의 두 번째 한으로 즉위한 사람은 그의 아들 홍타이지였다.

우리에게는 '청 태종'으로 잘 알려져 있는 홍타이지는 임진왜란이 발발한 1592년에 누르하치의 여덟 번째 아들로 태어났다. 조선을 두 차례나 침략한 탓에 우리는 악한 중의 악한으로 기억하고 있지만, 홍타이지는 아이신 구룬을 다이칭 구룬으로 거듭나게 함으로써 명나라에 대항하는 하나의 제국 질서를 구축(構築)하는 업적을

홍타이지(1592~1643)

누르하치의 여덟 번째 아들로 태어나 1626년 금나라의 한이 되었으며 1636년 국호를 청으로 바꾸고 '관온인성황제'라고 칭하였다.
홍타이지는 1627년부터 '천총(天聰)'이라는 연호를 쓰다가,
1636년 '숭덕(崇德)'으로 바꾸었다. 누르하치와 마찬가지로 연호 대신에 묘호를 따서 '청 태종'이라고 부른다.

이룬 또 하나의 영웅이었다.

　　후금이라는 이름이 상징하듯이 누르하치가 세운 아이신 구룬이 기본적으로 여진 국가였다면 홍타이지의 다이칭 구룬은 만(滿)·몽(蒙)·한(漢)의 다민족으로 구성된 새로운 제국이었다. 만약 누르하치가 세운 나라를 여진의 '민족 기업'에 빗댈 수 있다면 홍타이지는 그 기업의 한계를 극복해 가면서 하나의 '다국적 기업'을 일군 셈이었다.

　　홍타이지는 아이신 구룬의 한위(汗位)를 비롯하여 누르하치가 남긴 많은 유산을 물려받았다. 그러나 누르하치의 유산 중에는 홍타이지의 입장에서 심각한 고민거리를 안겨 준 것도 적지 않았다. 닝위안의 패전도 아이신 구룬의 앞날에 그늘을 드리웠거니와 누르하치가 요동 지역에서 한인 지배에 실패한 것 역시 심각한 문제였다.

　　군사 방면의 곤경을 벗어나기 위해 홍타이지는 명나라에 화의를 제안하고 나섰다. 이어서 식량과 물자의 부족을 타개하기 위하여 조선 연해의 가도(椵島)에 근거지를 두고 배후를 위협하던 명나라 장수 모문룡(毛文龍)을 친다는 명분을 내세워 조선을 침공하였다. 이것이 정묘호란(丁卯胡亂)이다. 이 전쟁의 결과 홍타이지는 조선 국왕과 '형제 관계'를 맺고 교역의 루트를 확보할 수 있었지만 가도의 모문룡을 제거하는 데에는 성공하지 못하였다. 하지만 모문룡이 제멋대로 행동하며 적과 싸우기는커녕 자기 세력을 키우는 일에만 몰두하자 원숭환이 그를 전격적으로 처형해 버렸다.

홍타이지는 원숭환이 지키던 요서(遼西) 지역에서 산하이관에 이르는 방어선을 우회하여, 내몽골을 거쳐 만리장성을 넘어가 약탈전을 벌이는 전략을 구사하였다. 이 전략은 큰 성공을 거두어 명나라의 수도 베이징을 포위하기까지 하였다. 당시 홍타이지는 원숭환이 후금과 내통하여 반역을 꾀한다는 말을 유포시키는 계략을 써서 명나라로 하여금 닝위안의 전쟁 영웅 원숭환을 처형하게 만들었다.

요동 지역의 한인 지배와 관련해서는, 정복민과 피정복민의 거주지를 분리하는 정책을 추진하는 한편, 한인을 관료로 등용하여 이들에게 피정복민인 한인 농민에 대한 행정을 맡기는 방식을 취하였다. 또한 문관(文館)과 육부(六部)를 비롯한 행정 기구를 새로 설치하여 국가의 면모를 갖추어 나갔다.

한편 누르하치가 남긴 정치적 유산 가운데 홍타이지에게 가장 큰 걸림돌이 되었던 것은 팔기의 분봉(分封) 구조였다. 누르하치의 팔기는 13세기 초 칭기스 칸이 몽골 초원의 유목민을 재편하여 만든 천호(千戶)와 유사하다.[7] 칭기스 칸이 천호들을 자신의 동생들과 아들들에게 나누어 준 것을 분봉이라고 하는데, 누르하치 또한 팔기를 여러 아들과 조카에게 분봉하였다. 누르하치로부터 각 구사를 받은 아들과 조카를 호쇼이 버일러라고 불렀다. 각 구사에 속하는 사람들의 일차적인 충성 대상은 호쇼이 버일러였다. 그래서 호쇼이 버일러를 기주(旗主), 즉 구사의 주인이라고 부른다.

그런데 누르하치가 아이신 구룬의 한으로 즉위하기 전까지 누르하치 집단은 어찌 보면 기주들의 연합체적인 성격이 강하였다. 예컨대 1590년대 중엽 누르하치의 근거지 퍼 알라를 방문했던 조선의 신충일(申忠一)은 『건주기정도기(建州紀程圖記)』에서 당시의 건주여진에 2명의 우두머리가 있는 것으로 묘사하고 있다.[8] 여기서 2명의 우두머리란 누르하치와 그의 동생 슈르하치를 가리킨다. 쉽게 말하자면, 슈르하치는 누르하치의 동업자였던 셈이다. 당시 명나라가 누르하치와 슈르하치에게 각각 건주좌위와 건주우위의 수장임을 나타내는 관직을 수여한 것도 건주여진의 양두 체제를 반영한 것이었다. 여기에 누르하치의 큰아들 추영 또한 전쟁에서 잇따라 공을 세우며 독자적인 입지를 다지고 있었다.

　이러한 사정은 아직 구사가 4개뿐이던 1607년경 건주여진의 내부 지배 구조에도 잘 나타나 있다. 당시 누르하치에게 직속했던 것은 황기(黃旗) 하나뿐이었고, 슈르하치가 남기(藍旗), 추영이 백기(白旗), 그리고 누르하치의 둘째 아들 다이샨이 홍기(紅旗)를 차지하였다.

　1616년 누르하치가 겅기연 한을 칭할 수 있었던 것은 슈르하치를 숙청하고 반역 음모를 꾸민 추영마저 제거함으로써 집단 내부에서 아무도 도전할 수 없는 독존적인 지위를 확보한 덕분이었다. 권력 앞에서 혈육의 정까지 도려내는 비극을 거쳐 한으로 즉위한 누르하치는, 한 나라의 창업자이자 최초의 한이라는 카리스마적인 권위로 팔기 전체에 군림하는 주인이 되었지만, 그렇다고 해서 기주들의 연합체적인 성격까지 제거한 것은 아니었다.

경기연 한 누르하치는 8개의 구사 중에서 정황기와 양황기 둘만 직속시키고, 나머지 여섯 구사는 호쇼이 버일러들의 몫으로 분봉하였다. 누르하치 말년의 상황을 보면 다이샨이 정홍기, 다이샨의 아들 요토가 양홍기, 홍타이지가 정백기, 추영의 아들 두두가 양백기, 누르하치의 아들 망굴타이가 정람기, 슈르하치의 아들 아민이 양람기의 기주였다. 각 구사는 서로 대등한 관계였으며, 호쇼이 버일러 간에는 나이를 제외한 상하 관계가 성립할 수 없었다.

게다가 여진 사회에서는, 몽골과 마찬가지로 큰아들이 권력을 승계해야 한다는 인식도 없었고 그런 전통도 형성되어 있지 않았다. 따라서 누르하치가 사망할 무렵 그의 아들 세대에 해당하는 4명의 대(大)버일러, 즉 다이샨, 아민, 망굴타이, 홍타이지는 모두 한에 즉위할 자격이 있었다. 게다가 누르하치는 생전에 자신의 사후 한 사람이 권력을 독점하지 말고 형제들의 합의로 나라를 다스리라는 뜻을 밝힌 바 있었다.

홍타이지는 형제 중 가장 연장자였던 다이샨의 적극적인 지지를 받아 한으로 추대되었다. 그러나 홍타이지에게는 아직 누르하치와 같은 카리스마가 있을 수 없었다. 게다가 그는 대버일러 중에서 나이도 가장 어렸다. 이 때문에 즉위식을 거행할 때에도 나머지 3명의 대버일러를 신하로 상대하지 못하고 오히려 그들에게 '3번 절을 올리는 예'를 갖추어야 했으며, 즉위 이후 이들 3명과 나란히 남면(南面)하고 앉아 정사를 보아야만 했다.[9]

또한 홍타이지가 한이 되면서 각 구사의 기주 구성에 변동이 있었지만, 적어도 4개의 구사는 여전히 대버일러 3명의 수중에 있었다. 즉, 홍타이지가 한이 된 뒤 정백기와 양백기는 각각 정황기와 양황기로 명칭이 바뀌어 홍타이지에게 직속하였다. 원래 누르하치에게 직속했던 정황기와 양황기는 정백기와 양백기로 이름이 바뀌었고, 누르하치의 아들 도르곤과 도도의 몫이 되었다. 하지만 다이샨 부자가 정홍기와 양홍기를, 망굴타이가 정람기를, 아민이 양람기를 보유하는 상황에는 아무런 변동이 없었다.[10]

    결국 누르하치 사후의 아이신 구룬에는 일종의 집단 지도 체제가 출현하였고, 홍타이지는 '대등한 동료 중의 일인자(primus inter pares)'에 불과하였던 셈이다. 그러나 홍타이지는 생전의 누르하치가 바란 것처럼 형제들과 대등한 입장에서 나라를 다스리는 데 만족하지 않았다. 누르하치가 그랬던 것처럼, 홍타이지 역시 마냥 기득권에 안주하지 않고 혁신을 추구하였다.

    홍타이지는 독자적인 업적을 쌓으면서 자신만의 카리스마를 구축해 가는 한편, 아이신 구룬의 권력을 서서히 수중에 집중시켜 나갔다. 대버일러 중에서 홍타이지에게 가장 도전적이던 아민이 제일 먼저 제거되었다. 홍타이지는 아민의 군사적 실패를 이유로 삼아 그를 실각시켜 감금하고, 양람기의 기주를 아민의 동생이지만 자신에게 고분고분한 지르갈랑으로 교체하였다. 이어서 자신과 공개적으로 다툼을 벌이다 칼까지 뽑아 들었던 망굴타이에게 강등 처분을 내림으로써 그 기세를 꺾어 버렸다. 마침내 1632년에는 단독 남면을 실현함으로써 한으로서의 권위를 확립하였다.

한편 망굴타이가 죽은 뒤 정람기는 망굴타이의 동복(同腹) 동생 더걸러이가 이어받았다. 1635년 더걸러이가 죽고, 그 이듬해 망굴타이가 생전에 반역을 모의했다는 사실이 드러났다. 이를 기회로 홍타이지는 정람기를 해체해 버렸고, 다시 새롭게 편성한 정람기를 자신의 큰아들에게 주었다. 이렇게 해서 8개의 구사 가운데 3개의 구사를 확보한 홍타이지는 내부적으로 아무도 도전할 수 없는 권력을 확립하였다.

과거 누르하치가 동생과 장남을 제거한 뒤에야 비로소 아이신 구룬의 겅기연 한을 칭할 수 있었듯이, 홍타이지가 관온인성황제(寬溫仁聖皇帝)를 칭하고 다이칭 구룬의 성립을 선포하는 일대 혁신에 착수할 수 있었던 것도 3명의 대버일러 세력을 꺾고 팔기 내부에 안정적인 지분을 확보한 덕분이었다. 다른 한편으로, 누르하치의 칭한(稱汗)에 여진의 통일이라는 업적이 있었듯이 홍타이지의 칭제(稱帝)에도 무엇인가 크게 내세울 만한 업적이 필요하였다.

홍타이지가 여진 국가의 외피를 과감히 벗어던지고 새로운 제국 다이칭 구룬의 건설이라는 일대 혁신을 이루는 데 결정적인 의미가 되었던 것은 바로 내몽골 정복이었다. 1620년대 후반 내몽골 초원에서는 차하르 부(部)의 릭단 칸이 몽골의 통일을 꿈꾸며 세력을 넓히고 있었다. 차하르의 칸은 몽골 제국의 정통을 계승한 대칸의 권위를 보유하였지만 16세기 중엽 이후 실력을 잃고 싱안링(興安嶺) 산맥 동쪽으로 밀려난 상태였다. 17세기 들어 몽골의 통일을 꿈꾸던 릭단 칸은 내몽골의 여러 유목 집단을 정복하는 사업에 나서서 마침내 내몽골 중심부의 후흐호트를 점령하였다.

그러나 릭단 칸의 패권 추구에 반발한 많은 몽골 유목민 집단이 아이신 구룬에 도움의 손길을 청하면서 홍타이지에게 새로운 기회가 열렸다. 홍타이지는 릭단 칸이 티베트 방면으로 원정을 떠난 틈을 타서 후흐호트를 점령하고 내몽골 초원을 장악하는 데 성공하였다. 이어서 1634년 릭단 칸이 천연두에 걸려 칭하이(靑海)에서 사망하였고, 1635년에는 릭단 칸의 아내와 아들이 아이신 구룬에 투항해 왔다. 홍타이지는 릭단 칸의 아들을 부마로 삼았다.

이렇게 차하르 세력을 제압하는 데 성공한 홍타이지는, 1635년과 1636년에 걸쳐 아이신 구룬을 다이칭 구룬으로 탈바꿈시키는 일련의 작업에 착수하였다. 먼저 차하르의 압박을 피해 대거 투항해 왔던 몽골 유목민의 일부를 니루와 구사로 편입시켜 팔기몽고(八旗蒙古)를 조직하였다. 또한 주션, 즉 여진이라는 이름의 사용을 금지하고 만주(滿洲)라는 이름을 쓰도록 명하였다. 이에 따라 종래의 팔기는 팔기만주(八旗滿洲)로 불렸다. 그리고 1636년에는 팔기는 물론 내몽골의 왕공 및 한인 무장들의 추대를 받는 형식으로 즉위식을 올리고 스스로를 관온인성황제라고 칭하였으며, 나라의 이름을 다이칭 구룬, 즉 대청국(大淸國)으로 바꾸었다.

홍타이지가 아이신 구룬을 다이칭 구룬으로 바꾸고 황제를 칭하는 데에는 '대원전국(大元傳國)'의 옥새가 결정적인 계기를 제공하였다. 이 옥새는 사실 옥이 아니라 금으로 만든 도장이지만 여기에서는 우리에게 익숙한 옥새라는 말을 쓰겠다. '제고지보(制誥之

寶)'라는 한자가 새겨진 이 옥새는 쿠빌라이 이래 몽골 제국 대칸의 권위를 상징하는 것이었다. 차하르를 꺾고 내몽골 초원의 유목민을 모두 복속시켰을 뿐만 아니라 차하르 대칸 가문에 전해 오던 몽골 제국의 옥새를 손에 넣은 홍타이지는 이제 몽골 제국의 정통을 계승한 군주를 자처할 수 있었다.

한편 정묘호란 이후에도 명나라에 대한 조공을 변함없이 유지하던 조선으로서는 아이신 구룬의 한 홍타이지는 인정할 수 있었지만 대청(大淸)의 황제 홍타이지는 도저히 받아들일 수 없었다. 하늘에 태양이 하나인 것처럼 지상에도 황제는 오직 한 사람 대명(大明)의 황제만 있을 뿐이었기 때문이다. 그래서 조선은 홍타이지를 황제로 추대하는 데 동참하라는 요구를 무시하였다. 이에 홍타이지는 조선을 침략하여 병자호란을 일으켰다. 이 전쟁의 결과 인조는 삼전도에서 홍타이지를 황제로 받드는 치욕스러운 의식을 거행해야 했고, 이후 명나라가 아닌 청나라의 책봉을 받고 청나라에 조공을 바쳐야 했다.

누르하치 이래의 여진 국가에서 벗어나 몽골 제국의 정통 계승을 내세우며 다이칭 구룬을 세운 홍타이지는, 팔기의 구성에도 대대적인 혁신을 일으켜 아이신 구룬 시기의 팔기와는 다른 면모를 갖추게 하였다. 몽골인들로 팔기몽고를 조직하였다는 사실은 이미 언급하였거니와, 홍타이지는 총과 대포를 능숙히 다룰 줄 아는 한인들을 기존의 팔기 조직에 속하지 않는 별도의 부대로 조직하여 홍이포를 제작·운용하였는데, 이 한인 부대를 한군(漢軍)이라고 불렀다.

홍타이지는 한군의 규모를 계속 확대하여 1642년까지 한군만으로 구성된 8개의 구사 편성을 완료하였는데, 이들 구사를 팔기한군(八旗漢軍)이라고 부른다.

한편 1630년대에는 많은 한인 무장이 명나라를 떠나 아이신 구룬에 투항하였다. 특히 1633년과 1634년에는 과거 모문룡의 부하였던 공유덕(孔有德), 경중명(耿仲明), 상가희(尙可喜) 등이 잇따라 투항하였다. 홍타이지는 이들 한인 무장들을 파격적으로 대우하여 원래 거느리던 부대를 계속 지휘하도록 하였다. 그들은 홍타이지를 황제로 추대하는 일에도 일익을 담당하였다.

요컨대 1610년대 중엽 누르하치가 세운 아이신 구룬은 기본적으로 여진 국가였으며, 팔기의 구성원 또한 여진인이 대다수를 차지하였다. 반면에 1630년대 중엽 홍타이지가 추진한 일대 혁신으로 탄생한 다이칭 구룬은 더 이상 여진 국가가 아니었다. 다이칭 구룬은 몽골 제국의 정통 계승을 지향하는 국가였으며, 이제는 팔기만주라는 이름으로 불리게 된 기존의 팔기 외에 팔기몽고와 팔기한군으로 이루어진 만·몽·한의 제국이었던 것이다.

홍타이지의 다이칭 구룬은 명나라와의 전쟁에서도 승승장구의 기세를 이어나갔다. 1636년 이후 홍타이지는 모두 세 차례에 걸쳐 만리장성을 넘어가 베이징 일대는 물론 멀리 산둥(山東) 성까지를 무대로 대규모 약탈전을 전개하였다. 또한 요서 지역에서 홍승주(洪承疇)가 이끄는 명나라의 13만 대군을 격파하였다. 곤경에 빠진 홍승주가 항복하자 홍타이지는 그를 중용하였는데, 홍승주는 훗날 청나라의 명나라 정복에 크게 기여하였다. 그러나 홍타이지는 생전에 명나라를 정복하지는 못하였다. 1643년 52살의 나이로 사망하였기 때문이다.

입관과 '중국' 정복

지금까지 약 60년에 걸친 '청 제국의 탄생'에 대하여 서술하였다. 이제 약 120년에 걸친 '청 제국의 성장' 과정을 살펴볼 순서인데, 먼저 1644년의 입관(入關), 즉 산하이관 돌파에서 1680년대 초 '중국' 정복을 완성하기까지의 제1기를 간략히 설명하기로 한다.

홍타이지의 사후 청나라는 황제 계승 문제를 둘러싸고 중대한 정치적 위기를 겪었다. 1643년 당시 홍타이지의 뒤를 이을 유력한 후보는 홍타이지의 동생 예친왕(睿親王) 도르곤과 홍타이지의 큰아들 숙친왕(肅親王) 호거였다. 이 두 사람을 추대하려는 세력이 첨예하게 대립하면서 팽팽한 긴장이 조성되었지만, 결국 황제의 자리에 오른 것은 6살의 어린아이였던 홍타이지의 아홉 번째 아들이었다. 우리는 이 황제를 그의 연호를 따서 순치제(順治帝)라고 부른다.

훗날 효장태후(孝莊太后)라고 불리는 순치제의 생모는 몽골의 호르친 부 출신으로, 성씨가 보르지긴이었다. 보르지긴은 칭기스 칸의 성씨였으니, 순치제에게는 절반은 누르하치 일족, 절반은 칭기스

순치제(1638~1661)

홍타이지의 아홉 번째 아들로 태어나 1643년 청의 황제가 되었다. 모친이 몽골 호르친 부 출신이므로 부계로 만주, 모계로 몽골 혈통을 이었다고 할 수 있다. 섭정 도르곤 사후 친정(親政)을 시작한 지 약 10년 만에 천연두에 걸려 사망하였다. 묘호는 '세조(世祖)'이지만 보통 연호를 따서 순치제라고 부른다.

일족의 피가 흐르고 있던 셈이다. 새로운 황제가 너무 어렸기 때문에 황제의 숙부인 예친왕 도르곤과 정친왕(鄭親王) 지르갈랑이 섭정을 맡았다. 그러나 실제로 청나라를 이끌었던 인물은 예친왕 도르곤이었다.

이듬해인 1644년 명나라에서 예기치 않은 사태가 벌어졌다. 이자성(李自成)이 이끄는 농민 반란군이 베이징을 점령하고, 명의 숭정제(崇禎帝)가 스스로 목을 매어 자살하는 변고가 일어났던 것이다. 이때 다이칭 구룬의 섭정 도르곤은 건곤일척(乾坤一擲)의 승부수를 던졌다. 팔기의 거의 모든 병력을 동원하여 명나라를 정복하는 전쟁에 나섰던 것이다.

당시 명의 대군을 이끌고 산하이관 일대를 지키던 오삼계(吳三桂)는 진퇴양난에 빠졌고, 고민 끝에 결국 청나라 쪽에 투항하였다. 청나라는 산하이관 지역에서 오삼계와 더불어 이자성의 군대를 대파하였다. 이에 이자성은 베이징을 버리고 남쪽으로 퇴각하였고, 청나라 군대는 베이징에 입성하였다.

이어서 청나라는 아예 베이징으로 수도를 옮겨 버렸고, 그해 음력 시월 초하루에 자금성(紫禁城)에서 순치제의 즉위식을 거행하였다.[11] 순치제는 이미 1643년 선양에서 다이칭 구룬의 황제로 즉위한 바 있으므로,[12] 1644년 자금성에서 거행된 순치제의 즉위식은 다이칭 구룬의 황제가 천명(天命)을 상실한 명 왕조의 주씨(朱氏)를 대신하여 '중국'의 새로운 수명천자(受命天子)가 되었음을 선언하는 의식이었다고 할 수 있다.

베이징 입성 이후 청나라는 명나라의 원수를 대신 갚아 준다는 명분을 내걸고 농민 반란군을 추격하였다. 보통 청나라가 1644년에 '중국'을 정복하였다고 말하지만 청나라의 '중국' 정복은 결코 하루아침에 이루어진 일이 아니었다. 이자성의 농민 반란군을 비롯하여 다양한 세력이 꽤나 오랫동안 청나라에 저항하였기 때문이다. 이자성과 장헌충(張獻忠)의 농민 반란군은 오래지 않아 진압할 수 있었지만 남부 지방에서 명나라의 황족을 받들고 청나라에 저항하던 이른바 남명(南明) 세력을 최종적으로 제거한 것은 1660년대 초의 일이었다.

또한 명나라 말기 푸젠(福建) 성의 연해 지역을 근거지로 동아시아의 해상 교역을 장악하였던 정성공(鄭成功) 세력은 남명이 멸망한 뒤에도 근거지를 타이완으로 옮겨 정성공의 손자 대에 이르기까지 청나라와 싸움을 계속하였다. 청나라는 정씨의 해상 세력을 약화시키고자 해외무역을 금지하였을 뿐만 아니라 아예 동남 해안의 주민들을 죄다 내륙으로 이주시키는, 정말 상상을 초월하는 극단적 정책까지 동원해야만 하였다.

한편 청나라의 '중국' 정복을 이끌던 섭정 도르곤이 1650년에 급사하자, 1651년 순치제가 14살의 나이로 친정(親政)에 들어갔다. 그러나 순치제는 1661년 천연두에 걸려 24살의 젊은 나이로 사망하였다. 순치제의 후계자로 선택된 사람은 당시 8살에 불과했던 순치제의 셋째 아들이었다. 이 아이가 후계자로 선택된 이유는 이미 천연두를 앓아 면역력이 있었기 때문이라고 하는데, 이렇게 선택된 후계자가 바로 강희제(康熙帝)였다. 즉위 당시 능력을 검증받기에는 너무 어린 나이였지만, 결과적으로 61년이나 청나라의 황제로 군림한 강희제는 역사상 가장 위대한 황제였던 것으로 판명되었다. 청나라에는 실로 크나큰 행운이었다.

즉위 초 어린 나이의 강희제가 친정을 할 수 없었기 때문에 4명의 보정대신(輔政大臣)을 임명하여 집단적 섭정 체제를 수립하였다. 그러나 보정대신 중 1명이 권력투쟁에서 승리를 거두면서 권력을 독점하였고, 공식적으로 강희제가 친정을 개시한 뒤에도 그의 권력은 약화되지 않았다. 그러나 1669년 겨우 16살의 나이였던 강희제는 그를 전격적으로 체포하여 실각시켰다. 실권을 장악한 강희제는 1670년대 초에 이르러 신료 대부분의 반대를 무릅쓰고 삼번(三藩)의 철폐라는 승부수를 던졌다.

삼번이란 일찍이 청나라에 귀순하여 '중국' 정복에 동참했던 한인 무장 세력을 가리킨다. 홍타이지는 자신에게 투항한 공유덕, 경중명, 상가희 등을 1636년에 친왕(親王)으로 삼은 바 있으며, 1644년에 투항한 오삼계 역시 친왕 봉작(封爵)을 받았다. 이들은 원래 이끌던 부대를 지휘하면서 청나라의 '중국' 정복에 크게 기여하였다.

4명의 한인 출신 친왕 중에서 공유덕은 일찍 사망하였지만, 1670년대 초 현재 평남왕(平南王) 상가희가 광둥(廣東) 지역에, 경중명의 손자인 정남왕(靖南王) 경정충(耿精忠)이 푸젠 지역에, 평서왕(平西王) 오삼계가 윈난(雲南) 지역에 주둔하고 있었다. 특히 남명 세력의 마지막 숨통을 끊은 바 있는 오삼계는 윈난에서 사실상의 독립

강희제(1654~1722)
순치제의 셋째 아들로 모친 동씨(佟氏)는 팔기한군 출신이다.
부친 순치제가 만주·몽골 혈통을 이었으므로 강희제는
만·몽·한의 피를 모두 이은 셈이다. 묘호는 '성조(聖祖)'고
'강희'는 그의 연호다.

왕국을 건설하였다.

　　강희제가 삼번을 철폐하려는 움직임을 보이자 오삼계가 반란의 깃발을 들었다. 이어서 광둥의 평남왕과 푸젠의 정남왕이 반란에 합류하였다. 또한 과거 명나라의 무장이었으나 나중에 청나라에 투항하여 전공을 세웠던 자들까지 대거 반란에 동조하였다. 게다가 몽골 초원에서는 차하르 세력이 삼번의 난을 틈타 청나라에 반기를 들었다.

　　앞선 세대가 명나라를 정복하는 과정에서 남긴 정치적 유산인 삼번 세력을 제거하려던 젊은 강희제의 승부수는 자칫 나라를 멸망시킬지도 모르는 일대 위기를 불러왔던 것이다. 그러나 강희제는 결국 굳은 의지로 위기를 극복하여 1681년까지 모든 반란 세력을 진압하였다.

　　이어서 강희제는 내분에 빠진 타이완의 정씨 세력까지 복속시켰다. 명나라 때까지 타이완은 우리가 고산족(高山族)이라고 부르는 원주민들의 섬으로 한인들이 사는 땅이 아니었다. 타이완에 대한 지배를 처음 시도한 외부 세력은 명나라가 아니라 유럽의 나라들이었다.

　　타이완은 유럽에 '포모사'라는 이름으로 알려졌다. 1540년대에 타이완 섬을 '발견'한 포르투갈 사람들이 '아름다운 섬(Ilha Formosa)'이라는 이름을 붙였기 때문이다. 1620년대에 이르러 에스파냐가 타이완의 북부 해안에 기지를 건설하였다. 그에 앞서 타이완 남부 해안에 거점을 마련한 네덜란드는 1640년대 초 에스파냐 세력

을 몰아내고 타이완을 지배하기 시작하였다.[13]

한편 명나라 말기 푸젠 성의 샤먼(廈門) 일대를 중심으로 해상 무역을 장악했던 정씨 세력은 청나라가 남하하자 남명 세력에 합류하여 청나라에 대항하였다. 부친이 청나라에 투항한 이후에도 항청(抗淸)의 뜻을 굽히지 않던 정성공은 더 이상 대륙에 세력을 유지할 수 없자 1661년 타이완의 네덜란드 세력을 공격하였고, 이듬해 초 네덜란드를 몰아내고 타이완을 장악하는 데 성공하였다. 그 뒤로 정씨 세력은 정성공의 손자 대까지 청나라에 대항하였지만 결국 1683년에 이르러 바다를 건너온 청나라 군대에 투항하고 말았다.

이로써 청나라는 약 40년 만에 '중국' 정복을 완수하여 과거 명나라의 영토 전체를 직접 지배 아래에 두었을 뿐만 아니라 '중국'을 지배한 왕조로서는 역사상 처음으로 타이완까지 직접 통치하에 두었다.

준가르 전쟁과 몽골-티베트 세계 정복

이제 '청 제국의 성장' 과정에서 제2기를 살펴볼 순서다. 드넓은 중앙유라시아를 무대로 펼쳐진 한 편의 웅장한 서사시와도 같은 역사의 전개 과정을 미주알고주알 늘어놓다 보면 독자 여러분의 머릿속을 너무 복잡하게 만들 것 같다. 그래서 부득불 구체적인 전개 과정을 과감하게 생략하면서 큰 밑그림을 전달하는 정도로 이야기를 풀어 보려 한다.

1680년대 초 '중국' 정복의 완수에도 불구하고 청 제국은 성장을 멈추지 않았다. 1680년대 이후 청나라의 강희제는 톈산 산맥 북쪽의 초원에 본거지를 둔 '최후의 유목 제국' 준가르와 숙명적인 대결에 돌입하였다. 그 뒤 옹정제(雍正帝)의 시대를 지나 건륭제(乾隆帝)의 시대인 1750년대 말까지 이어진 준가르와의 대결을 거치면서 청나라는 고비 이북에 펼쳐진 외몽골 초원을 비롯하여 오늘날의 칭하이 성 지역, 자치구로 설정된 티베트 본토, 그리고 톈산 산맥 북쪽의 초원과 남쪽의 타림 분지 등을 차례로 판도에 편입시킴으로써 공전(空前)의 거대 제국을 형성하기에 이르렀다.

청 제국이 중앙유라시아 방면으로 팽창하는 과정을 이해하기 위해서는 시간을 좀 거슬러 올라갈 필요가 있다. 15세기 말에서 16세기 초에 걸쳐 알타이 산맥 동쪽의 몽골 초원을 통일하는 데 성공한 다얀 칸은 몽골 유목민을 여섯 집단으로 나누어 여러 아들에게 분봉해 주었다. 이 여섯 집단 중에서 대칸의 권위를 계승한 것은 차하르 부(部)였지만 다얀 이후 최대의 실력을 형성한 것은 투메트 부였다. 다얀의 손자로 투메트 몽골을 이끌던 알탄 칸은 오이라트 세력을 알타이 산맥 서쪽으로 밀어냈을 뿐만 아니라 만리장성을 넘어 베이징을 포위하는 등 크게 세력을 떨쳤으며 1560년대에는 후흐호트에 자신의 근거지를 건설하였다.

알탄 칸이 몽골 초원의 패자로 등장하던 무렵 티베트에서는 겔룩파라는 이름의 개혁 교파가 세력을 키우고 있었다. 오늘날의 칭하이 성 지역은 원래 티베트의 일부로 암도라는 이름으로 불렸다. 겔룩파는 바로 이 지역에서 15세기 초까지 활동한 총카파라는 승려가 창시한 신흥 교파였다.

1578년 몽골의 알탄 칸은 칭하이에서 겔룩파의 지도자 소남 갸초와 만났다. 이 자리에서 알탄 칸은 소남 갸초에게 '달라이 라마'라는 칭호를 주었고, 소남 갸초는 알탄 칸을 불교에서 말하는 전륜성왕(轉輪聖王)으로 인정하였다. 이러한 알탄과 소남 갸초의 관계는 몽골 제국 시기 쿠빌라이와 티베트 승려 팍파의 관계를 재현한 것이었다. 알탄과 소남 갸초의 만남을 계기로 티베트 불교는 몽골 유목민들에게 빠른 속도로 전파되기 시작하였다. 옛날 몽골 제국의 수도였던 카라코룸에도 티베트 불교 사원이 세워졌다.

몽골 초원에 티베트 불교가 전파되면서 몽골 유목민들은 티베트 불교의 교파 간 경쟁에 개입하였다. 멀리 동쪽의 만주에서 홍타이지가 다이칭 구룬을 건설 중이던 1630년대에는 교파 간 싸움이 칭하이를 무대로 격화되었다. 차하르의 릭단 칸은 겔룩파와 경쟁하던 카르마파를 신봉하였다. 릭단 칸이 칭하이로 쳐들어오자 겔룩파는 호쇼트 부의 구시 칸을 끌어들였다.

호쇼트는 톈산 북쪽의 초원에서 초로스, 두르베트, 토르구트 등과 함께 유목하던 오이라트 몽골의 일부였다. 호쇼트 몽골의 일부를 이끌고 칭하이로 남하한 구시 칸은 겔룩파의 반대 세력을 무력으로 제압하고 마침내 티베트 전체를 통일하였다. 구시 칸이 티베트의

옛 카라코룸의 티베트 불교 사원
몽골 제국의 수도였던 카라코룸의 성터에 자리한 티베트 불교 사원
'에르데니 조'의 모습이다. 1585년 할하의 아바타이 칸이
창건하였으며, 외몽골에서 가장 오래된 사원으로 높은 권위를 누렸다.
이 사원은 19세기 초에 전성기를 누렸고 현재는 건물과 불탑의
일부만 남아 있다.

지배권을 제5대 달라이 라마에게 헌상함으로써 티베트 본토의 라싸에는 달라이 라마 정권이 탄생하였고, 곧 포탈라 궁의 건설이 시작되었다. 흥미롭게도, 동쪽에서 청 제국의 탄생으로 새로운 제국 질서가 움트고 있던 바로 그 무렵에 서쪽에서는 달라이 라마를 정신적 지주로 하는 '몽골-티베트 세계'가 형성되고 있었던 것이다.

    수렵과 농경, 그리고 유목 경제가 공존하는 만주 지역에서 탄생한 청나라는 일찍부터 몽골의 정치적·문화적 영향을 강하게 받았고, 이미 입관 전부터 몽골-티베트 세계와 깊은 관련이 있었다. 예컨대 다이칭 구룬 성립 직후에 홍타이지는 달라이 라마에게 방문을 요청한 바 있으며 티베트 불교 사원도 여럿이나 세웠다. 1650년대 초 청나라는 다시금 달라이 라마를 초청하였고, 달라이 라마는 그 초청에 응하여 베이징을 방문하였다. 순치제가 그를 극진하게 대접한 것은 물론이다. 청나라의 달라이 라마 초청은 다분히 티베트 불교를 신봉하던 몽골 세력을 의식한 것이었다.[14] 청나라는 이후에도 티베트의 달라이 라마를 우대하였고, 달라이 라마는 청나라의 황제를 '문수보살 황제'로 인정하였다.[15]

    한편 톈산 북쪽의 초원에서는 1670년대 후반 초로스 부에 갈단이라는 영웅이 등장하였다. 어렸을 때 출가하여 달라이 라마의 제자가 되었던 갈단은, 환속 이후 톈산 북쪽의 초원을 통일하고 '최후의 유목 제국'이라고 불리는 준가르를 건설하였다. 갈단은 사방으로 정복 활동을 벌였으며, 1680년대에는 톈산 남쪽 타림 분지의 위구르 무슬림까지 지배하기 시작하였다. 이어서 1688년에는 3만의 병력을

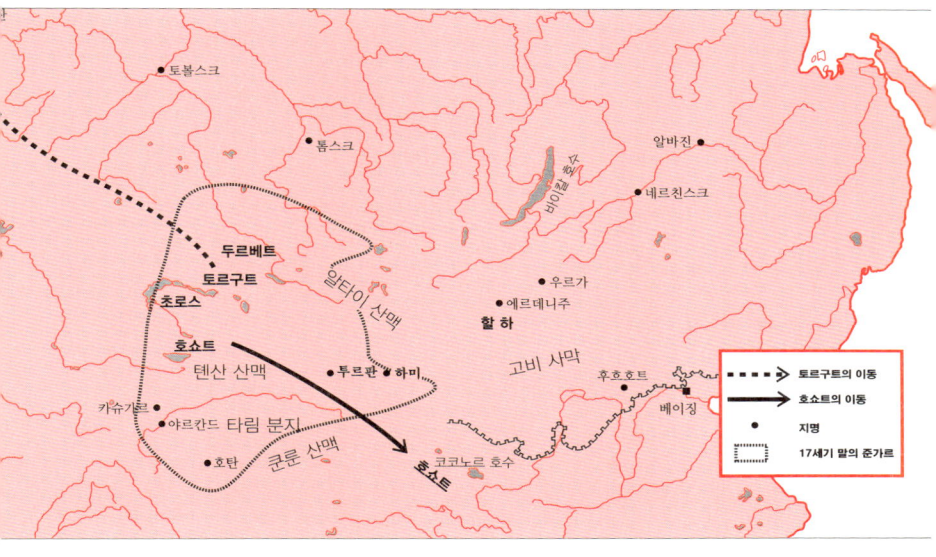

17세기의 중앙유라시아

17세기 중앙유라시아의 상황을 나타낸 지도이다. 몽골·신장의
주요 지명과 러시아의 시베리아 지역 거점 몇몇을 표시하였다.
점선은 17세기 말 갈단 시기 준가르의 세력 범위를 나타낸 것이다.
두 가지 화살표는 17세기 전반 토르구트와 호쇼트의 이동을 나타낸다.

이끌고 동쪽의 할하 몽골을 공격하였다.

갈단의 할하 침공은 할하 몽골의 자삭투 칸 부와 투시예투 칸 부 사이의 분쟁과 깊은 관계가 있었다. 강희제는 달라이 라마와 함께 자삭투 칸과 투시예투 칸의 분쟁을 중재하고자 강화 회담을 주선하였으나, 분쟁은 끝내 해결을 보지 못하고 투시예투 칸이 자삭투 칸과 갈단의 동생을 살해하는 사태가 벌어지기에 이르렀다. 이에 갈단이 대규모 병력을 이끌고 할하 원정에 나섰던 것이다. 갈단의 공격을 견디지 못한 투시예투 칸은 휘하의 유목민을 이끌고 남하하여 청나라에 도움을 요청하였다.

이 무렵 청나라는 헤이룽장(黑龍江) 지역에서 러시아와 분쟁의 와중에 있었다. 갈단의 할하 침공이 일어나자, 청나라는 네르친스크 조약을 체결함으로써 러시아와의 분쟁을 정리하였다. 네르친스크 조약을 통해 러시아와 준가르의 동맹 가능성을 차단한 강희제는 친정(親征)이라는 또 하나의 승부수를 던졌다.

그는 1690년 몸소 군대를 이끌고 내몽골로 북상하여 갈단의 남하를 일단 저지하였다. 그 이듬해에는 내몽골 초원의 돌론 노르에서 회맹(會盟)을 개최하여 할하 몽골을 정식으로 청나라에 복속시켰다. 1696년 강희제는 또다시 친정에 나섰다. 이번에는 고비 이북의 외몽골 초원까지 진군하여 자오 모도라는 곳에서 갈단의 군대를 격파하였다. 이후 강희제는 갈단을 잡기 위해 두 차례 더 친정에 나섰다.

한편 갈단은 조카가 일으킨 쿠데타 때문에 본거지로도 귀환하지 못한 채 초원을 떠도는 신세가 되었고, 결국 병으로 사망하였다. 그러나 준가르는 갈단의 사망 후에도 번영을 구가하였고, 청나라는 티베트 불교 세계의 패권을 둘러싸고 준가르와 대결하지 않을 수 없었다. 제5대 달라이 라마의 사망 이후 티베트 불교 세계에서 한바탕의 '달라이 라마 쟁탈전'이 벌어졌기 때문이다.

제5대 달라이 라마의 후계자 문제를 둘러싸고 복잡하게 전개되었던 이 쟁탈전을 자세히 설명할 여유는 없으므로 사태의 큰 줄기만 간단히 언급하겠다. 먼저 칭하이에 주둔하던 호쇼트의 라짱 칸이 티베트에서 내세운 제6대 달라이 라마를 인정하지 않고 라싸를 무력으로 점령해 버렸다. 이어서 준가르가 티베트로 쳐들어 와 라싸를 점령하는 사태가 벌어졌다. 이에 청나라의 강희제는 티베트에 군대를 파견하였고, 마침내 1720년 제6대 달라이 라마의 전생(轉生)인 제7대 달라이 라마를 호위하며 라싸에 입성하였다. 라싸에 새 정부를 수립한 청나라는 이듬해 군대를 철수시켰다.

1723년 칭하이에서 호쇼트 부의 롭상 단진이 청나라에 반기를 들자, 청나라는 군대를 파견하여 롭상 단진을 진압하고 칭하이 지역을 장악하였다. 또한 1727년 티베트에 일어난 정변을 계기로 청나라는 티베트에 주장대신(駐藏大臣) 2명과 소수의 군대를 상주시키기 시작하였다. 그러나 1750년에 이르러 티베트의 실력자가 주장대신들을 암살하는 사건이 일어났다. 이에 청나라는 다시금 군대를 파견하였고, 티베트의 귀족과 승려들이 서로를 견제하는 체제를 수립함과 동시에 주장대신의 권한을 강화하여 티베트에 대한 간접 지배

체제를 확립하였다. 이로써 청나라는 '몽골-티베트 세계'의 정신적 지주인 달라이 라마를 '보호' 아래 두게 되었다.

한편 준가르는 1720년을 전후한 시기에 러시아와 동맹을 모색하였다. 강희제의 뒤를 이어 즉위한 옹정제는 1727년 러시아와 캬흐타 조약을 체결함으로써 러시아와 준가르의 동맹 가능성을 차단하였다. 그러나 1730년대 초 준가르는 알타이 산맥을 넘어 홉도 지역을 점령하였다. 이어서 준가르는 외몽골 깊숙이 진출하였으나 청군의 반격에 직면하였다. 결국 청과 준가르는 알타이 산맥을 경계로 강화를 맺었다.

청나라와 팽팽히 긴장 상태를 유지하던 준가르는 1740년대 후반 이후 정치적 혼란에 빠져들었다. 급기야 1750년대에 들어 준가르의 지도자 다와치의 공격을 받은 두르베트 세력이 청나라에 보호를 요청하였고, 이어서 호이트 부의 아무르사나가 다와치의 공격을 받은 뒤 역시 청나라에 투항하였다. 청나라의 건륭제는 이 기회를 놓치지 않고 아무르사나를 앞세워 대대적인 준가르 원정에 나섰다. 1755년 청나라 군대는 일리를 점령하여 준가르를 멸망시켰다.

그러나 아무르사나가 준가르에 여러 명의 칸을 두려는 청나라의 전후 처리 구상에 반발하여 반기를 들었다. 아무르사나는 일리에 남아 있던 소수의 청나라 군대를 격파하였다. 이에 청나라는 또다시 원정군을 파견하였고, 아무르사나는 러시아로 도망했다가 천연두에 걸려 사망하였다.

두 차례에 걸친 청나라의 준가르 원정 앞에서 준가르 초원의 유목민들은 처참한 재앙을 맞았다. 대부분의 사람들이 청나라 군대에 살육되거나 천연두에 걸려 죽었다. 어떤 사람들은 카자흐 및 러시아로 도주하였다. 그 결과 준가르 초원에는 약 10만 호에 이르던 유목민 가운데 약 10퍼센트만이 남았다.

위구르 무슬림의 거처였던 톈산 남쪽의 타림 분지가 청나라의 판도에 편입된 것도 바로 이 무렵이었다. 이 지역은 원래 낙쉬반디라는 이슬람 신비주의 교단의 장로들이 지배하였다. 마흐둠자다 또는 호자라고 불리던 장로들은 백산당(白山黨)과 흑산당(黑山黨)으로 나뉘어 있었다. 준가르는 1680년대 이후 두 세력의 대립을 이용하면서 타림 분지를 지배하였다.

청나라는 준가르를 멸망시킨 뒤 일리에 있던 백산당의 부르한 웃 딘과 호자이 자한을 활용하여 타림 분지를 정복하였다. 그러나 청나라의 도움으로 타림 분지를 장악한 뒤 이들 호자 형제가 청나라에 반기를 들었다. 이에 청나라는 1758년 다시 원정군을 파견하여 이듬해 타림 분지 전역을 장악하였다. 이로써 1755년에서 1759년에 걸친 톈산 남북 지역에 대한 청나라의 정복이 완료되었고, 이후 청나라에서는 이 지역을 신장(新疆)이라고 불렀다.

더 살펴보기

누르하치, '혁신'의 지도자

누르하치는 16세기 지구적 교역망이 형성되는 가운데 활성화되던 만주 지역의 교역을 장악해 가면서 세력을 키운 인물이었다. 간단히 말하자면, 누르하치는 군사와 교역을 두 기둥으로 삼아 나라를 세웠다고 할 수 있다. 따라서 정치적·군사적 능력 못지않게 누르하치의 상업적 능력에도 주목해야 마땅하다. 사업가로서 누르하치의 '혁신' 능력을 보여 주는 예를 한 가지만 들어 보겠다.

누르하치의 사적을 기록한 『만주실록(滿洲實錄)』을 보면 다음과 같은 내용의 기사가 보인다.[16] 누르하치 세력은 명나라에 인삼을 팔 때 물을 먹여 무게를 늘리는 수법을 즐겨 썼다. 이에 명나라 사람들은 인삼의 매입 시기를 늦추는 방식으로 대응하였다. 물기를 머금은 인삼은 오래지 않아 썩기 마련이었으므로 가격을 대폭 인하해서라도 서둘러 팔아야 했다.

바로 이때 누르하치가 인삼을 쪄서 건조시키는 방법을 생각해 냈다. 부하들은 새로운 방법에 반대하였지만 누르하치는 이에 아랑곳하지 않고 새로운 방법을 밀어붙였다. 결국 누르하치 세력은 인삼의 매도 시기를 조절할 수 있었고, 그 결과 가격을 2배나 올려 받았다.

누르하치가 이룩한 또 하나의 '혁신'으로는 만주문자의 창제가 있다. 만주문자 창제는 아이신 구룬 성립 이후 누르하치가 이룩한 국가의 발전뿐만 아니라 청 제국이 장기간에 걸쳐 이룬 성취와 관련하여 다른 무엇보다도 의미심장한 '혁신'이었다. 이 문제와 관련해서는 좀 길긴 하지만 『만주실록』의 만주어 원문을 직접 옮겨 보겠다.

태조 수러 버일러께서 몽고의 글을 바꾸어 만주 말을 쓰기를 원하자 어르더니 박시와 가가이 자르구치가 말하기를, "저희는 몽고의 글을 배웠기 때문에 (글을) 안다고 할 것입니다. 옛날부터 내려온 글을 이제 왜 바꾸도록 하겠습니까?"라고 하며 말리며 말하자, 태조 수러 버일러께서 말씀하시기를, "니칸 구룬의 글을 크게 읽으면 니칸의 글을 아는 사람과 알지 못하는 사람 모두 (그 뜻을) 이해한다. 몽고 구룬의 글을 크게 읽으면 글을 알지 못하는 사람도 모두 이해한다! 우리의 글을 몽고의 글로 써서 크게 읽으면 우리 구룬의 글 모르는 사람은 이해하지 못한다! 우리 구룬의 말로 쓴다면 왜 어렵겠는가? 한편 몽고 구룬의 말은 왜 쉬운가?"라고 말씀하셨다. 그러자 가가이 자르구치와 어르더니 박시가 대답하기를, "우리 구룬의 말로 쓴다면 정말 좋습니다. 바꾸어 쓰기를 저희가 할 수 없기에 말린 것입니다."(라고 하였다.) 태조 수러 버일러께서 말씀하시기를, "'아'라는 글자를 써라. '아'의 아래에 '마'를 쓴다면 '아마'가 아니냐? '어'라는 글자를 써라. '어'의 아래에 '머'를 쓴다면 '어머'가 아니냐? 내가 다 생각해 두었다. 너희가 써 봐라. 된다!"고 하며 홀로 버티면서 몽고의 글로 써서 크게 읽는 글을 만주 말로 바꾸게 하였다. 그때로부터 태조 수러 버일러는 만주 글을 창제하시어 만주 구룬에 널리 퍼트렸다.[17]

[참고]

수러 버일러: 한을 칭하기 전까지의 누르하치를 가리키는 말로, '버일러'란 집단의 수령을 뜻하는 만주어

박시: 학자에 대한 존칭

자르구치: 원래 재판관을 뜻하는 몽골어

니칸 구룬: 한인의 나라, 즉 명나라를 가리키는 말

아마: 아버지를 뜻하는 만주어

어머: 어머니를 뜻하는 만주어

위의 만주어 사료는 1599년 누르하치가 만주문자를 창제하는 과정을 묘사하고 있다. 여진족은 일찍이 금나라 때 여진문자를 만들어 쓴 적이 있지만, 금나라 멸망 이후 여진문자는 오랫동안 잊혔다. 대신에 이 시기 여진족의 문자 생활은 주로 몽골문자를 통해 이루어지고 있었다. 즉, 여진의 말을 몽골어로 번역한 뒤 몽골문자를 써서 글로 적었던 것이다. 이렇게 말과 글이 달랐기 때문에, 위에서 누르하치는 글을 읽어 주어도 "우리 구룬의 글 모르는 사람은 이해하지 못한다!"고 말한 것이다.

조선 초기 세종의 훈민정음 창제 동기를 떠올리게 하는 이 기록에 따르자면, 몽골문자를 차용하여 여진의 말소리를 그대로 적는 '혁신'을 창안한 사람은 바로 누르하치였다. 이렇게 만들어진 문자를 우리는 '무권점 만주문자'라고 부른다.

그러나 '무권점 만주문자'는 몽골문자를 그대로 차용하였기 때문에 여진 말에는 있으나 몽골 말에는 없는 소리를 글로 표현하는 데 문제가 있었다. 이에 1620년대 이후 권(圈)이라는 작은 동그라미와 점(點)을 문자 옆에 덧붙여서 여진 말 고유의 소리까지 표현할 수 있는 '유권점 만주문자'를 만들었다.

만주문자의 창제는 하나의 언어 공동체를 이끄는 지도자 내지 통치자로서 누르하치의 '혁신' 능력이 유감없이 발휘된 사례인데, 문자 창제의 의의는 단지 언어 생활에서 사람들에게 편의를 제공하는 데 그치는 것이 아니었다. 일정 규모 이상의 많은 사람과 넓은 영토를 다스리기 위해서는 문서에 기초한 행정이 불가피하기 때문이다. 이런 의미에서 1599년 누루하치의 만주문자 창제는 한 나라의 건설을 향한 중대한 일보(一步)이자 '혁신'이었다.

3장 팔기와 청나라의 제국 통치

만주족의 정체성과 팔기

지금까지 청나라가 누르하치 시절의 '미약한 시작'으로부터 건륭제 시절의 '창대한 나중'에 이르는 과정을 개관하였다. 약 180년이라는 시간이 걸렸던 이 과정 동안 여섯 명의 군주가 청나라를 통치하였다. 청나라가 6대 180년 동안 팽창을 거듭한 것은 마치 하나의 기업이 창업자로부터 그의 6대손에 이르기까지 '오너'의 직접 경영 아래 고속 성장을 멈추지 않은 것과 같았으니 실로 역사의 기적이라고 부를 만한 일이었다. 이러한 기적은 어떻게 가능했을까?

이 질문에 대한 해답을 찾는 것은 이 책의 관심사가 아닐뿐더러 감히 감당할 수도 없는 일이지만, 유능한 군주가 잇따라 등장하였다는 점이 당장 머릿속에 떠오른다. 능력을 검증하기에는 너무 젊은 나이에 생을 마감한 순치제를 제외하더라도 누르하치, 홍타이지, 강희제, 옹정제, 건륭제 등 5명의 군주는 모두 역사에서 보기 드문 유능한 통치자였다. 또한 건륭제 이후에도, 적어도 1850년경까지의 청나라 황제들은 군주로서 평균 수준은 되었다.

유능한 군주의 잇따른 출현은 청나라의 황제 계승 방식과도 무관하지 않았다. 적장자 계승 원칙을 따랐던 명나라는 암군(暗君), 즉 어리석은 황제가 많았던 것으로 유명하다. 반면에 청나라에서는 제위 계승 후보자 중 가장 유능한 인물을 제위에 올리는 방법을 채택하였던 것이다.[1]

그러나 청 제국의 기적을 단지 유능한 '오너'들의 작품으로만 볼 수는 없다. 그 기적을 낳는 데 기여한 내부적 요인과 외부적 요인을 다양한 각도에서 접근하여 밝혀내야 할 것이다. 다만 여기서 한 가지 분명한 것은 그러한 기적이 실제로 일어났다는 사실이다. 게다가 기적 같은 180년 동안의 팽창이 끝난 1760년대 이후에도 청나라는 약 150년 동안 공전의 거대한 판도를 유지해 나갈 수 있었다.

청나라가 '중국' 전체를 직접 다스린 기간도 삼번의 반란을 진압한 1681년 이후 230년이나 된다. 역사상 청나라에 앞서 '중국' 전체를 지배한 나라로 '수명'이 200년을 넘긴 경우는 당나라와 명나라 둘밖에 없었다. 통상 한나라가 약 400년 동안 유지되었다고 말하지만, 이는 성격이 많이 다른 전한(前漢)과 후한(後漢) 두 왕조의 수명을 합한 것이다. 정확하게는 전한과 후한 모두 수명이 약 200년에 그쳤다고 해야 한다.

특히 청나라 이전에 이민족 정권으로 '중국' 전체를 정복하여 지배했던 경우는 대원(大元), 즉 몽골 제국밖에 없었는데, 몽골 제국은 남송(南宋)을 정복하여 '중국' 전체를 지배한 지 채 100년도 채우지 못하고 초원으로 쫓겨났다.[2]

몽골 제국의 '실패'와 뚜렷하게 대비되는 청나라의 '성공'을 두고, 지금까지 많은 사람이 그 비결을 한화(漢化)에서 찾으려 하였다. 몽골 제국과 달리 청나라는 '중국'의 제도와 문물을 적극적으로 받아들이고 한인을 차별하지 않았기 때문에, 즉 적극적인 한화 정책 덕분에 성공적인 통치가 가능하였다는 것이다. 그러나 한화로 인해서 만주족은 민족 정체성을 상실하여 자신들의 언어마저 잊어버리는 값비싼 대가를 치러야 했다.

몽골과 비교할 때 만주족은 한인의 정치·사회·문화 등을 훨씬 더 잘 이해하였고 그만큼 더 수용적인 자세를 보였다. 그리고 이것이 청나라의 '성공'에 크게 기여한 것은 분명하다. 청나라가 중국을 지배하면서 명나라의 통치 제도를 계승하고 '만한일가(滿漢一家)'를 표방한 것 또한 분명한 사실이며, 오늘날 중국의 만족(滿族), 즉 만주족이 만주어를 잊어버리고 한어를 사용한다는 것도 부정할 수 없는 사실이다. 그러나 이런 사실만 지나치게 강조하는 것은 청나라 역사의 실제를 이해하는 데에 오히려 걸림돌이 될 수 있다.

먼저 청 제국은 단지 '중국'만 지배한 나라가 아니었다는 사실을 잊어서는 안 된다. 청 제국에서 중국식의 법률과 제도를 적용한 공간은 옛날 명나라의 영토였던 지역에 국한되었으며, 이는 전체 판도의 절반에 불과하였다. 또한 19세기가 되면 대다수의 만주족이 만주어를 제대로 말하지 못하였지만, 그렇다고 해서 만주어를 말하는 만주족이 아예 사라졌던 것도 아니다. 만주어는 줄곧 청 제국의 '국어(國語)'였으며 나라가 망할 때까지 많은 문서가 만주어로 작성되었다. 게다가 언어의 상실만으로 만주족의 한화와 정체성 상실을 논하는 것 자체도 적절하지 않다. 예컨대 어떤 재일 한국인 3세가 한국어를 말하지 못한다는 이유만으로 그 사람을 일본인이라고 할 수 있을까?

민족을 포함한 인간 집단의 정체성 형성에는 언어 외에도 여러 다양한 요소가 복합적으로 작용하며, 정체성 형성에 작용하는 여러 요소의 조합과 각 요소의 상대적 비중은 시대에 따라 변하기 마련이다. 일찍이 홍타이지가 금나라의 전철을 밟지 말라고 경고한 이래, 청나라의 황제들은 줄곧 만주족의 한화 가능성을 극도로 경계하면서 만주족에게 '국어'와 '기사(騎射)', 그리고 조상의 소박한 생활양식을 지켜 나갈 것을 거듭 강조하였다. 여기서 '국어'란 앞서 언급하였듯이 만주어를 가리키며, '기사'란 기마와 활쏘기를 뜻한다.

물론 현실이 청나라 황제들의 희망과 갈수록 멀어졌던 것도 사실이다. 19세기의 만주족에게 만주어는 외국어와 다름없는 언어가 되었고, 대부분의 만주족은 그들의 조상과 달리 기마와 활쏘기에 서툴렀으며, 한인들의 세련되고 화려한 삶을 좇게 되었다. 그럼에도 만주족은 끝까지 자신들과 한인을 구별하는 정체성을 유지하였다. 그것을 가능하게 만든 것이 바로 팔기 제도였다.[3]

청 제국의 팔기는 단지 만주로만 구성되었던 것이 아니라, 팔기만주, 팔기몽고, 팔기한군 등 세 가지 하위 집단으로 이루어져 있었다. 좁은 의미의 만주족이란 대체로 팔기만주만을 가리키지만, 18세기 말 이후가 되면 만주족이란 곧 팔기만주, 팔기몽고, 팔기한군 등

건륭제의 사냥 모습

건륭제(1711~1799)는 옹정제의 넷째 아들로 1735년 황제가 되었다. 건륭제는 만주족에게 만주어, 기마, 활쏘기 등을 잊지 말 것을 거듭 강조하였으며, 매년 가을 열하 북쪽의 사냥터인 '무란'에서 대규모 몰이사냥을 벌였다. 위 그림은 몰이사냥에서 건륭제가 말을 탄 채 사슴을 향해 활을 쏘는 모습을 묘사하고 있다.

을 모두 포괄하는 기인(旗人)에 대한 통칭이 되었다. 20세기 초 기족(旗族)이라는 말이 등장하기도 하였거니와, 오늘날 중국에서 55개 소수민족 중 하나인 만족(滿族)이란 팔기에 속했던 기인의 후손을 말한다.[4] 이러한 사실은 팔기 제도에 의한 민족 정체성의 형성과 지속을 증명하는 것이다.

팔기의 지배 구조

누르하치가 처음으로 팔기를 조직했다는 사실은 앞에서 언급하였다. 누르하치가 세운 아이신 구룬의 '국민'은 8개의 구사 중 어느 하나에 속하였다. 각 구사는 다시 수십 개의 니루로 구성되었고, 각 구사에 속하는 사람들은 해당 구사 안의 어느 한 니루에 속하였다. 니루는 구성원의 삶을 전반적으로 관리하는, 민정과 군정이 합일된 기층 조직이었다.

그런데 팔기에 속한 사람들이 모두 똑같은 처지였던 것은 아니다. 팔기 내부의 신분 구성은 대단히 복잡하여 간단히 설명할 수 없지만, 아이신 구룬의 피지배층은 크게 자유민인 일반 기인과 예속민인 노복으로 나눌 수 있다. 자유민은 전쟁 포로를 분배받거나 약탈 또는 매매를 통해서 예속민을 거느릴 수 있었다.

자유민이 대다수의 니루를 구성하였지만, 어떤 니루는 예속민만으로 이루어졌다. 이런 니루를 특히 '보이 니루'라고 부르며, 그에 속하는 사람들은 '보이'라고 한다. 만주어 '보이(booi)'는 '가인(家人)'이라는 뜻의 'booi niyalma'를 줄인 말로, 한자로는 발음이 비슷한 '포의(包衣)'로 옮겨 적는다. 본래 뜻대로라면 누군가의 집안에 예속된 사람은 모두 '보이'라고 할 수 있으나, 보통 '보이'라는 말은 누르하치 일족 소유의 노복만을 가리키는 용어로 쓰였고, '보이 니루'란 청나라 황실 소유의 노복으로만 구성된 니루를 가리켰다. 원래는 만주어 '보이'를 써야 하겠지만, 이하에서는 편의상 이를 한자로 옮긴 '포의'라는 말을 쓰기로 하겠다.

일반 기인으로 구성된 니루는 '기분(旗分) 니루'라고 부르는데, 크게 두 종류로 나뉜다. 하나는 초기에 많은 사람을 거느리고 투항해 왔던 수령의 가문이나 전쟁터에서 큰 공을 세운 공신의 가문에서 대대로 도맡아 관리하는 니루고, 다른 하나는 황제가 소속 니루에 관계없이 사람을 골라 관리를 맡기는 니루다.

여기서 전자에 속하는 흥미로운 사례 한 가지를 소개하겠다. 1624년 이괄(李适)의 난에 가담했던 한명련(韓明璉)의 아들 한윤(韓潤)은 관군의 추격을 받다가 사촌 동생 한택(韓澤)과 함께 압록강을 건너 아이신 구룬에 투항하였다. 그들은 정묘호란 때 아이신 구룬의 길잡이가 되어 공을 세웠다. 그 덕분에 한윤은 조선 출신의 사람들로 조직된 니루를 관리하게 되었고, 그 뒤로도 이 니루는 한윤 또는 한택의 자손이 도맡아 관리하였다. 한씨의 니루는 팔기 중에서 정홍기 만주에 속하였다.[5]

한편 누르하치는 버일러들, 즉 자신의 아들과 조카들을 각 구사에 소속시키고 해당 구사의 니루들을 그들에게 차등 분배하였으며, 각 구사의 포의 니루는 해당 구사의 버일러들에게 봉사하도록 하였다. 그리고 앞에서 언급한 대로 각 구사에는 호쇼이 버일러, 즉 기주(旗主)가 있어서 해당 구사를 총괄적으로 관리하였다.

　　8개의 구사로 이루어졌던 아이신 구룬을 하나의 주식회사에 빗댄다면, 그리고 좀 단순화해서 말하자면, 아이신 구룬의 지배 구조는 창업자 누르하치가 4분의 1의 지분을, 나머지 6명의 기주가 각각 8분의 1씩의 지분을 보유하는 것이다. 실제로 전쟁과 약탈의 성과물도 8개의 구사가 균등하게 나누었는데, 이는 주식회사의 이익을 지분에 따라 주주에게 배당하는 것과 별반 다르지 않다.

　　아이신 구룬의 이러한 지배 구조는 홍타이지 시대에도 크게 달라지지 않았다. 원래 정백기의 기주였던 홍타이지는 각 구사의 개편과 개칭(改稱)을 통해서 양황기와 정황기를 보유하였고, 나중에는 자신의 큰아들을 정람기의 기주로 만들었다.[6] 홍타이지 자신의 지분은 4분의 1이었지만 아들의 몫까지 합하면 그가 확보한 지분은 8분의 3까지 늘어난 셈이었다.

　　팔기의 지배 구조는 특히 제위 계승의 향방을 가릴 때 결정적인 작용을 할 수 있었다. 홍타이지의 사후 가장 유력한 계승 후보자는 사실 홍타이지의 배다른 동생 도르곤이었다. 도르곤은 자신의 동복형제들과 더불어 정백기와 양백기를 장악하였을 뿐만 아니라 전쟁터에서 뛰어난 능력을 검증받은 인물이었다. 그러나 홍타이지가 기주였던 양황기와 정황기의 기인들이 반드시 홍타이지의 아들을 황제로 추대해야 한다는 강경한 입장을 고집하였기 때문에 결과적으로 순치제가 추대되었던 것이다.

  도르곤의 사후 순치제는 도르곤이 기주였던 정백기를 몰수하여 자신의 소유로 삼았다. 이로써 양황기, 정황기, 정백기 등 세 구사는 황제를 기주로 받들게 되었다. 이후 세 구사를 통칭하여 상삼기(上三旗)라 부르고 나머지 다섯 구사를 하오기(下五旗)라고 불렀는데 순치제는 자신의 지분을 8분의 3으로 늘려 좀 더 안정적인 '경영권'을 확보하였던 셈이다. 그러나 기주가 구사에 대한 지배권을 보유하고, 해당 구사의 기인들이 기주를 일차적인 충성의 대상으로 삼는 구조가 지속되는 한 기주를 중심으로 당파가 형성되고 당파 간 권력투쟁이 전개되는 사태가 되풀이되는 것을 막기란 대단히 어려웠다.

  강희제는 청나라의 고질적인 불안 요소인 제위 계승 문제를 근본적으로 해소하고자 황후 소생의 적장자를 출생 이듬해에 황태자로 세웠다. 이는 종래 만주족의 계승 제도에 비추어 볼 때 대단히 파격적인 조치였다. 그러나 강희제의 '실험'은 결국 처참한 실패로 막을 내리고 말았다.

  황자들은 물론이거니와 그들 주위에 당파를 형성한 만주 귀족들은 적장자의 제위 계승을 당연한 일로 받아들이지 않았다. 설상가상으로 황태자가 황제와 권력을 다투는 상황마저 나타났다. 한 마디로 강희제의 황태자 제도 도입은 만주족의 정치 문화와는 궁합이 전혀 맞지 않았다. 황태자를 폐위시켰다가 다시 세우고, 또다시 폐위시키는 우여곡절 끝에 강희제는 황태자 세우기를 아예 단념해 버렸다.

　이러한 불안 상태에서 강희제가 죽자 그의 넷째 아들 옹정제가 제위에 올랐지만, 강희 말년에서 옹정 초년에 걸쳐 후계 문제를 둘러싸고 벌어진 정쟁의 소용돌이 속에 강희제의 일곱 아들이 휩쓸려 희생되었다. 이에 옹정제는 황제가 생전에 후계자를 몰래 정해두되 미리 공개하지 않는다는 내용의 새로운 제도를 도입하였다.[7] 또한 기주의 구사에 대한 지배력을 대폭 약화시켜 팔기 전체에 대한 황제의 장악력을 크게 제고하는 개혁을 단행하여 성공을 거두었다. 이러한 과정을 거친 뒤에야 비로소 청나라 황제는 팔기를 완전히 장악할 수 있었다.

　지금까지 옹정제에 대한 언급이 많지 않았기 때문에 여기서 옹정제에 관하여 조금 더 이야기해 두는 것도 나쁘지는 않을 것 같다. 앞에서 누르하치와 홍타이지가 혁신의 지도자였음을 지적한 바 있다. '중국' 정복을 완성하고 중앙유라시아 세계를 향한 청 제국 팽창의 밑그림을 그렸다고 할 수 있는 강희제 역시 혁신의 측면에서 창업 세대에 속하는 두 사람에 뒤지지 않는다.

　옹정제의 치세는 그의 아버지 강희제의 61년과 그의 아들 건륭제의 60년에 비교도 되지 않을 정도로 짧은 13년에 불과하였고, 겉보기에 두드러지게 화려한 구석도 별로 없다. 그러나 옹정제는 아무리 높이 평가해도 지나치지 않을 업적을 남긴 지도자였다. 13년의 재위 기간에 옹정제는 그야말로 쉴 틈도 없이 열심히 일하였다.

　위에서 언급하였듯이 옹정제는 새로운 후계 제도와 팔기 제

옹정제(1678~1735)
강희제의 넷째 아들로 태어나 1722년 12월 강희제의 뒤를 이어
황제가 되었다. 즉위 초에 여러 형제를 숙청하는 비정한 모습을 보였지만
재위 13년 동안 내치에 전념하여 정치와 재정 분야에서 중대한 개혁을
이루었다. 묘호는 '세종(世宗)'이고 '옹정'은 그의 연호다.

도 개혁을 통해서 청나라의 황제권을 반석 위에 올려놓았다. 뿐만 아니라 정치적 붕당(朋黨)의 형성을 엄금하였고, 중앙과 지방의 주요 신료들과 비밀 문서를 주고받는 제도를 확립하여 신료들의 행정 실태를 밀착 감시하였으며, 한인들의 화이사상(華夷思想)을 정면으로 반박하는 논리를 세웠다.

하지만 옹정제의 여러 개혁 중에서 무엇보다 주목해야 할 것은 재정 개혁이었다. 그는 강희 말년의 느슨했던 재정 시스템을 개혁하고 불필요한 지출을 억제하여 흑자 재정 구조를 정착시켰다. 또한 옹정제는 조세제도를 합리화하고 관료들에 대한 급여를 현실화하였다. 건륭제 시기 청나라가 구가한 번영은 옹정제가 이룩한 여러 개혁의 성과가 밑천을 대주었기에 비로소 가능하였다. 어찌 보면, 건륭제는 옹정제까지의 황제들이 이룩한 여러 혁신의 열매를 한껏 즐겼을 따름이다.

다이칭 구룬의 초기 제국 체제

여기서 다시 시간을 거슬러 홍타이지의 시대로 돌아가 보자. 몽골 제국의 정통을 이은 군주임을 선언하면서 다이칭 구룬의 황제 자리에 오른 홍타이지는 누르하치로부터 물려받은 팔기의 외연을 대폭 확대하였다. 누르하치 시대에는 팔기 구성원 가운데 여진인이 압도적인 다수를 차지하였고, 아이신 구룬은 어디까지나 여진 국가였다. 그러나 차하르 릭단 칸의 패권 추구에 반발하여 많은 몽골 유목민이 아이신 구룬에 투항하였다. 이어서 아이신 구룬은 차하르를 대신하여 내몽골 초원의 패권을 장악하였다. 홍타이지는 몽골 유목민 중 일부를 니루와 구사로 편성하여 팔기몽고를 조직하였다. 또한 한군 조직을 확대하여 팔기한군을 만들었다. 1635년 홍타이지가 여진 대신에 만주라는 이름을 쓰게 한 것은 팔기몽고가 조직됨에 따라 기존 팔기 구성원에게 새로운 정체성을 부여할 필요가 생겼기 때문일 것이다.

이제 다이칭 구룬은 팔기만주, 팔기몽고, 팔기한군 등 세 종류의 구사로 이루어진 나라가 되었다. 많은 사람이 세 종류의 구사를 만주팔기, 몽고팔기, 한군팔기 등으로 부르는데, 엄밀하게 말하면 이는 잘못된 명명(命名)이다. 팔기 중 어느 기(旗)에 속하느냐가 우선이고, 만주·몽고·한군 중 어디에 속하느냐는 그다음이기 때문이다. 예컨대 기인이 자신의 출신을 밝힐 때에는 '양황기 만주', '정홍기 몽고', '정백기 한군' 등의 방식을 썼다. 또한 포의 니루도 보통은 팔기만주에 속하는 것으로 간주하지만, 엄밀하게 말하자면 만주·몽고·한군 등과는 별도의 범주에 속한다.

한마디 덧붙이자면, 팔기몽고와 팔기한군은 기본적으로 몽골 출신과 한인 출신으로 구성되었던 반면 팔기만주와 팔기포의는 구성원의 출신이 훨씬 다양하고 복잡하였다. 팔기만주와 팔기포의에는 여진인, 몽골인, 한인이 뒤섞여 있었다. 뿐만 아니라 조선 출신으로 편성된 니루가 있었고, 나중에는 러시아인이나 위구르 무슬림, 그리고 티베트인으로 편성된 니루도 만들어졌다.

흥미롭게도 황제 집안의 노복이었던 포의 중에는 고관으로 입신출세한 인물도 적지 않았다. 유명한 소설 『홍루몽(紅樓夢)』의 저자 조설근(曹雪芹)은 정백기 포의 소속으로, 그의 조부 조인(曹寅)은 강희제의 측근으로 유명한 인물이다. 집안의 몰락 이전 부귀영화를 누리던 유년 시절의 기억이 없었다면 조설근의 『홍루몽』은 이 세상에 나오지 못했을지도 모른다.

또한 정황기 포의의 '고려 니루'에 속했던 신다리 형제 일족은 누대에 걸쳐 최고위의 고관을 여러 명 배출하였다. 특히 신다리 형제의 증손(曾孫) 세대에 속하는 김간(金簡), 즉 긴기얀은 훗날 『청사고(淸史稿)』에 그의 전기가 실릴 정도로 유명한 인물이었으며, 그의 누이는 일찍이 건륭제의 후궁이 되어 4명의 황자를 낳았다.[8]

요컨대 홍타이지가 세운 다이칭 구룬은 팔기 안에 만주 외에 몽고와 한군을 포함함으로써 아이신 구룬 단계에 농후하게 나타났던 여진 국가의 색채를 벗어던지고 명실상부한 만·몽·한의 다민족 제국으로 거듭났다. 이를 기업에 비유한다면 여진의 민족 기업에서 만·몽·한의 다국적 내지 다민족 기업으로 탈바꿈한 셈이다.

다이칭 구룬의 이러한 성격은 황제 즉위 이후 홍타이지가 구축한 새로운 제국 체제에 고스란히 반영되었다. 홍타이지는 친왕(親王), 군왕(郡王), 패륵(貝勒), 패자(貝子) 등의 서열을 갖춘 종실(宗室) 봉작(封爵) 시스템을 만들었다. '패륵'과 '패자'가 각각 만주어 '버일러'와 '버이서'의 한자 표기라는 점에서 알 수 있듯이 청나라의 봉작 시스템에는 다이칭 구룬의 독자적인 색채가 뚜렷하게 드러난다.

중국적인 전통에서 보자면 친왕과 군왕 등의 종실 봉작은 번병(藩屛), 즉 황제를 보위하는 울타리를 의미하였다. 그래서 조선 같은 조공국의 왕은 나라 바깥의 울타리라는 뜻으로 외번(外藩)이라고 불렀다. 그런데 홍타이지는 내몽골 초원의 몽골 유목민 집단의 수령들에게도 종실 왕공에 준하는 친왕, 군왕, 패륵 등의 봉작을 주었다. 종실 왕공이 청나라 황제의 내번(內藩)이었다면 몽골 왕공은 그의 외번이 되었던 셈이다.

청나라의 제국 체제에서 외번 몽골은 대단히 특별한 지위를 누렸다. 몽골 제국의 출현 이후 중앙유라시아 세계에서 칭기스 칸 일족이 누린 권위는 절대적이었다. 칭기스 칸 일족이 아니면 칸을 칭할 수 없다는 것이 불문율이 될 정도였다.[9] 중앙유라시아 세계의 동쪽 끝에 자리한 변방에서 혜성처럼 등장한 누르하치 일족은 칭기스 칸 일족의 입장에서 보면 아마도 출신이 미천한 '벼락부자'에 지나지 않았을 것이다.

반대로 누르하치 일족의 입장에서는 몽골 초원의 칭기스 칸 일족을 자기 편으로 끌어들인다면 현실적으로 그들의 뛰어난 기병(騎兵) 전력을 활용할 수 있을 뿐만 아니라 이념적으로 그들의 권위를 빌리는 효과도 거둘 수 있었다. 누르하치 이래 호르친 부를 비롯한 몽골 유목민 집단을 이끄는 칭기스 칸 일족을 우대했던 것은 바로 이러한 이유에서였다.

청나라 황실과 칭기스 칸 일족의 관계에서 특히 주목할 대목은 혼인 관계다. 청나라는 일찍이 누르하치 시대부터 호르친을 위시한 만주 지역의 칭기스 칸 일족과 여러 차례 혼인 관계를 맺었다. 예컨대 홍타이지는 5명의 칭기스 칸 일족 여성을 후비(后妃)로 맞았으며, 이 가운데 1명이 순치제의 생모가 되었다. 청나라 황실과 칭기스 칸 일족의 혼인 관계는 후대에도 지속되어 청나라 말까지 약 600차례에 이르는 혼인이 이루어졌다.[10] 따라서 청나라와 외번 몽골의 관계는 혼인 동맹이라고 불러도 과언이 아니다. 여기에 외번 몽골은 청나라의 조선 침략은 물론 명나라와의 전쟁에도 참여하였으니 양자의 관계는 군사 동맹이기도 하였다.

청나라의 외번에는 몽골만 있었던 것이 아니다. 홍타이지는 1636년에 공유덕, 경중명, 상가희 등 독립 부대를 지휘하던 명나라 출신 무장들에게도 친왕의 봉작을 주었다. 따라서 이들 역시 애초에는 청나라의 제국 체제 안에서 외번 몽골과 크게 다를 바 없는 위상에 있었던 셈이다. 입관 이후에는 오삼계가 한인 출신 친왕의 대열에 합류하였다. 나중에 이들 한인 친왕은 윈난·광둥·푸젠 등 세 지역에 자리를 잡아 삼번이라고 불렸으며, 청나라 황실은 이들과 혼인 관계도 맺었다.[11] 삼번은 외번 몽골에 상당한다는 의미에서 '외번 한인'이라고 불러도 무방할 것 같다.

한편 원래 명나라의 외번이었던 조선의 왕은 청나라의 무력에 굴복하여 다이칭 구룬의 제국 체제에 강제적으로 편입되었으니, 1637년 이후의 조선은 청나라 황제의 또 다른 외번으로 간주할 수 있다. 조선은 외번 몽골이나 한인 친왕 등과 마찬가지로 명나라와의 전쟁에 참여하였다.

그러나 청나라는 조선과 혼인 동맹까지는 맺지 않았다. 단지 순치 연간 섭정왕 도르곤이 조선에 혼인을 요구하여 종실 금림군(錦林君) 이개윤(李愷胤)의 딸이 의순공주(義順公主)라는 이름으로 도르곤에게 시집온 적이 있을 뿐이다.[12] 그리고 청나라의 국가기구 가운데 외번 몽골과 조선을 담당하는 기구도 서로 달랐다. 조선 문제는 육부(六部)의 하나인 예부(禮部)에서 맡았지만 외번 몽골은 1636년에 몽고아문(蒙古衙門)이라는 전담 기구를 설치하였고 1638년에 이를 이번원(理藩院)으로 개칭하였다.

이상의 서술을 토대로 초기의 청 제국, 즉 입관 전 다이칭 구룬의 제국 체제를 단순화하여 묘사하면 다음과 같다. 청나라 황제의 직접 지배를 받는 모든 사람은 만주·몽고·한군 등으로 이루어진 팔기에 편성되었고, 그 정점에는 황제가 자리를 잡고 있었다. 청 황제의 '바깥 울타리'에는 청나라 황족에 준하는 대우를 받는 몽골의 왕공들과 한인 왕공들이 포진하였으며, 조선 또한 그 일각을 구성하였다.

팔기의 구성원은 청나라 황제의 직접 지배를 받았지만 외번의 인민에 대한 직접 지배는 몽골 왕공, 한인 왕공, 그리고 조선 국왕의 몫이었다. 흥미롭게도 외번의 구성원과 출신이 같은 사람들이 팔기의 내부에도 존재하였다. 외번 몽골과 동족인 몽골 유목민들이 팔기몽고에, '외번 한인'과 동족인 한군이 팔기한군에 편입되었던

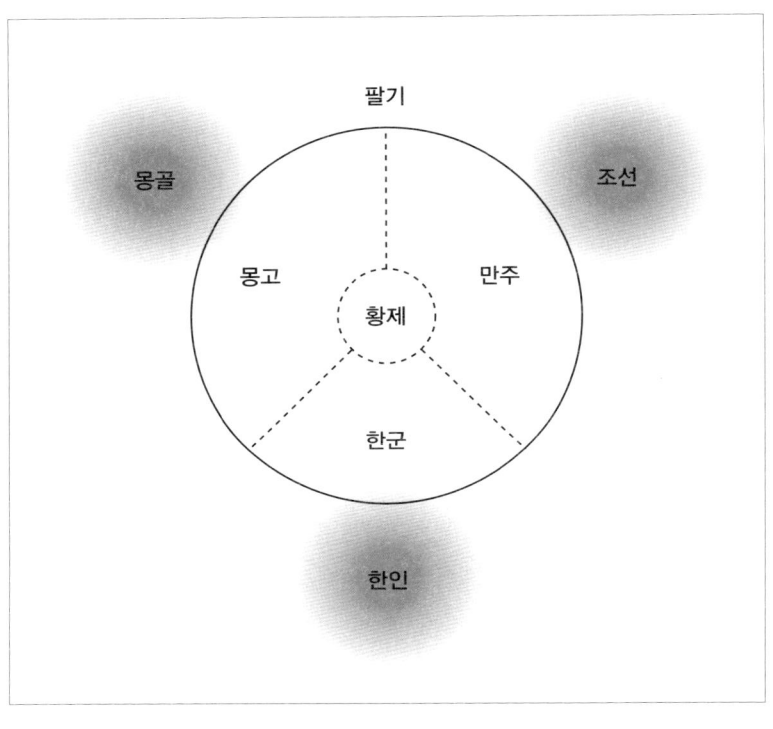

다이칭 구룬의 초기 제국 체제
홍타이지가 구축한 다이칭 구룬의 제국 체제를 도식화한 것이다.
제국 체제 중심에는 황제를 정점으로 하는 팔기가 자리를 잡았다.
만·몽·한으로 구성된 팔기는 곧 다이칭 구룬 자체였다.
그 외곽에는 몽골 왕공, 한인 왕공, 그리고 조선 국왕이 포진하여
다이칭 구룬의 '바깥 울타리'를 형성하였다.

것이다. 조선 출신은 숫자가 많지 않았기 때문에 단독으로 구사를 형성하지는 못하고 팔기만주 안에 니루 규모로 편입되었다. 이런 의미에서 팔기만주는 팔기 전체의 축소판이기도 하였다. 팔기만주 안에는 조선인, 한인, 몽골인, 여진인 등이 공존하였기 때문이다.

여기에서 다이칭 구룬을 1636년경에 탄생한 하나의 생명체로 비유할 수 있다. 만주와 내몽골 초원은 아직 태아 상태이던 이 생명체를 기른 자궁과 같은 공간이었다. 자궁에 착상한 이 생명체의 배아는 하나가 아닌 복수의 수정란이 융합되어 형성된 것이다. 각각의 수정란은 만주, 몽골, 한인, 조선 등의 유전자를 갖고 있는 세포였다. 자궁에 착상한 배아가 태아로 성장하는 발생 과정에서, 각 수정란의 유전자는 한편으로 서로 영향을 주고받고 다른 한편으로 자궁 안 환경에 반응하면서 태아의 신체를 구성하는 여러 조직을 만들어 냈다.

1636년경에 자궁 밖으로 나온 이 생명체는 무럭무럭 자라나 1760년경에 성체가 되었다. 만주와 내몽골 초원이 이 생명체에게 자궁과 같은 공간이었다면 '중국'과 외몽골 초원, 티베트 고원, 준가르 초원, 타림 분지 등은 이 생명체의 성장 공간이었다.

격리 정책과 본속주의

어떤 생명체든 자라면서 모습이 서서히 바뀌기 마련이다. 다이칭 구룬이 거대 제국으로 성장하는 과정에서도 유사한 일이 벌어졌다. 먼저 눈길을 끄는 대목은, '중국' 정복이 완료되는 1680년대 초 '외번 한인'이 사라졌다는 점이다. 즉, 오삼계를 비롯한 한인 출신의 친왕들은 청나라에 반기를 들었다가 실패하여 왕공의 지위를 박탈당하였으며, 그들이 이끌던 군단은 해체되는 운명을 맞이하였다. 단, 삼번 휘하 군단의 일부는 팔기한군에 흡수되었다.[13] 이는 마치 한 생명체의 신체 조직 중 일부가 성장기에 퇴화하여 사라지는 것과 같았다.

그러나 팔기가 청나라 황제들의 제국 통치에서 주축의 역할을 맡았다는 점에는 아무런 변화가 없었다. 입관 전 다이칭 구룬이라는 국가는 곧 만·몽·한 세 종류의 구사로 구성된 팔기 조직 그 자체였다. 입관과 동시에 다이칭 구룬은 명나라 수도 베이징을 새로운 근거지로 삼았다. 입관 직후의 전쟁 과정에서 투항해 온 일부 한인들이 팔기한군에 편입되기도 하였고, 베이징 인근에 살던 상당수의 한인 농민이 노복의 신분으로 팔기에 흡수되기도 하였다. 그러나 그 이후로 한인이 팔기로 진입하는 문호는 사실상 폐쇄되었다.

1760년경까지 공전의 거대 제국으로 성장한 청나라는 국가의 발상지인 만주와 과거 명나라의 영토를 직접 통치하였지만 내몽골, 외몽골, 티베트 고원, 신장 등에 대해서는 간접 통치를 하였다. 그러나 직접 지배 지역이든 간접 지배 지역이든 제국 판도 안의 전략적 요충지에 팔기 군대를 주둔시키는 것을 잊지 않았다. 이처럼 제국 곳곳에 주둔하던 팔기를 주방팔기(駐防八旗)라고 하며, 베이징에 주둔하던 팔기는 금려팔기(禁旅八旗)라고 부른다. 건륭 이후 주방팔기와 금려팔기를 포함한 팔기 전체의 병력 규모는 약 30만 명 정도로 추정되며, 청나라 말 팔기의 전체 인구는 약 500만 명에서 600만 명 정도로 추산된다.[14]

입관 당시 청나라는 대부분의 팔기 구성원을 '중국' 땅으로 이주시켰다. 한 사료에 따르면, 1648년 팔기의 성인 남성은 노복까지 합해서 약 35만 명이었다.[15] 입관 직후 상당히 많은 한인이 노복 신분으로 팔기에 편입된 것을 감안하면 1644년의 팔기 인구는 기껏해야 명나라 인구의 1퍼센트에도 미치지 못했을 것이다. 만약 팔기 구성원이 한인과 한데 섞여 살았다면 어떤 일이 벌어졌을까?

아마 수십 년도 지나지 않아 팔기 구성원이 문화 수준도 훨씬 높은 데다 숫자마저 압도적이었던 한인에게 동화되는 사태가 벌어졌을 것이다. 그 경우 팔기는 분명 형체도 없이 녹아서 사라졌을 것이다. 이러한 위험성을 매우 잘 알았던 청나라는 정복 집단이자 이주 집단인 팔기 구성원을 피정복민인 한인과 섞여 살지 않도록 만들었다. 마치 전염병의 확산을 막기 위하여 '격리(quarantine)'를 실시하는 것처럼 팔기 인구와 한인 인구를 엄격하게 나누어 다스리는 격리 정책을 원칙으로 삼았던 것이다.

청나라는 직접 지배 아래의 인구를 두 종류의 호적에 등재하여 별도로 관리하였다. 하나는 팔기 인구의 호적인 기적(旗籍)이고 다른 하나는 한인 인구의 호적인 민적(民籍)이다. 전자가 청 제국의 '창조물'이라면 후자는 명나라의 '유산'을 인수한 것이었다. 기적에

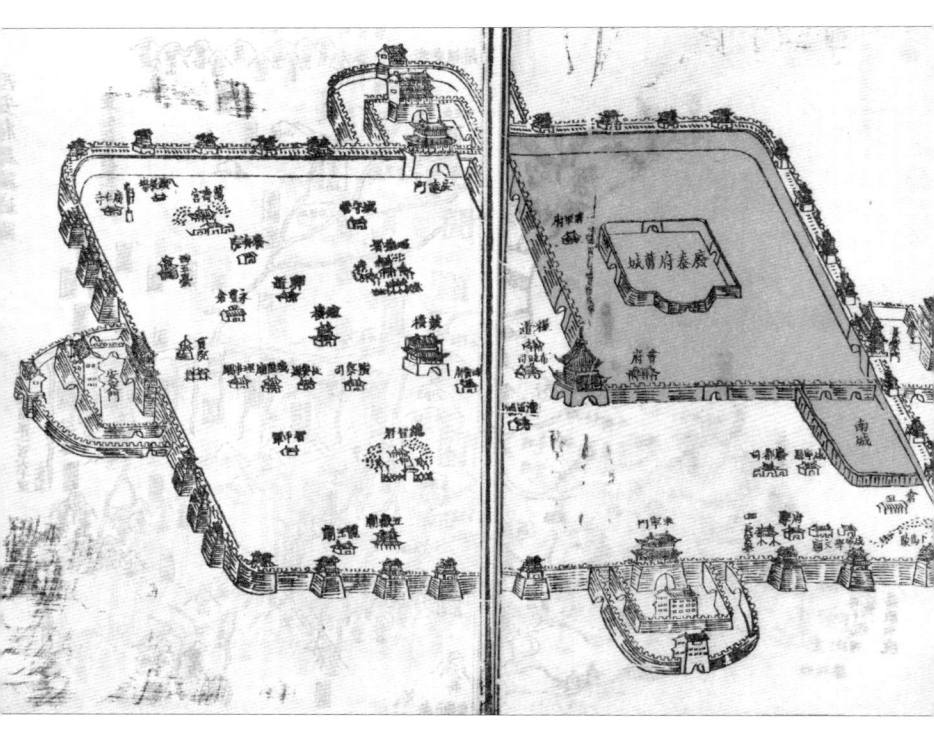

청나라 때의 시안(西安)

산시(陝西)에 위치한 시안에는 1645년부터 주방팔기가 배치되었다. 시안의 팔기 병력은 18세기 초에 약 7000명에 달하여 주방팔기 중 최대 규모였다. 위 그림에서 보듯이 시안 성 동북쪽에 위치한 주방팔기 거주지(음영 처리한 부분)는 별도의 성벽으로 둘러싸여 민인 거주지와 분리되어 있었다.

속한 사람은 기인(旗人), 민적에 속한 사람은 민인(民人)이라고 불렀다. 기인과 민인은 원칙적으로 통혼(通婚)이 금지되는 등 법률적·사회적으로 분리되었을 뿐만 아니라, 실제 거주 공간에서도 격리 상태에 있었다.

제국의 수도 베이징의 경우, 청나라는 자금성과 황성(皇城)을 둘러싼 내성(內城)에 살던 민인을 모두 성 밖으로 내보내고 내성을 기인들만의 거주 공간으로 바꾸었다. 이에 따라 베이징은 기인의 공간인 내성과 민인의 공간인 외성(外城)으로 나뉘었다. 내성 안에서 기인들은 어떤 구사에 속하느냐에 따라 거주 지역을 정하였다.

청나라의 팔기는 크게 좌익(左翼)과 우익(右翼)의 두 그룹으로 나뉘었는데, 이때의 좌와 우는 남면한 황제를 기준으로 하였으므로 방위상 좌익은 동쪽, 우익은 서쪽이었다. 이에 따라 내성 안의 동쪽에는 좌익의 네 구사, 즉 양황기·정백기·양백기·정람기가 북쪽에서 남쪽으로 배치되었고, 동쪽에는 우익의 네 구사, 즉 정황기·정홍기·양홍기·양람기가 마찬가지 방식으로 배치되었다. 각 구사의 거주 구역에서 황성에 가까운 안쪽부터 만주, 몽고, 한군이 차례로 배치되었다. 청나라는 베이징의 내성을 마치 팔기의 거대한 병영(兵營)과 같은 공간으로 바꾸었던 셈이다.

주방팔기가 배치된 지방 도시에서도 기인과 민인의 거주 공간이 분리되기는 마찬가지였는데, 보통 기인의 거주 공간은 만성(滿城), 민인의 거주 공간은 한성(漢城)이라고 불렸다. 제국의 간접 지배 지역에서도 사정은 다를 바 없었다. 예컨대 타림 분지에서 주방팔기를 비롯한 청나라 군대는 대개 별도로 수축한 성 안에 거주하여 현지의 위구르 무슬림과는 다른 공간에 살았다.

격리 정책과 더불어 청나라 제국 통치의 또 다른 특징으로 본속주의(本俗主義)를 들 수 있다. 이는 한마디로 '인속이치(因俗而治)'로 요약할 수 있다. 본래 풍속에 기대어 다스린다는 것이다. 예컨대 한인은 한인의 법률·제도, 즉 명나라의 법률·제도로 다스리고 기인은 팔기의 법률·제도로 관리하였다. 이러한 방식은 제국의 간접 지배 지역에서도 마찬가지였다. 몽골인은 몽골의 법률·제도, 티베트인은 티베트의 법률·제도, 타림 분지의 위구르 무슬림은 이슬람의 법률·제도를 적용하였다.

그러다 보니 청 제국의 통치 시스템은 지역마다 상당한 차이를 보일 수밖에 없었다. 각 지역의 통치 시스템을 자세하게 설명할 여유는 없으므로 여기에서는 내몽골, 티베트, 타림 분지 등 세 지역만을 뽑아서 대체적인 윤곽만 소개하도록 하겠다. 여기에서 언급하지 않은 외몽골의 할하 몽골을 비롯한 초원 유목민 집단에 대한 통치 시스템은 내몽골과 대동소이하였다고 보아도 좋다. 그리고 '중국'은 나중에 설명하기로 한다.

대부분 칭기스 칸 일족에 속하였던 내몽골 지역 유목민 집단의 수장들은 이미 누르하치 시기부터 청나라와 깊은 관계를 맺고 있었으며, 홍타이지 역시 종실 왕공에 필적하는 봉작을 수여하여 그들을 우대하였다. 예컨대 일찍이 '투시예투 칸'이라는 칭호를 받은 바 있는 호르친의 한 수장은 1636년 홍타이지가 친왕 이하 봉작 제도를 제정할 때 '호쇼이 투시예투 친왕'으로 책봉되었다. 청나라가 내몽골 지역의 왕공에게 내린 주요 봉작으로는 친왕 5명, 군왕 18명, 버일러 16명, 버이서 14명, 진국공(鎭國公) 8명, 보국공(輔國公) 14명 등이 있었다. 그 아래 등급의 몽골 귀족에게는 타이지 또는 타부낭이라는 이름의 봉작을 내렸고, 이 가운데 타이지는 다시 4개의 등급으로 세분되었다.

또한 청나라는 내몽골 지역의 몽골 유목민을 24개 부(部), 49개 기(旗)로 분할하였다. 몽골의 '기'는 팔기의 구사와 구별하기 위하여 보통 '몽기(蒙旗)'라고 부른다. 청나라는 각 기에 자삭(jasak)을 두어 유목민에 대한 직접 관리를 맡겼다. 어떤 자삭은 특정 귀족 가문에서 세습하기도 하였고, 어떤 자삭은 타이지 이상의 몽골 귀족 중에서 1명을 골라 임명하기도 하였다. 또한 내몽골 지역의 49개 기 위에는 6개의 맹(盟)을 두어 정기적으로 회맹(會盟)을 개최하도록 하였다.[16]

티베트 지역에는 1727년 이후 주장대신(駐藏大臣)과 소수의 병력을 파견하여 상주시켰지만 달라이 라마를 정점으로 하는 현지의 통치 제도를 유지하였다. 다만 상황의 변화에 대응하여 제도상의 조정이 있었을 따름이다. 예컨대 1727년의 정변 진압에 공을 세운 티베트 귀족에게 군왕 봉작을 내리고 그에게 실권을 맡겼다. 그러나 그의 후계자가 청에 반항하고 준가르에 접근하는 자세를 취하면서 정세가 불안해지자 청나라는 1751년에 군대를 파견하여 티베트를 재차 장악하였다. 이어서 군왕 봉작을 폐지하고 달라이 라마 아래에 성(聖)·속(俗)의 관리가 각 175명씩으로 균형을 이루는 새로운 제도를 도입하였다.

세속 관제의 최고위 기구인 카샥은 대신 4명, 세속 귀족 3명, 승려 1명으로 구성되었다. 세속 정무는 카샥의 합의와 주장대신과 협의를 거쳐 최종적으로 달라이 라마의 재가를 얻는 방식으로 처리되었다. 세속의 카샥에 상응하는 기구인 익창은 전원 승려로 구성되었으며, 티베트 곳곳의 수많은 불교 사원과 승려를 관리하였다.[17]

끝으로 타림 분지의 위구르 무슬림은 벡(beg)이라고 불리던 현지의 지배층 가운데에서 관리를 발탁하여 다스렸다. 청나라는 '벡'이라는 칭호를 붙이는 관제를 만들어 3품에서 7품에 이르는 관품을 부여하였는데, 타림 분지 전체에 약 270명의 벡 관리를 임명하였다고 한다. 또 청나라는 위구르 무슬림을 톈산 이북의 일리 지역으로 이주시켜 농사를 짓게 하였다. 타란치라고 불리던 이 농민들을 관리하기 위하여 약 20명의 벡 관리를 두었다. 청나라는 무슬림의 종교 문제나 재판에도 가능한 한 개입하지 않고 이슬람의 법률과 전통에 따라 문제를 해결하게 하였다.[18]

허울에 그친 만한일가

청나라의 '중국' 통치 역시 본속주의에 입각하였던 만큼 청나라가 명나라의 법률과 제도를 고스란히 이어받은 나라로 보이는 것은 어쩌면 당연하다. 게다가 청나라는 한인을 상대로 '만한일가(滿漢一家)'를 내세웠다. 몽골 제국과 달리 청나라는 만주인과 한인을 차별하지 않는다는 것이었다.

실제로 청 제국에서는 명나라 때와 마찬가지로 과거제도를 실시하였고, 피정복민인 한인 출신일지라도 최고위 관직에 오른 사람이 많았다. 특히 중앙정부의 주요 기구에서는 장관과 차관을 기인과 한인이 동수(同數)를 이루도록 안배하였다. 예컨대 명나라에서는 육부의 장관인 상서(尙書)를 1명씩 두었지만 청나라에서는 만·한 2명의 상서를 두었다. 이를 보통 만한병용 제도라고 부른다.

그러나 청 제국의 인사 운용을 자세하게 들여다보면 '만한일가'라는 표어는 허울에 지나지 않음을 깨닫게 된다. 이제 그 까닭을 하나씩 들어 보겠는데, 먼저 황제가 나라에 공이 있는 신하들에게 수여하는 봉작 제도부터 살펴보자.

청나라에서는 입관 전부터 주로 군공(軍功)을 세운 사람들에게 여러 등급의 작위를 수여하고 등급에 따라 세습적인 특권을 차등적으로 부여하였다. 이런 작위는 청나라 황실과 성씨가 다른 사람을 대상으로 하였기 때문에 보통 '이성봉작(異姓封爵)'이라고 부른다. 입관 이후 청나라는 이성봉작의 명칭을 '중국'의 봉작 제도에서 쓰는 공(公)·후(侯)·백(伯)·자(子)·남(男) 등에 맞추어 개편하였다.

청나라에서 이성봉작을 받은 사람들은 대단히 많지만, 그 면면을 보면 절대 다수가 팔기만주, 팔기몽고, 팔기한군 등에 속하는 기인이었다. 예컨대 순치 말까지 수여한 이성봉작은 팔기한군만 보더라도 68명이나 되었고, 팔기만주와 팔기몽고는 이보다 훨씬 많았다.[19] 그러나 입관 이후 건륭 말까지 청나라가 봉작을 수여한 한인은 겨우 10명뿐이었다.[20]

청나라의 이성봉작은 기본적으로 군공에 대한 보상이었으므로 한인에 대한 봉작 수여가 이처럼 소수에 그쳤다는 것은 봉작을 받을 정도의 군공을 세울 기회가 한인에게는 거의 주어지지 않았다고 해석할 수 있다. 하지만 이성봉작은 반드시 혁혁한 군공을 세운 사람에게만 수여하던 것이 아니다. 군공과 직접 관련이 없더라도 황제가 공로를 높이 사서 봉작을 주기도 했는데, 한인 중에서 이에 해당하는 사람은 옹정제의 총신 장정옥(張廷玉) 한 사람밖에 없다. 그러나 처음의 자작에서 백작까지 올라갔던 장정옥의 봉작은 1749년 건륭제가 박탈해 버렸다.[21]

한편 조선의 종묘(宗廟)처럼 역대 황제의 위패를 모시고 제사를 올리는 태묘(太廟)에 배향(配享)되는 것은 왕조국가에서 신하된 자에게 주어지는 최고의 영예였다. 명나라의 태묘에는 홍무제(洪武帝)와 영락제(永樂帝)의 공신 16명이 배향되었지만[22] 청나라에서는 이보다 많은 26명이 태묘에 배향되었다. 종실 왕공과 이성(異姓) 공신이 절반씩 차지하였는데, 그 가운데 한인은 단 1명뿐이었다. 공교롭게도 이 단 1명의 한인 역시 장정옥이었다.[23]

생전에 봉작마저 박탈당한 장정옥이 태묘에 배향된 것은 대단히 기이하게 들리겠지만 장정옥의 태묘 배향은 그를 총애하던 옹정제의 유지(遺旨)를 건륭제가 차마 무시하지 못하였기 때문이다.[24] 이처럼 청나라에서 한인이 최고의 공신 대우를 받기란 낙타가 바늘구멍 통과하기보다 어려웠다.

다음으로 청나라의 과거 명나라 영토에 대한 지방 통치를 보겠다. 명나라의 광역 행정단위에는 북직례(北直隸)와 남직례(南直隸) 외에 허난(河南), 산둥(山東), 산시(山西), 산시(陝西), 쓰촨(四川), 후광(湖廣), 장시(江西), 저장(浙江), 푸젠(福建), 광둥(廣東), 광시(廣西), 윈난(雲南), 구이저우(貴州) 등 13개 성(省)이 있었다. 중앙정부 직할이었던 남·북직례를 제외한 13개 성에서 재정을 포함한 일반 행정은 포정사(布政使), 감찰은 안찰사(按察使), 군사는 도지휘사(都指揮使) 등이 맡았다. 성급(省級) 행정단위 아래에는 부급(府級)의 중간 행정단위로 부(府)·주(州)를 두었고 맨 아래에는 현급(縣級)의 기층 행정단위로 주(州)·현(縣)을 설치하였다.

청나라에서 과거 명나라의 영토였던 지역은 직성(直省)으로 통칭하였다. 청나라는 명나라와 달리 직례 지역을 중앙정부 직할로 하지 않았고 명나라의 남직례는 장난(江南) 성으로 개칭하였다가 장쑤(江蘇)와 안후이(安徽) 두 성으로 분할하였다. 또한 산시(陝西) 성은 산시와 간쑤(甘肅)로, 후광 성은 후베이(湖北)와 후난(湖南)으로 나누었다. 따라서 청나라의 직성 지역에 설치한 광역 행정단위는 명나라 때보다 3개가 많은 18개 성이 되었다. 이 때문에 직성 지역을 '18성'이라고도 부른다. 각 성의 민정은 명나라와 마찬가지로 포정사와 안찰사가 담당하였다. 부급 행정단위로는 부·주·청(廳)을,

현급 행정단위로는 주·현·청을 두었다.[25]

청나라가 직성 지역 곳곳에 배치한 군대는 주방팔기와 녹영(綠營)의 두 부류로 나뉜다. 주방팔기는 앞서 언급한 대로 지방에 주둔한 팔기 군대를 가리키며, 녹영은 과거의 명나라 군대를 재편한 한인의 군대였다. 각 성의 녹영에서 최고 관직은 제독(提督)이었다.

한편 명나라 때 임시직으로 출발한 총독(總督)과 순무(巡撫)는 청나라에 들어와서 광역 행정을 총괄하는 상설 관직이 되었다. 청나라 초기에는 명나라 때와 마찬가지로 총독과 순무의 관할 범위가 각 성의 경계와 반드시 일치하지는 않았으나 결국에는 순무는 1성을, 총독은 적게는 1성에서 많게는 3성을 관할하였다. 순무와 총독의 주재 도시가 일치하는 일부 성에서는 순무를 두지 않기도 하였다. 그 결과 직성 지역 전체에 15명의 순무와 8명의 총독을 배치하였다.

청나라는 한인 인구에 대한 행정이 일차적으로 이루어지는 기층 행정단위, 즉 주·현의 관직에는 대체로 한인을 임명하였다. 이는 청 제국의 통치 원리인 본속주의의 발현이기도 하였는데, 현실적으로 입관 초기 청나라에는 명나라 영토를 직접 통치할 수 있는 역량이 없었다. 언어로나 문화로나 일선 행정에 기인 출신을 투입하기에는 현실의 장벽이 너무 높았던 것이다. 때문에 청나라는 투항해 온 과거 명나라의 관리들을 그대로 임용할 수밖에 없었다. 말단 현급 단위의 지주(知州)·지현(知縣)은 물론이고 성급 단위의 포정사·안찰사와 순무 등도 거의 대부분 한인 문관을 임명하였다.

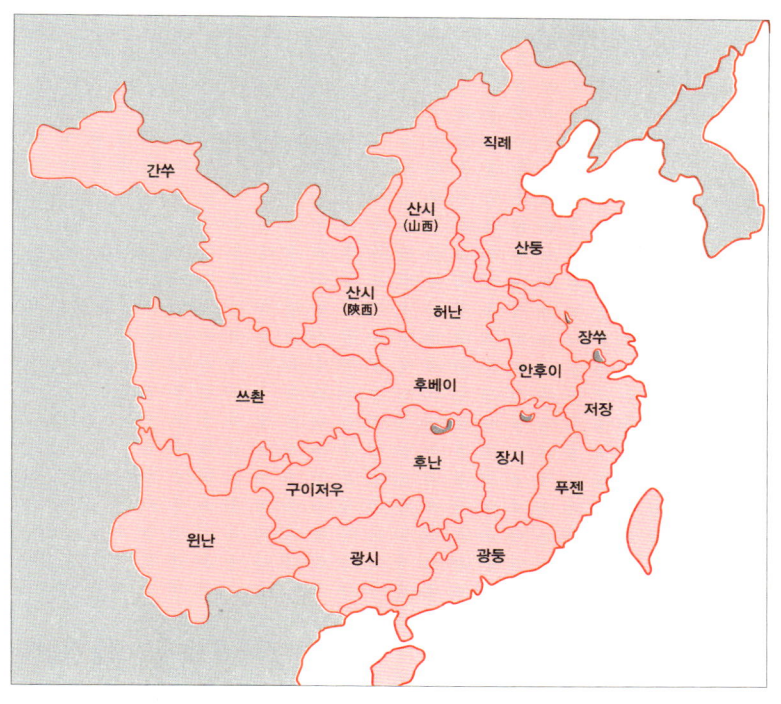

청나라의 18개 직성

명나라의 광역 행정단위는 남·북직례를 포함하여 15개였지만 청나라 때는 18개로 늘어났다. 명의 남직례가 장쑤·안후이로, 후광이 후베이·후난으로, 산시가 산시·간쑤로 나뉘었기 때문이다. 그러나 18개 직성을 모든 합하면 명나라 영토와 큰 차이가 없다.

한인 관료가 직성 지역의 일선 행정을 담당하는 상황은 대체로 청나라 말기까지 지속되었다. 이러한 까닭에 입관 이후 청나라가 망할 때까지 각 성의 포정사·안찰사 중에서 기인이 차지하는 비중은 28~29퍼센트에 불과하였고 가장 말단에 위치한 주·현은 약 6퍼센트에 그쳤다.[26]

그러나 청나라가 한인의 제국 통치 참여를 무제한적으로 인정한 것은 결코 아니었다. 특히 직성의 최고 관직이었던 총독 인사의 실태에 주목할 필요가 있다. 청나라의 총독 중에 기인이 차지하는 비중은 약 57퍼센트였고, 재임 기간을 기준으로 하는 경우에는 약 62퍼센트의 비중을 차지하였다.[27] 대략 한인 출신이 총독의 약 40퍼센트를 차지한 셈이니 만한병용의 정신과 대체로 부합한다. 그런데 시기를 세분하여 총독 인사 실태를 들여다보면 전혀 다른 그림이 그려진다.

먼저 매년 정월 초하루 현재의 재임자를 기준으로 순치 2년(1645)부터 순치 11년(1654)에 이르는 10년 동안의 총독 인사 실태를 보자. 이 기간에 직성 지역의 총독 직위는 조운(漕運)과 운하(運河)를 맡는 총독을 제외하면 적게는 다섯 자리, 많게는 여덟 자리로, 10년 동안의 합계는 예순세 자리였다. 이 가운데 한인 출신은 순치 2년의 단 1명뿐이고 나머지는 모두 기인 출신이었다. 특히 눈길을 끄는 대목은 기인 출신 총독이 단 1명의 예외도 없이 팔기한군 출신이었다는 사실이다.[28] 초기의 청나라는 직성에 대한 행정의 최고 책임을 기인 중에서도 한인의 언어와 문화에 익숙했던 팔기한군 소속 관료에게 맡겼던 것이다.

　　이번에는 그로부터 100년이 지난 건륭 10년(1745)부터 건륭 19년(1754)까지 10년 동안의 총독 인사 실태를 역시 매년 정월 초하루의 재임자를 기준으로 살펴보자. 이 기간의 총독 직위는 건륭 13년의 일곱 자리를 제외하고 모두 여덟 자리였으므로, 10년 동안의 합계는 일흔아홉 자리가 된다. 이 중에서 한인은 6명, 약 7.6퍼센트에 불과하였고, 기인 출신이 73명으로 전체의 약 92.4퍼센트를 차지하였다. 기인 출신을 다시 세분하면 팔기한군 19명, 팔기만주 54명의 구성을 보였다.[29]

　　세 번째로 다시 50년이 경과한 건륭 60년(1795)부터 가경(嘉慶) 9년(1804)까지의 10년을 보자. 이 시기에도 기인 출신이 총독의 대부분을 차지하는 추세가 이어졌다. 이 기간에는 매년 총독 자리가 8개씩으로 변함이 없었는데, 이 중에서 한인 출신 총독은 20명으로 큰 폭의 증가를 보여 전체의 25퍼센트를 차지하였지만 팔기한군 출신은 단 2명으로 감소하였다. 반세기 전과 비교하면 한인과 팔기한군의 비율이 완전히 뒤바꾼 양상이다. 팔기만주 출신은 54명으로 여전히 전체의 67.5퍼센트에 달하는 압도적 비중을 차지하였고 나머지 4명은 팔기몽고 출신이었다.[30]

　　이렇듯 '만한일가'를 표방했음에도, 적어도 1800년경까지만 해도 청나라는 직성 통치의 최고 책임자인 총독 자리에 한인 관료 임명을 강력히 억제하였던 것이다. 하지만 중앙과 비교하면 총독 이하 직성의 행정 관직은 한인의 접근을 제도적으로 억제하지 않았다는 점에서 그나마 한인에게 개방적이었다.

앞서 언급하였듯이 청나라는 육부의 상서와 시랑(侍郎)을 만·한 동수로 하는 만한병용 제도를 실시하였다. 이 제도는 청나라가 한인을 차별하지 않았다는 인상을 준다. 그러나 육부를 포함한 중앙의 관직 구성을 좀 더 구체적으로 들여다보면 만한병용이 주는 인상과는 전혀 다른 이미지가 떠오른다. 이 문제는 청나라 육부의 간략한 연혁과 함께 비교적 자세히 다루어 보겠다.

이부(吏部), 호부(戶部), 예부(禮部), 병부(兵部), 형부(刑部), 공부(工部) 등을 통칭하는 육부는 당나라 이래 '중국' 중앙정부의 중심적인 행정기구로 잘 알려져 있다. 특히 명나라는 건국 초기 중서성(中書省)을 폐지하고 육부를 황제에 직속시켜 황제의 독재 권력을 크게 강화하였던 것으로 유명하다. 청나라 역시 육부를 설치한 것은 분명한 사실이며, 이를 근거로 청나라가 명나라의 통치 제도를 그대로 계승하였다고 평가하는 것이 일반적이다. 그런데 청나라가 육부를 처음 설치한 것은 입관 전인 1631년의 일이었다. 당시 아이신 구룬의 한(汗) 홍타이지가 창설한 육부는 내부 조직의 측면에서 명나라의 육부와는 상당히 큰 차이를 보였다.

명나라에서 육부의 상서는 정2품이었고, 그 아래에 정3품의 좌·우 시랑을 두었다. 상서와 시랑 밑에는 실무 처리를 맡는 기구로 청리사(淸吏司)가 있었는데, 청리사의 수는 부마다 달랐다. 각 청리사에는 정5품의 낭중(郎中), 종5품의 원외랑(員外郎), 정6품의 주사(主事) 등이 있었다.[31]

1631년 창설된 아이신 구룬의 육부는 관직 구성이 명나라와 상당히 달랐다. 우선 각 부의 최고 책임자는 종실의 왕공, 즉 버일러들이 맡았다. 그리고 각 부에는 승정(承政), 참정(參政), 계심랑(啓心郞), 필첩식(筆帖式) 등을 두었다. 여기서 '필첩식'은 '서기(書記)'를 뜻하는 만주어 'bithesi'를 한자로 옮긴 것이다. 각 부의 승정 이하 관직은 출신에 따른 정원이 있었다. 예컨대 승정은 육부 모두 정원이 4명이었는데, 이는 다시 여진 출신 2명, 몽골 출신 1명, 한인 출신 1명으로 나뉘었다.[32]

1638년에 이르러 청나라는 육부의 조직을 개편하였다. 각 부의 최고 책임자는 여전히 종실 왕공이 맡았지만 승정의 정원은 각 부 1명으로 줄었다. 승정 아래에는 좌·우 참정, 계심랑을 두는 외에 이사관(理事官), 부이사관(副理事官), 액철고(額哲庫) 등의 관직을 추가하였다.[33] 여기서 '액철고'는 만주어 'ejeku'를 한자로 옮긴 것인데 한어의 주사(主事)에 해당한다.

입관 이후 청나라는 육부의 관명(官名)을 명나라 관직에 준하여 변경하였다. 승정은 상서, 참정은 시랑, 이사관은 낭중, 부이사관은 원외랑, 액철고는 주사로 명칭을 바꾸었다. 종실 왕공이 각 부를 상시 관리하는 제도는 기본적으로 폐지하였다. 다만 종실 왕공이나 팔기 출신의 대신이 각 부의 업무를 '총리(總理)'하는 경우가 이따금 있었다.[34]

또한 상서와 시랑 관직을 만·한 동수로 구성하는 만한병용 제도를 실시하였다. 단, 청나라가 처음부터 만한병용 제도를 채택한 것은 아니었다. 육부에 한인 상서를 둔 것은 1648년부터였으며,[35] 처음에는 만·한 상서의 관품을 만주는 1품, 한인은 2품으로 하여 한인 상서를 차별하였다.[36]

이상에서 살펴본 바와 같이 입관 전 청나라의 육부는 각 부의 명칭만 같았을 뿐이며 내부 조직은 명나라의 육부와 큰 차이를 보였다. 그러나 입관 이후에는 결국 명나라의 관직 체계를 전면적으로 수용한 것처럼 보인다. 또한 만한병용 제도를 채택하여 각 부에 종1품의 상서 2명과 정2품의 시랑 4명을 만·한 동수로 둠으로써 한인을 차별하지 않은 것처럼 보인다. 그러나 육부의 관직 구성을 좀 더 구체적으로 들여다보면 만한병용이 주는 '만한일가'의 인상은 거의 사라져 버린다.

육부의 관직 구성을 구체적으로 살펴보기에 앞서 청나라가 중앙의 모든 관직을 크게 기인을 임명하는 자리인 '기인결(旗人缺)'과 한인을 임명하는 자리인 '한인결(漢人缺)'로 나누었다는 사실을 파악해 둘 필요가 있다. 보통 '기인결'은 '만결(滿缺)', '한인결'은 '한결(漢缺)'로 부른다. 둘 중에서 '기인결', 즉 '만결'은 다시 종실결(宗室缺), 만주결(滿洲缺), 몽고결(蒙古缺), 한군결(漢軍缺), 내무부결(內務府缺) 등 다섯 가지로 세분할 수 있다. 황족을 관리하는 종인부(宗人府)의 관직은 극소수를 제외하고 전부 종실결이었으며, 황실 관련 각종 사무를 맡는 내무부(內務府)의 관직은 상삼기(上三旗) 소속 포의(包衣)만 임명하는 내무부결이었다. 그리고 팔기한군 출신이 한결에 임명되기도 하였지만 한인이 만결에 임명될 수는 없었다.

달리 말하면 한인 관료는 제도적으로 만결에 접근할 수 없게 봉쇄하였던 것이다. 여기서 만결과 한결의 구분만으로 한인의 유불리를 따질 수는 없다. 왜냐하면 전체 관직에서 한결이 어느 정도의 비중을 차지했느냐가 더 중요하기 때문이다.

이를 염두에 두면서 육부 가운데 호부의 사례를 통해서 명나라와 청나라의 차이를 살펴보기로 하자. 명나라의 호부에는 상서 1명과 좌·우 시랑 각 1명 아래에 실무를 처리하는 기구로 13개 청리사가 있었다. 명나라 말기 호부의 13개 청리사에는 낭중 23명, 원외랑 13명, 주사 50명 등 총 86명이 근무하였다. 호부에는 청리사 외에 사무청(司務廳)이 있었지만 그 관직 정원은 종9품의 사무(司務) 2명뿐이었다.[37]

한편 청나라 호부의 편제를 보면, 상서 2명과 좌·우 시랑 각 2명이 만·한 동수로 있었고, 그 아래에 명나라 때보다 하나가 많은 14개 청리사가 있었다. 청나라 호부에는 사무청 외에 문서 관리를 전담하는 남·북 당방(檔房)이 있었고, 이들의 관직 정원은 명나라보다 훨씬 더 많았다. 하지만 동일 조건하에서 비교하기 위하여 14개 청리사의 관직 구성만 보면 낭중 33명, 원외랑 52명, 주사 30명, 필첩식 121명 등 모두 합해서 236명으로, 명나라의 86명보다 150명이나 많았다.[38]

14개 청리사에서 일하는 관원 236명의 만결·한결 분포를 보면 낭중·원외랑·주사 모두 한결은 14명에 그쳤고 나머지는 다 만결이었으며, 숫자가 가장 많은 필첩식은 전원이 만결이었다.[39] 이로부터 14개 청리사의 낭중 이하 관직에서 만결 대 한결의 비중은 낭중이 58퍼센트 대 42퍼센트, 원외랑이 73퍼센트 대 27퍼센트, 주사가 53퍼센트 대 47퍼센트, 필첩식이 100퍼센트 대 0퍼센트로 계산된다. 낭중에서 필첩식까지 전체의 만·한 비중은 82퍼센트 대 18퍼센트다.

상서와 시랑과 같은 최고위 관직에서는 만·한이 동수였지만 중급과 하급 관직에서는 만결이 한결의 4배를 초과할 정도로 압도적인 비중을 차지하였다. 또한 명나라 말기 호부 각 청리사의 관직 정원은 86명이었던 반면에 청나라 호부 각 청리사의 관직 정원에서 한결은 42명에 그쳐 명나라 말기의 절반에도 미치지 못하였다.

이처럼 만결이 한결을 압도하는 현상은 호부 소속 청리사에 국한된 현상이 아니었다. 건륭 연간을 기준으로 청나라의 중앙정부를 구성하는 내각(內閣), 육부, 이번원(理藩院), 도찰원(都察院) 등 주요 9개 기구의 관직 정원을 보면 고정적으로 편제되었던 총 1903개의 관직 중에서 한결은 292개로 전체의 약 15.4퍼센트에 불과하였다.[40] 이 밖에 종인부와 내무부에는 종인부의 극소수 관직을 제외하면 한결이 존재하지 않았다.

특히 청나라의 간접 지배 지역에 관한 사무를 전담하는 이번원은 장관인 상서를 포함한 모든 관직이 만결로, 한인에 대한 문호는 완전히 닫혀 있었다. 이번원 소속 관직에는 팔기몽고 출신에게 배정된 관직이 가장 많았는데, 이는 이번원의 전신이 몽고아문이었다는 사실에서도 드러나듯이 이번원의 사무가 주로 외번 몽골 문제

였기 때문이다.[41]

　단, 이번원이 몽골 문제만을 관할하였던 것은 아니었다는 사실에 주의해야 한다. 처음에 이번원은 내몽골 관련 사무를 처리하는 기구로 출발하였지만 청 제국의 팽창에 따라 그 관할 범위도 외몽골, 티베트, 신장 등 제국의 간접 지배 지역 전체로 확대되었다. 이들 청 제국의 간접 지배 지역은 보통 '외번' 또는 '번부(藩部)'라고 총칭된다. 번부는 청나라가 준가르와 장기간에 걸쳐 숙명의 대결을 벌이는 과정에서 점차적으로 형성되었다. 따라서 번부 관련 사무는 결국 몽골 문제의 연장이었고, 이에 따라 이번원이 번부 관련 사무 전체를 관장하였던 것이다. 또한 청나라의 입장에서는 러시아와의 관계 또한 몽골 문제의 일부였기 때문에 러시아 관련 사무 역시 이번원 관할이었다.

한인 관료 '순례권'의 한계

　한인 관료는 이번원에 진입할 수 없을 뿐만 아니라 제국 전체를 통치하는 면에서도 그 활동 범위가 제한되어 있었다. 청나라는 이번원의 관할 범위이기도 했던 제국의 간접 지배 지역에는 한인 관료를 파견하지 않았다. 앞서 언급하였듯이 청나라는 제국 전역 곳곳에 주방팔기를 배치하고 각 주방에는 기인 관료를 파견하였는데, 이번원 관할의 번부 지역 역시 예외가 아니었다. 여기에서는 번잡함을 피하기 위하여 내몽골 지역의 사례만 들어 보겠다.

청나라는 삼번의 난을 틈타 반란을 일으켰던 차하르를 장자커우(張家口) 북쪽의 초원으로 이주시키고 팔기몽고에 소속시켜 직접 통치하기 시작하였다. 18세기 중엽에 이르러 차하르에는 종1품인 도통(都統)과 정2품인 부도통(副都統)을 두어 차하르 팔기의 군정과 유목을 관리하게 하였다.

차하르 동남쪽의 열하(熱河) 지역에는 18세기 초에 주방팔기를 배치하였고, 18세기 말에는 열하도통(熱河都統) 관직을 두었다. 열하도통은 열하 일대의 황실 사냥터와 이 지역에 살던 울르트 1개 기를 관리하였다.

청나라는 1634년 귀화성(歸化城), 즉 후흐호트 일대의 투메트 부를 복속시킨 데 이어 1636년에는 투메트 부를 좌익과 우익의 2개 기로 편성하였다. 이들은 내몽골 49개 기와는 달리 수원성(綏遠城)에 주둔하는 종1품인 장군(將軍)의 관리 아래에 두었으며 후흐호트에는 따로 부도통을 주둔시켜 군정을 담당하게 하였다.

청나라는 내몽골 외에 외몽골·칭하이·신장 등지에 장군·도통·부도통 및 각종 명목의 대신을 파견하였는데, 이들 관직은 모두 팔기 출신만 임명되는 만결이었다. 다만 신장 지역의 카슈가르, 악수, 바르쿨, 일리 등지에는 상당수 녹영 병력을 배치하였으며 신장 동남부 지역에는 주둔 병력에 군량을 제공하기 위해서 적잖은 수의 농민을 이주시키고 그들을 관리하기 위한 민정 기구를 설치하여 인근 간쑤 성 포정사의 관할하에 두었다. 그러나 이는 팔기만으로 충당하기에는 너무나 많은 병력을 주둔시켜야 했던 신장 지역의 특수성에서 비롯된 예외적 상황이었다. 게다가 신장의 주둔 병력은 모두 기인 관료들의 지휘를 받았다.

이처럼 청나라가 이번원 관할의 번부 지역에 한인 관료를 파견하지 않은 사실을 두고 어떤 사람은 번부 지역이 한인 관료의 활동 범위, 즉 '순례권' 바깥에 있었다고 말한다.[42] 달리 말하면 한인 관료의 '순례권'은 과거 명나라의 영토였던 직성, 즉 기인에 대비되는 민인의 거주 공간으로 제한되어 있던 것이다.

단, 과거 명나라의 영토가 아닐지라도 민인이 상당수 거주하는 곳이라면 주·현을 설치하고 한인 관료를 파견하기도 하였다. 예컨대 직성과 더불어 청 제국의 직접 지배 지역이었던 만주에는 제한적이나마 한인 관료가 파견될 수 있었다. 만주 지역은 직성과 달리 총독·순무가 아닌 주방팔기의 장군(將軍), 즉 성경장군(盛京將軍), 길림장군(吉林將軍), 흑룡강장군(黑龍江將軍) 등을 중심으로 하는 주방팔기 체제 아래에 있었지만, 한인 농민도 상당수 이주하여 살았기 때문에 이들을 관리하기 위한 행정 기구로 주·현을 일부 설치하였다.[43]

그러나 건륭제 시기가 되면서 한인의 만주 이주를 금지하는 법률을 확립하였을 뿐만 아니라[44] 한인 관료의 만주 파견도 강하게 억제하였다. 즉, 1755년 이후 만주 소재 현급 단위의 인사 실태를 보면 거의 전부가 팔기만주 또는 팔기몽고 출신의 기인이었다. 특히

만주·몽골·신장의 주요 팔기 주둔지(18세기 말)

청나라는 17세기 후반 러시아 세력의 남하를 저지하면서 만주에 다수의 주방팔기를 배치하였다.(이 지도에는 주요 주둔지만 표시) 준가르와 대립하던 18세기 전반에는 외몽골에도 팔기 병력을 주둔시켰고, 준가르를 멸망시킨 뒤에는 신장에도 많은 병력을 배치하였다.

1751년부터 1776년까지는 만주의 주·현에 한인을 임명하지 않는다는 인사 원칙을 법제화하기도 하였다. 1776년 이후에는 한인에게도 문호를 개방하였지만 실제 인사에서 한인은 극소수에 그쳤다.[45]

지금까지 '만한일가'라는 표어에도 불구하고 청나라의 제국 통치에서 한인에게 열린 문호는 대단히 좁았다는 사실을 지적하였다. 바꾸어 말하면 청나라의 제국 통치는 어디까지나 팔기를 주축으로 이루어졌던 것이다. 한편 한인에게 문호가 닫힌 분야는 제국 내부에만 있었던 것이 결코 아니다. 예컨대 청 제국은 대(對)러시아 외교에서도 한인의 참여를 일관되게 배제하였다. 이 문제는 독자 여러분에게 좀 낯설기는 하겠지만, 그렇기 때문에 오히려 더 흥미로울 수 있을 것 같아서 장을 바꾸어 좀 더 자세하게 살펴보기로 한다.

│ 더 살펴보기

팔기의 조선인 후예들

　　청나라의 팔기 속에는 한윤·한택 일족이나 신다리 일족과 같은 조선인도 포함되어 있다. 그들의 존재는 언뜻 기이하게 보일지도 모르지만 청나라가 흥기할 무렵의 역사적 상황을 곰곰이 따져 본다면 적잖은 조선 사람이 팔기에 편입되어 살았던 것은 어쩌면 당연한 노릇이다. 조선 북부 지방 주민이 압록강과 두만강을 넘나들며 여진 사회와 접촉하는 것은 대단히 자연스러운 현상이었을뿐더러, 여진족이 조선 경내에 침입하여 사람들을 잡아가서 노복으로 부리는 일도 종종 있었을 것이기 때문이다.[46]

　　그러나 조선인이 대규모로 여진 사회에 들어가기 시작한 것은 역시 누르하치 등장 이후였다. 잘 알려져 있다시피 1619년 누르하치는 사르후 등지에서 명나라와 조선의 연합군을 격파한 적이 있다. 당시 조선군을 이끌고 참전한 강홍립(姜弘立)은 휘하 병력과 함께 누르하치에게 투항하였다.

　　이어서 정묘호란과 병자호란을 거치면서 많은 조선인이 만주로 끌려갔다. 사료에 따르면 병자호란 때만 해도 약 50만 명이 포로로 끌려갔다고 한다. 이 숫자는 분명히 과장된 것이겠지만 엄청나게 많은 사람이 만주로 끌려갔음을 능히 짐작하고도 남음이 있다.

　　조선인 포로 중에서 일부는 가족이 돈을 지불하고 되찾아

왔고, 또 일부는 도망을 쳐서 고향에 돌아왔지만, 대부분은 노복 신분으로 팔기에 편입되었을 것으로 보인다. 그리고 앞에서 언급한 바 있는 한윤·한택처럼 모종의 이유로 누르하치 세력에 자발적으로 복속한 사례도 있는데, 이런 사람들은 대개 자유민의 신분을 유지했던 것으로 보인다.

이처럼 다양한 경로를 거쳐 팔기만주에 들어온 조선인의 상황은 『팔기만주씨족통보(八旗滿洲氏族通譜)』를 통해서 엿볼 수 있다. 이 사료에는 팔기만주 소속의 1168개 성씨가 민족별로 수록되어 있는데, 그중에는 고려, 즉 조선의 성씨 43개가 포함되어 있다. 『팔기만주씨족통보』는 고려 43개 성씨를 권72와 권73에 나누어 수록하였는데, 권72에는 독자적인 전기(傳記)를 둘 만한 인물 11명을 배출한 7개 성씨, 권73에는 나머지 36개 성씨가 등재되어 있다.

『팔기만주씨족통보』 권72와 권73에 등장하는 인물 157명 중에서 약 84퍼센트에 해당하는 132명이 포의 니루 소속이었다. 이는 팔기에 편입된 조선인이 대개 양대 호란(胡亂) 당시 포로로 끌려가 노복 신분으로 팔기에 편입되었기 때문이다. 『열하일기(熱河日記)』를 보면 박지원(朴趾源)이 열하에서 만난 귀주안찰사(貴州按察使) 기풍액(奇豊額)이 본래 성이 황씨(黃氏)인 조선인 후예라는 이야기가 나오는데,[47] 기풍액 역시 정백기 만주의 포의 니루 소속이었다.[48]

한편 『흠정팔기통지(欽定八旗通志)』를 보면, 팔기만주 속에 조선 출신만으로 구성된 니루가 있었다는 사실을 알 수 있다. 이 사료에 따르면, 건륭 연간까지 조선 출신으로 조직된 니루는 기분 니루 6개, 포의 니루 2개 등 모두 8개가 있었다.

조선 출신으로 이루어진 기분 니루는 한자로 보통 '조선좌령(朝鮮佐領)'이라고 불렸는데, 정황기 만주에 2개, 정홍기 만주에 4개가 있었다. 단, '조선좌령'에 속한 사람 중에는 원래 여진인이지만 조선 땅에 살던 이들도 있었다. 그리고 한윤·한택 일족이 정홍기 소속의 '조선좌령' 하나를 대대로 관리하였다는 사실은 앞에서 언급한 대로인데, 한택의 두 아들은 강희 연간에 전공(戰功)을 세워 봉작을 받았을 뿐만 아니라 훗날 『청사고(淸史稿)』에 그들의 전기가 실리기까지 하였다.[49]

한편 조선 출신으로 구성된 포의 니루는 둘 다 정황기 만주 소속이었는데, 위의 '조선좌령'과 구별하여 '고려좌령(高麗佐領)', 즉 '고려 니루'라고 불렀다. 두 '고려 니루'는 모두 신다리 형제 일족이 대대로 관리를 맡았다. 앞에서 신다리 형제의 증손 세대에 속하는 긴기얀과 그의 누이에 대해서 언급한 바 있다. 이 가문은 비록 포의, 즉 노복 신분에 속하였지만 조선 출신 기인 중에서 최고의 명문으로 성장하였다.

『팔기만주씨족통보』에 따르면, 신다리 형제는 본래 평안도 의주 사람으로 정묘호란 때 포로로 잡혀갔다. 처음에 통역으로 일을 시작한 신다리는 병자호란 당시 세운 전공을 인정받아 '고려 니루'의 우두머리가 되었다. 신다리의 자손 중에서 가장 출세했던 인물은 그의 손자 창밍이었다.

한자 사료에 '상명(尙明/常明)'으로 표기되었던 창밍은 조모, 즉 신다리의 처가 순치제의 유모였던 덕분에 어려서부터 궁중에 출입하며 강희제와 친구처럼 지냈다고 한다. 그는 어전대신(御前大臣), 영시위내대신(領侍衛內大臣) 등 청나라의 최고위 관직을 역임하였으며, 훗날 영조가 되는 연잉군(延礽君)의 세제(世弟) 책봉을 성사시키는 데 힘을 쓰는 등 조선의 대청(對淸) 외교에서도 중요한 채널 역할을 맡았다.

그러나 신다리 형제 일족에서 단연 두각을 나타낸 것은 신다리 형제의 셋째인 산다리의 후손이었다. 산다리의 증손과 고손 세대에는 육부의 상서와 시랑이 배출되었는데, 그중에서 긴기얀은 앞에서 언급하였듯이 『청사고』에 전기가 실려 있다. 또한 긴기얀의 누이는 건륭제의 후궁이 되어 네 아들을 낳았는데, 그 가운데 셋은 장성하여 친왕·군왕으로 책봉되었고 자신은 죽은 뒤에 숙가황귀비(淑嘉皇貴妃)라는 시호를 받았다.

한편 『청사고』는 긴기얀 일가가 원래 '내무부한군(內務府漢軍)' 소속이었다고 하지만 『팔기만주씨족통보』와 『흠정팔기통지』 등 18세기에 편찬된 사료를 보면 긴기얀 일가가 속했던 신다리 형제 일족은 확실히 정황기 만주 포의 소속이었다. 따라서 『청사고』의 '내무부한군'에서 상삼기 포의를 가리키는 '내무부'는 사실과 부합하지만 '한군'은 틀린 것이라고 보아야 한다.

나중에 가경제(嘉慶帝)는 긴기얀 일가의 소속을 정황기 만주의 기분 니루로 변경하고 '김가(金佳)', 즉 '긴기야'라는 만주 성씨를 하사하였다. 『청사고』가 긴기얀을 가리켜 '만주정황기인(滿洲正黃旗人)'이라고 한 것은 바로 이 때문인데, 긴기얀 일가의 기적(旗籍) 변경은 친왕·군왕으로 책봉된 숙가황귀비 소생 세 아들의 외가를 포의 신분에서 벗어나게 하기 위한 조치였을 것이다.

4장

청 제국과
러시아

네르친스크 – 캬흐타 조약 체제

널리 알려져 있다시피 영국을 필두로 한 서양 열강은 19세기 중엽 두 차례의 아편전쟁과 난징 조약에서 톈진 조약, 베이징 조약에 이르는 일련의 폭력적인 과정을 거쳐 청나라와 공식적인 외교 관계를 수립하였다. 그 관계는 17세기 중엽의 베스트팔렌 조약 이래 유럽에서 성립한, 19세기 동아시아에서 '만국공법(萬國公法)'이라고 불렸던 국제법 원리에 기초한 '조약 체제'였다.

'조약 체제'는 화이질서(華夷秩序)의 원리에 의거했던 '중국' 중심의 전통적인 '조공 체제'를 정면으로 부정한 것이었다. 그러나 19세기 중엽 서양 열강이 동아시아에 강제한 '조약 체제'는 형식상으로는 평등할지라도 내용상으로는 불평등하였기 때문에 보통 '불평등 조약 체제'라고 불린다. 과거 '조공 체제'와는 반대로 '불평등 조약 체제'에서 우위에 섰던 것은 청나라가 아니라 서양 열강이었다.

그런데 모든 서양 국가가 '불평등 조약 체제'가 형성된 19세기 중엽에 이르러서야 비로소 청나라와 공식 외교 관계를 시작했던 것은 아니다. 앞서 언급하였듯이 서양 국가들 가운데 유독 러시아만은 이미 오래전에 청나라와 공식 외교 관계를 맺은 상태였다. 또한 양국의 외교 관계는 본질적으로 '불평등'한 조공 관계가 아닌 '평등'한 조약 관계로, 네르친스크 조약과 캬흐타 조약에 의해 형성된 것이었다. 여기에서는 17세기 말부터 19세기 전반까지의 청·러시아 관계를 '조공 체제'나 '불평등 조약 체제'와 구별하기 위하여 '네르친스크-캬흐타 조약 체제'라고 부를 것이다.[1]

이제 두 조약의 가장 두드러진 특징인 호혜·평등의 성격을 만주어 조약문을 통해 좀 더 구체적으로 소개하기로 한다. 아래의 만주어는 묄렌도르프 방식에 따라 로마자로 옮긴 것이다.[2]

먼저 네르친스크 조약의 전문(前文)을 보면, 당시 청의 황제 강희제와 러시아의 차르 표트르 1세를 각각 "dulimbai gurun i enduringge hūwangdi(가운데 나라의 성스러운 황제)"와 "oros gurun i cagan han(오로스 나라의 차간 한)"으로 표기하여 두 주권자의 지위를 대등하게 처리하였다. 여기서 '가운데 나라'는 한어 '중국'의 뜻을 만주어로 옮긴 것이고, '오로스 나라'의 '오로스'는 러시아의 만주어 표기다. 또한 "juwe gurun(두 나라)"이라든가 "dulimbai gurun oros gurun meni meni(가운데 나라와 오로스 나라가 각각)" 등의 표현 역시 양국의 평등성을 드러낸다.

조문(條文)의 경우, 제1조와 제2조에서 "dulimbai gurun i harangga(가운데 나라의 속하[屬下])"와 "oros gurun i harangga(오로스 나라의 속하)"를 병치시켰고, 제4조에서는 "juwe gurun i buthašara urse(두 나라의 수렵하는 백성들)"라든가 "juwe gurun kemuni hūwaliyasun i banjime(두 나라가 항상 평화롭게 지내며)"라는 표현을 썼으며, 제6조와 제8조에도 "juwe gurun"이라는 말이 보인다. 제5조의 "dulimbai gurun de bisire oros i niyalma, oros gurun de bisire dulimbai gurun i niyalma(가운데 나라에 사는 오로스 사람, 오로스 나라에 사는 가운데 나라 사람)"라는 구절 역시 양국을 대등한 존재로 표현한 것이다.

다음으로 캬흐타 조약의 전문을 보면, 당시 청의 황제였던 옹정제를 가리켜 "daicing gurun i hūwangdi(다이칭 나라의 황제)"라 하고 러시아의 차르를 "oros gurun i katun han(오로스 나라의 카툰 한)"이라고 불렀으며 "juwe gurun"이라는 표현을 쓰고 있다. 여기서 '카툰'은 칸의 부인을 뜻하는 몽골어인데, 당시 러시아의 차르가 여제인 예카테리나 1세였기 때문에 쓴 말이다. 또한 조약 본문의 각 조항에서도 "juwe gurun", "dulimbai gurun", "oros gurun" 등의 표현을 사용하였다.

이처럼 17세기 말에서 18세기 초에 걸쳐 체결된 네르친스크 조약과 캬흐타 조약에서 청나라와 러시아는 서로에 대하여 호혜·평등의 지위를 인정하였다. 역사상 '중국'을 지배하였던 제국의 황제로서 외국의 군주에게 대등한 지위를 인정한다는 것은 대단히 이례적인 일이었다. 이 때문에 청과 러시아의 대등한 외교 관계는 그 자체로 이미 우리의 흥미와 관심을 끌기에 충분하다. 여기에 더하여 '네르친스크-캬흐타 조약 체제'의 형성 과정과 운영 실태는 앞에서 살펴본 청나라의 제국 형성 과정 및 제국 통치 원리와도 밀접한 관련이 있어서 좀 더 깊이 살펴볼 필요가 있다.

먼저 '네르친스크-캬흐타 조약 체제'의 형성은 당시 청나라가 준가르와 정면 대결을 벌이던 상황을 떠나서는 이해하기 어렵다. 즉, 청나라는 준가르와 러시아의 동맹 체결 가능성을 차단하고자 러시아와 조약 관계를 수립하였다. 달리 말하면 청나라는 대러시아 외교를 광의의 '몽골 문제'로 취급하였던 셈이다.

러시아와 '몽골 문제'

13세기 이래 몽골의 지배를 받아오던 러시아는 16세기 중엽에 이르러 카잔 칸국과 아스트라한 칸국을 잇따라 무너뜨림으로써 이른바 '타타르의 멍에'를 벗어던졌으며, 16세기 말에는 우랄 산맥 동쪽의 시빌 칸국을 멸망시켰다. 이 시빌 칸국의 '시빌'은 '시베리아'라는 말의 어원이 되었다.[3]

이후 러시아인은 모피를 찾아 시베리아를 가로질러 동쪽으로 동쪽으로 나아갔다. 러시아인이 우랄 산맥을 넘어 오호츠크에 도달하기까지 걸린 시간은 약 60년에 불과하였다. 당시 시베리아에 총포로 무장한 러시아인을 상대할 만한 힘 있는 세력이 존재하지 않았던 덕분이다.

1632년 레나 강 유역에 야쿠츠크를 건설한 러시아인은 고질적인 식량 문제를 해결하기 위해 남쪽의 아무르, 즉 헤이룽장(黑龍江) 유역에 관심을 갖기 시작하였다. 그러나 1650년대 헤이룽장 지역으로 남하한 러시아인은 지금까지와는 질적으로 다른 상대와 마주쳤다. 바로 청나라였다.

당시 청나라에서는 헤이룽장 유역에 나타난 러시아인을 나찰(羅刹)이라고 불렀다. 나찰은 악마를 뜻하는 산스크리트어 'raksha'에서 유래한 말이다. 청나라는 이들을 격퇴하기 위하여 원정군을 파견하였고 조선에도 원병을 청하였다. 우리는 이 전쟁을 나찰의 다른 표기인 나선(羅禪)을 따서 나선 정벌이라고 부른다. 전후 두 차례의 원정에서 청과 조선의 연합군은 러시아인을 물리치는 데 성공하였다.

이렇게 해서 야쿠츠크 방면에서의 남진은 좌절되었지만 바이칼 호 방면에서 헤이룽장 지역을 향하여 동진하는 러시아인이 있었다. 그들은 1651년에 네르친스크를 건설하였고, 1660년대 후반 적지 않은 러시아인이 이 지역으로 이주하여 1680년대 초가 되면 알바진을 중심으로 다수의 정착촌을 형성하였다.

한편 모스크바의 로마노프 왕조는 이보다 앞선 시기부터 할하 몽골을 통하여 '중국' 관련 정보를 수집하면서 통상(通商)의 가능성을 모색하였다. 청나라의 입관 전인 1618년에는 명나라의 수도 베이징에 사절단을 파견하기도 하였다. 청나라의 입관 이후에도 1650년대와 1670년대에 각각 한 차례씩 베이징에 사절단을 보냈다. 청나라는 러시아를 만주어로 '오로스'라고 불렀고, 한자로는 '악라사(鄂羅斯)' 또는 '아라사(俄羅斯)'로 적었다. 그러나 모스크바와 베이징 정부 간의 교섭은 의미 있는 성과를 내지 못하였다.

강희 연간에 이르러 청나라는 헤이룽장 유역의 나찰이 곧 '오로스' 사람들이라는 사실을 인지하였다. 이에 따라 헤이룽장 지역에서 일어난 분쟁이 양국의 통상 교섭에 걸림돌로 떠올랐다. 1680년대 초 삼번의 난 진압에 성공한 청나라는 헤이룽장 지역의 러시아 세력 구축(驅逐)에 눈을 돌리기 시작하였다.

청과 러시아는 1683년부터 알바진을 둘러싸고 치열한 공방전을 치렀다. 전선이 교착 상태에 빠지자 두 나라는 교섭을 통한 해결을 모색하였다. 러시아는 전권대표를 파견하였다. 셀렌긴스크에서 회담개최가 예정되었다. 그러나 1688년 청나라 대표단이 베이징을 떠나 북상하던 도중 몽골에서 예상치 못한 사태가 발발하여 회담이 무산되었다. 준가르의 갈단이 할하를 침공하고, 할하의 왕공들이 청나라에 구원을 청하면서 대거 남하하였던 것이다.

갈단이 할하를 침공하자 청나라는 러시아 문제를 서둘러 매듭지을 필요성이 더욱 절박해졌다. 러시아와 준가르의 동맹 가능성을 차단해야 했기 때문이다. 이에 1689년 청나라는 네르친스크를 새로운 회담 장소로 정하고 송고투가 이끄는 대표단을 파견하였다. 회담의 결과 호혜와 평등의 원칙에 기초한 네르친스크 조약이 체결되었다. 이 조약의 체결로 청과 러시아는 1650년대 이후 수십 년을 끌어온 헤이룽장 지역의 분쟁을 종식시켰다. 러시아의 표트르 1세는 '중국'과의 통상이라는 숙원을 풀었으며 청나라의 강희제는 이제 갈단과의 대결에 전념할 수 있었다.

네르친스크 조약은 기본적으로 헤이룽장 지역의 국경을 확정하고 현지 주민에 대한 관할권을 둘러싼 분쟁을 해결하기 위한 것이었지만, 실제 체결 과정에서는 '몽골 문제'가 중요한 변수로 작용하였다. 이 같은 호혜·평등에 기초한 조약의 체결은 당시 청나라 궁정에서 활동하던 예수회 선교사들이 유럽의 국제법을 소개하였을 뿐만 아니라 실제 회담에서도 뛰어난 '중개자'의 역할을 수행한 덕분에 가능하였다. 그러나 1688년 갈단이 할하를 침공하자 청나라의 입장에서는 러시아와의 분쟁을 서둘러 해결해야 한다는 절박한 요구가 생겼고, 이 때문에 유럽의 국제법 원리에 입각한 조약 체결이라는 대단히 낯선 방식의 채택도 불사하였다는 점에 특히 유의해야 한다.

네르친스크 조약을 체결한 지 약 40년이 흐른 뒤에 체결한 캬흐타 조약 역시 '몽골 문제', 좀 더 구체적으로 말하면 '준가르 문제'를 떠나서는 그 배경을 이해할 수 없다. 네르친스크 조약 체결 이후 러시아 정부는 네르친스크를 거쳐 베이징까지 관영의 대상(隊商)을 파견하여 통상 활동을 벌였다. 그러나 베이징에서의 통상은 날이 갈수록 수익성이 하락하여 활력을 잃어 갔다.

한편 18세기 초 청나라는 여전히 준가르 문제로 골치를 썩고 있었다. 1710년대 전반에 청나라는 볼가 강 유역의 초원에서 유목을 하던 토르구트 부에 사절을 파견하였다. 토르구트 부는 원래 톈산 북쪽의 준가르 초원에 살던 유목민으로 티베트 불교를 믿었다. 청나라의 사절 파견은 토르구트와 동맹을 맺어 준가르를 협공하려는 의

도였던 것이 아닐까 추정된다. 다른 한편으로 강희 말년에는 러시아와 준가르의 동맹 체결 가능성이 높아지면서 청나라를 위협하였다. 결과적으로 러시아와 준가르의 동맹은 성사되지 못하였지만 청나라는 양자의 접촉 사실을 인지하였고, 그로 인해 청·러시아 관계가 악화되기도 하였다.

그러나 강희제가 사망하고 옹정제가 즉위하면서 양국 관계는 다시 교섭 국면에 들어갔다. 러시아는 블라디스라비치를 전권대표로 임명하여 베이징에 파견하였다. 1726년 10월부터 시작된 회담은 1727년 10월 캬흐타 조약의 체결로 열매를 맺었다.

이 조약에서 러시아는 베이징에서의 무역 외에 캬흐타와 다른 한 곳에서 국경 무역을 인정받았으며, 베이징에서 러시아 정교(正敎) 교회의 건설과 전도단의 거주를 허락받았다. 청나라는 1690년대 초 제국의 판도에 편입된 할하 몽골과 시베리아 변경의 국경을 확정하였으며, 러시아와 준가르의 동맹 체결 가능성을 차단하는 성과를 거두었다.

캬흐타 조약 체결 이후 청나라는 1730년대 초 준가르와 한바탕 공방전을 벌였다가 알타이 산맥을 경계로 강화를 맺었고, 마침내 1750년대 후반에 이르러 준가르를 멸망시켰다. 실제 일어나지 않은 일을 일어났다고 가정하는 것은 부질없는 일이지만 만약 캬흐타 조약이 체결되지 않고 준가르와 러시아가 동맹을 맺었더라면 1730년대 초 청과 준가르의 공방전이나 1750년대 청의 준가르 원정은 우리가 아는 것과는 전혀 다른 결과를 낳았을지도 모른다.

18세기 말에는 청나라가 러시아를 상대하는 태도에 미묘한 변화가 일어났다. 준가르의 멸망 이후 시베리아로 망명한 아무르사나 등 준가르 지도자들의 송환 문제와 캬흐타의 국경 무역에 대한 러시아의 관세 징수 등으로 양국 간에 분쟁이 발생하여 몇 년 동안 캬흐타 무역이 정지되었다. 국경 무역 정지 사태는 1768년 캬흐타 조약 추가조약의 체결로 해소되었다가 1785년에 또 다른 분쟁이 발생하여 무역이 정지되었다. 1785년의 무역 정지는 1792년 캬흐타 시약(市約)의 체결로 해소되었다. 그런데 캬흐타 시약은 종래의 조약과 달리 청나라 황제가 러시아 원로원에 내리는 명령의 형식을 취하였으며, 그 내용도 청나라 황제가 러시아 원로원의 간청을 받아들여 무역을 허락하는 은혜를 베푼다는 것이었다.

　1785년의 무역 정지와 캬흐타 시약에서 청나라가 취한 고압적인 태도의 배경에는 토르구트 부의 '귀환'이 있었던 것으로 판단된다. 1630년대 준가르 초원에서 볼가 강 유역으로 이주한 토르구트 부는 러시아의 압박과 착취에서 벗어나 1771년 고향 땅으로 '귀환'하였다. 토르구트 부의 '귀환'으로 티베트 불교 세계의 모든 구성원이 청나라 황제에게 복속한 셈이 되었다. 이제 숙적 준가르를 멸망시켰을 뿐만 아니라 티베트 불교 세계의 '통일'까지 완수한 청나라로서는 러시아에 대하여 더 이상 아쉬울 것이 없었고, 따라서 타협적인 자세로 러시아를 상대할 이유도 없게 되었다.

　17세기 말에서 18세기 초 준가르 문제를 의식하여 러시아와 평등 조약을 체결했던 청나라의 태도와 준가르 및 토르구트 문제를 완전히 해결한 뒤인 18세기 말 대러시아 외교에 임하는 청나라의 자세는 뚜렷한 대조를 이룬다. 청나라의 이러한 태도 변화는 '몽골 문제'가 청나라의 대러시아 정책에 끼친 영향을 거꾸로 입증해 준다. 만약 준가르의 위협이 없었다면, 다시 말해서 준가르가 러시아와 동맹을 맺을 가능성을 염려할 필요가 없었다면 아마도 청나라가 러시아와 외교 관계를, 그것도 평등 조약에 기초한 외교 관계를 수립할 이유는 없었을 것이다.

한인·한문의 배제

청나라 입장에서 대러시아 외교는 '몽골 문제'의 연장선상에 있었고, 이는 청나라가 러시아와 네르친스크 조약과 캬흐타 조약을 체결하는 데 중요한 배경이 되었으며, 만주어 조약문을 통해 살펴보았듯이 두 조약의 전문과 조문에는 두 나라의 평등성이 뚜렷하게 드러나 있다. 그런데 두 조약에 나타나는 평등성이 황제를 하늘 아래 지고무상(至高無上)의 존재로 인식하고 그와 대등한 존재를 결코 인정하지 않는 화이질서(華夷秩序)의 이념과 정면으로 배치된다는 점은 새삼 지적할 필요가 없다. 여기서 대단히 흥미로운 사실은 두 조약의 내용을 전하는 한문(漢文) 텍스트에는 만주어 조약문의 평등성이 잘 드러나지 않는다는 것이다.[4]

먼저 네르친스크 조약의 내용을 전하는 청나라 한문 실록의

문장을 보면, 만주어 조약문의 "juwe gurun"에 대응하는 "양국(兩國)"이라는 표현이 전혀 보이지 않는다. 예컨대 제4조의 "juwe gurun kemuni hūwaliyasun i banjime afara dailara be deriburakū oki(두 나라는 항상 평화롭게 지내며 공벌[攻伐]과 정토[征討]를 일으키지 않도록 한다.)"에 해당하는 내용은 "仍與中國和好毋起爭端(여전히 중국과 화호[和好]하며 쟁단[爭端]을 일으키지 말라.)"으로 표현되었다.

한편 캬흐타 조약의 한문 텍스트로는 19세기 초 간행된 『이번원칙례(理藩院則例)』에 실린 「아라사교계통상각조례(俄羅斯交界通商各條例)」 외에, 19세기 후반 간행된 『중아약장회요(中俄約章會要)』에 실린 조약문이 있으나 캬흐타 조약이 이미 폐기된 뒤에 나온 것이서 사료적 가치가 떨어진다. 그러므로 청나라가 캬흐타 조약의 내용을 한문 텍스트에서 어떻게 다루었는지는 「아라사교계통상각조례」를 통해 살펴보아야 한다.

만주어 조약문과 「아라사교계통상각조례」를 대조해 보면, 전자에서는 "juwe gurun"이라는 표현이 26군데에서 사용되었으나, 후자에서는 16군데는 아예 생략해 버렸고 나머지 10군데는 "쌍방", "남북", "두 지방" 등의 표현으로 바꾸어 버렸다. 이러한 '수정' 때문에 한문 텍스트만 보면 캬흐타 조약이 국제 조약이었다는 사실마저 전혀 느낄 수 없을 정도다.

결국 네르친스크 조약과 캬흐타 조약의 내용을 전하는 한문 텍스트는 조약문의 몇몇 자구(字句)를 '수정'하여 화이질서의 원리를 벗어난 두 조약의 이례적 성격을 교묘하게 '은폐'하였던 셈이다.

다소간 비약이 허락된다면, 청나라는 17세기 말에서 18세기 초에 걸쳐 러시아와 평등 조약을 체결하긴 하였지만 한인이 이 사실을 거의 인지할 수 없을 정도로 주도면밀한 '은폐'의 전략을 구사하였다고까지 말하고 싶을 정도다. 이는 청 제국의 '중국' 지배 전략과 관련하여 시사하는 바가 적지 않은데, 바로 이 대목에서 특히 주목할 것은 당시 러시아와의 협상과 조약 체결을 주관했던 청나라 관료들의 출신, 그리고 청과 러시아가 작성하여 교환했던 조약문의 언어 문제다.[5]

네르친스크 조약의 전문에는 조약 체결을 위한 협상에 나섰던 청나라 대표 7명의 명단이 실려 있다. 그들의 관직과 이름을 묄렌도르프 방식에 따라 로마자로 옮기면 다음과 같다.

㉠ hebei amban, hiya be kadalara dorgi amban, Songgotu
㉡ dorgi amban bime, gūsai ejen, uju jergi gung, nakcu, Tung Guwe G'ang
㉢ gūsai ejen, Langtan
㉣ gūsai ejen, Bandarša
㉤ sahaliyan ula i jergi babe tuwakiyara jiyanggiyūn, Sabsu
㉥ tui janggin, Mala
㉦ tulergi golo be dasara jurgan i ashan i amban, Unda[6]

㉠~㉦에 보이는 관직은 모두 고위 관직이면서, 단 하나의 예외도 없이 한인이 취임할 수 없는 만결(滿缺)이었다. ㉠의 "hiya be kadalara dorgi amban"은 한어로 번역하면 영시위내대신(領侍衛內大臣), ㉡의 "dorgi amban"은 내대신(內大臣)이 되는데, 두 관직은 모두 황제의 경호를 담당하는 시위처(侍衛處) 소속이며, 전자는 정1품, 후자는 종1품의 고위 관직이었다. ㉡㉢㉣의 "gūsai ejen"은 팔기 각 구사(gūsa)의 장관인 종1품의 도통(都統)을 뜻하며, ㉤의 "sahaliyan ula i jergi babe tuwakiyara jiyanggiyūn"은 보통 흑룡강장군(黑龍江將軍)이라 불리던 만주 북부 주방팔기의 장관을 가리킨다. 주방팔기의 장군은 종1품 관직이었지만 강희 연간은 정1품이었다. ㉥의 "tui janggin"은 베이징의 금려팔기 부대 중 하나인 호군영(護軍營)의 정2품 관직, ㉦의 "tulergi golo be dasara jurgan i ashan i amban"은 다른 관직과 달리 팔기의 무직(武職)은 아니지만 대표적인 만결로 꼽히는 이번원의 차관, 즉 이번원시랑(理藩院侍郞)을 가리키며 관품은 정2품이었다.

다음으로 위 명단에 등장하는 인물의 면면을 보면, ㉡의 "Tung Guwe G'ang"을 제외한 6명은 이름만 보아도 단번에 한인이 아님을 알 수 있다. 또 1689년 당시 양백기 몽고 도통이었던 ㉣의 "Bandarša"와 ㉦의 "Unda"를 제외한 5명은 『청사고』에 입전(立傳)된 인물들로, 그들이 어느 기 소속이었는지도 확인할 수 있다.

황후의 일족으로 강희제의 총신(寵臣)이면서 당시 "hebei amban", 즉 의정대신(議政大臣)이기도 했던 ㉠의 송고투(Songgotu)는 정황기 만주 소속의 기인이었다. 강희제의 "nakcu", 즉 외숙(外叔)인 ㉡의 "Tung Guwe G'ang", 즉 동국강(佟國綱)은 원래 양황기 한군 소속이었으나 나중에 양황기 만주로 소속이 바뀐 기인이었다. ㉢의

"Langtan"은 정백기 만주 출신으로 1689년 정백기 몽고 도통에서 정백기 만주 도통으로 자리를 옮긴 사람이었다. 그리고 ⓜ의 "Sabsu"와 ⓗ의 "Mala"는 각각 양황기 만주, 양백기 만주 소속의 기인이었다.

따라서 네르친스크 조약에 이름을 올린 청나라의 대표 중에는 한인 출신은 없었다. 물론 위의 7명 외에도 당시 협상 과정에서 통역이자 '중개자'의 역할을 맡았던 예수회 선교사들, 즉 포르투갈인 페레이라(Thomas Pereira)와 프랑스인 제르비용(Jean-François Gerbillon)이 있었지만, 이들을 포함하더라도 한인 출신이 없었다는 사실에는 변함이 없다.

한편 네르친스크 조약 당시 작성된 조약문을 보면 러시아는 라틴어 조약문과 러시아어 조약문을, 청나라는 라틴어 조약문과 만주어 조약문을 각각 작성하여 상대방과 교환하였다. 교환 조약문 가운데 공통의 언어로 작성된 라틴어 조약문을 조약의 정본(正本)으로 간주할 수도 있겠는데, 이는 협상이 예수회 선교사들의 라틴어 통역으로 진행되었다는 사실과 깊은 관계가 있다. 어쨌든 여기서 특별히 강조하고 싶은 사실은 조약문이 한문으로는 작성되지 않았다는 점이다. 달리 말하면 언어의 측면에서 '한문의 배제'를 네르친스크 조약의 특징 가운데 하나로 꼽을 수 있다.

이번에는 캬흐타 조약을 살펴보자. 이 조약을 체결하기 위한 협상은 러시아 대표단이 1726년 10월 베이징에 도착하면서 시작되었다. 두 나라 대표는 베이징에서 협상을 마친 다음 국경 지역으로 자리를 옮겨 국경선 확정을 위한 회담을 수십 차례 가졌다. 그 결과

1727년 8월 부라 조약, 1727년 10월 캬흐타 조약이 잇따라 조인되었는데, 부라 조약의 내용은 캬흐타 조약 제3조에 포함되었다. 캬흐타 조약의 비준·교환은 1728년 6월 캬흐타에서 이루어졌다.

캬흐타 조약의 전문에는 베이징에서 진행한 협상의 대표 3명의 관직과 이름이, 본문 제3조에는 국경선 확정 교섭에 임한 대표 3명의 명단이 등장하는데, 한 사람이 두 명단에 공히 등장하기 때문에 실제 숫자는 6명이 아니라 5명이다. 네르친스크 조약과 마찬가지로 이 명단을 로마자로 옮기면 다음과 같다.

ⓐ hebei amban, hafan i jurgan i aliha amban, dorgi baita be uheri kadalara yamun i booi amban, Cabina

ⓑ hebei amban, tulergi golo be dasara jurgan i aliha amban, gulu fulgiyan i gūsa be kadalara amban, Tegut

ⓒ coohai jurgan i ashan i amban Tulišen

ⓓ aisilara jiyanggiyūn jasak doroi giyūn wang, hošoi efu Ts'ereng

ⓔ hiya kadalara dorgi amban, be, Sy ge[7]

ⓐ의 "Cabina"는 정황기 만주 소속의 기인으로 『청사고』에 입전된 인물이다. ⓐ에 보이는 세 관직을 한자 명칭으로 옮기면, "hebei amban"이 의정대신, "hafan i jurgan i aliha amban"이 이부상서(吏部尚書), "dorgi baita be uheri kadalara yamun i booi amban"이 총관내무부대신(總管內務府大臣) 등이 된다. ⓑ의 "Tegut"는 어느 기 소속인지

는 불확실하다. "tulergi golo be dasara jurgan i aliha amban"은 이번원 상서의 만주어 표기지만 당시 "Tegut"의 실제 관직은 이번원시랑으로 단지 임시로 이번원상서의 업무를 담당하고 있었을 뿐이다. "gulu fulgiyan i gūsa be kadalara amban"은 정홍기 도통을 뜻하는데, 당시 "Tegut"는 정홍기 몽고 도통을 겸하고 있었다. ⓒ의 "Tulišen"은 두 명단에 모두 보이는 인물로『청사고』에 그의 전기가 있다. 그는 정황기 만주 출신이었는데, 위의 "coohai jurgan i ashan i amban"은 병부시랑을 뜻한다.

ⓓ의 "Ts'ereng" 역시『청사고』에 입전된 유명 인물로 칭기스 일족에 속하는 할하 몽골의 왕공 출신이다. ⓓ의 "aisilara jiyanggiyūn"은 부장군(副將軍)의 만주어 표기로, 당시 "Ts'ereng"은 알타이 지역에 주둔한 청나라 군대를 지휘하였다. "jasak", 즉 자삭은 앞서 설명한 몽골 각 기(旗)의 유목민을 관리하는 자를 가리킨다. "doroi giyūn wang"은 "Ts'ereng"이 보유하던 봉작인 군왕(郡王)을 뜻하며, 마지막의 "hošoi efu"는 그가 강희제의 사위였음을 나타낸다. 끝으로 ⓔ의 "Sy ge"는 정황기 만주 소속의 귀족으로, "hiya kadalara dorgi amban"은 영시위내대신을, "be"는 그가 보유한 백작 작위를 뜻한다.

위 명단의 5명 외에도 롱코도가 국경선 확정을 위한 회담에 참여하였으나 1727년 8월 초 교섭에서 빠졌기 때문에 캬흐타 조약에는 그의 이름이 언급되지 않았다.『청사고』에도 입전된 롱코도는 청 황실의 외척이자 양황기 만주 출신으로 옹정제의 즉위 과정에 결정적인 역할을 한 것으로 알려진 옹정 초기의 중신(重臣)이지만

1727년 당시에는 실각한 상태에서 임시로 협상 테이블에 나섰다. 그 밖에 네르친스크 조약 때와 마찬가지로 예수회 선교사가 통역으로 활동하였다.

한편 캬흐타 조약 제11조에는 러시아가 러시아어 조약문과 라틴어 조약문을, 청나라가 만주어 조약문, 러시아어 조약문, 라틴어 조약문을 각각 작성하여 상대방과 교환한다는 내용이 있다. 즉, 캬흐타 조약 역시 네르친스크 조약과 마찬가지로 라틴어, 만주어, 러시아어 등 세 언어로 조약문을 작성하였다. 한문은 이번에도 조약문의 언어에서 배제되었다.

결국 네르친스크 조약과 캬흐타 조약의 체결 과정에서는 '한인의 배제', 청과 러시아가 작성하여 교환한 조약문의 언어에서는 '한문의 배제'라는 현상이 뚜렷하게 나타난 셈인데, 이러한 '한인과 한문의 배제' 현상은 이후로도 지속되었다. 캬흐타 무역과 관련하여 1768년과 1792년에 체결된 두 조약에서도 한인 관료의 모습은 찾아볼 수 없으며, 조약문의 언어도 몽골어, 러시아어, 만주어 등 세 가지에 국한되어 라틴어 조약문이 작성되지 않았다는 점만 제외하면 네르친스크 조약, 캬흐타 조약과 다를 바 없었다.

'한인과 한문의 배제' 현상은 조약 협상에 국한된 것이 아니었다. 러시아와 관련된 일상적 외교 사무의 처리에서도 마찬가지였다. 캬흐타 조약 제6조는 두 나라가 주고받는 외교 문서의 처리에 관한 규정을 담고 있다. 이에 따르면, 청나라가 러시아에 보내는 외교 문서는 이번원이 러시아 원로원에, 러시아가 청나라에 보내는 외교 문서는 러시아 원로원이 토볼스크 지사를 경유하여 청의 이번원에 보내기로 하였다. 또한 국경 지역에서 도망자 문제 등 현안이 발생하면 현지의 할하 몽골 왕공들이 처리하기로 하였다.

결국 청나라에서 러시아를 상대로 하는 일상적 외교 사무는 이번원 및 할하 왕공들의 소관이었던 것이다. 이미 지적한 바와 같이 이번원은 한인 출신 관료의 진입이 불가능한 기구였다. 한편 18세기 말의 기록에 따르면, 청나라와 러시아 간의 일상적 외교문서는 만주어, 몽골어, 러시아어, 라틴어 등으로 작성하였으며 한문 문서는 만들지 않았다.

17세기 말 이래 청나라의 대러시아 외교에서 관찰되는 '한인과 한문 배제' 현상은 적어도 1850년대 초까지 지속되었다. 러시아는 서양의 다른 나라와 달리 오랫동안 '네르친스크-캬흐타 조약 체제'의 틀 속에서 청나라와 안정적인 관계를 유지하였으며, 캬흐타 무역도 번영을 구가하였다. 그러나 영국이 난징 조약을 체결하여 청나라를 개항시키자 러시아도 서서히 무역 기회의 확대를 추구하기 시작하였다.

러시아는 개항장을 통한 무역과 함께 일리, 타르바가타이, 카슈가르 등지를 육로 무역에 개방해 달라고 요구하였다. 이에 양국은 협상을 거쳐 1851년에 일리·타르바가타이 통상장정을 체결하였고, 이로써 일리와 타르바가타이 두 곳이 육로 무역에 개방되었다. 그런데 이 조약에서도 청나라 대표는 모두 기인 출신이었으며, 조약문은 청이 만주어로, 러시아가 러시아어로 각각 작성하여 상호

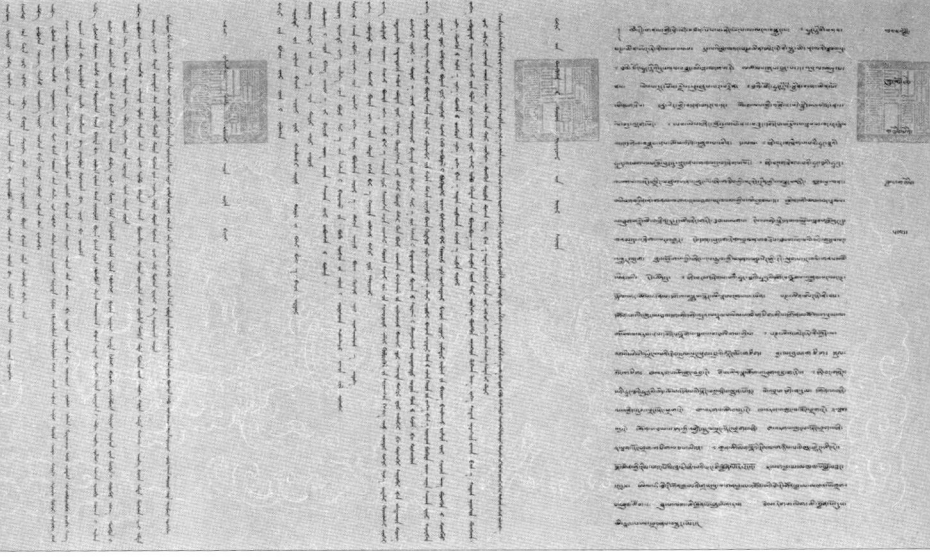

건륭제가 판첸 라마에게 보낸 문서

1777년 건륭제는 티베트에 특사를 파견하여 세상을 떠난 모친의 명의로 불공 등을 올리기로 하였다. 이 일로 판첸 라마에게 보낸 위의 문서는 왼쪽부터 만주어, 몽골어, 티베트어의 세 언어로 작성하였고 한어는 쓰지 않았다.

교환하였다.[8]

    요컨대 청나라에서 대러시아 외교 분야는 한인 관료에게 문호가 닫힌 영역이었다. 환언하면 러시아 문제는 한인 관료의 '순례권' 바깥에 있었던 것이다. 게다가 청나라는 러시아를 상대로 한 외교 사무에서 한문 문서를 작성하지 않았다.

    그런데 청나라의 대러시아 외교에서 관찰되는 '한인과 한문 배제' 현상은 기본적으로 러시아뿐만 아니라 번부 지역에 대한 통치에서도 마찬가지였다. 곰곰이 따져 보면 청 제국의 간접 지배 지역인 번부는 러시아와 마찬가지로 모두 한자 문화권에 속하지 않았기 때문에 사실 청나라가 번부와 주고받는 문서를 한문으로 작성할 필요 자체가 없었다. 예컨대 건륭제가 자기 어머니의 명복을 빌어 달라고 요청하면서 티베트의 판첸 라마에게 보낸 문서를 보면 똑같은 내용을 만주어, 티베트어, 몽골어 등 세 언어로 적었다. 이 문서에 한문은 사용되지 않았다.

| 더 살펴보기

러시아에 간
청나라 사절단

      사람들에게 많이 알려져 있지 않지만, 18세기 전반에 청나라는 전후 세 차례에 걸쳐 러시아에 사절단을 파견한 일이 있다.[9] 첫 번째 사절단은 강희제가, 두 번째와 세 번째는 옹정제가 파견하였는데, 그 배경에는 역시 청나라와 준가르의 대치, 그리고 러시아 영내에 살고 있던 토르구트 부의 존재가 있었다.

      토르구트 부는 원래 톈산 북쪽의 초원에서 유목하던 오이라트 몽골의 일부였는데, 1630년대 이후 호쇼트 부 및 두르베트 부의 일부와 함께 멀리 서쪽으로 이주하여 볼가 강 유역의 초원에서 살게 되었다. 러시아에서 칼믹이라고 불렸던 볼가 강 유역의 유목민은 티베트 불교를 신봉하였으며, 17세기 말에는 그 지도자 아유키가 티베트의 달라이 라마 정권으로부터 칸의 칭호를 받았다. 러시아 또한 얼마 후 그를 칸으로 인정하고 우호 관계를 맺었다.

      18세기 초 아유키 칸의 친족이 500명의 순례단을 이끌고 티베트 라싸를 방문했다가 준가르 때문에 귀국로가 막히자 강희제에게 도움을 청하는 사건이 일어났다. 강희제는 이 일을 빌미로 아유키 칸에게 파견하는 사절단의 시베리아 통과를 허락해 달라고 러시아에 요청하였다. 러시아가 이 요청을 수락함으로써 러시아 영내를 향한 청나라의 첫 번째 사절단 파견이 성사되었다.

1712년 베이징을 출발한 강희제의 사절단은 셀렌긴스크, 토볼스키, 카잔 등을 거쳐 1714년 아유키 칸의 막영(幕營)에 도착하였다. 명목상의 사절단 파견 이유는 순례단의 시베리아 경유 귀국을 협의하는 것이었지만 강희제의 의중에는 사실 다른 목적이 있었던 것이 아닐까 추측된다.

먼저 강희제는 분명 사절단을 통해 러시아의 사정을 파악하려고 했을 것이다. 사절단의 일원이었던 툴리션(Tulišen)이 저술한 『이역록(異域錄)』에 당시 러시아와 시베리아의 지리 및 사정이 자세히 기록된 것으로 보건대 강희제의 이러한 의도는 충분히 달성되었다고 할 수 있다. 『이역록』의 저자 툴리션은 나중에 캬흐타 조약 체결을 위한 협상에도 참여하였다.

　　　또한 당시 청나라와 준가르의 대치 상황을 고려하건대, 강희제의 사절단 파견에 아유키 칸을 설득하여 준가르에 대한 협공을 추진하려는 의도가 숨어 있었을 가능성도 상정할 수 있다. 실제로 사절단이 아유키 칸에게 준가르를 함께 공격하자는 강희제의 제안을 전달하였다는 내용의 사료도 있다. 그 사실 여부는 단정할 수 없지만 청나라 사절단의 토르구트 방문은 그 자체로 준가르에 위협이 되기에 충분했으며, 실제로 준가르는 이 문제를 두고 러시아에 불쾌감을 표시하였다고 한다.

　　　청나라의 두 번째 사절단 파견 역시 비슷한 배경에서 이루어졌다. 강희 말년에 러시아와 준가르의 접근으로 인하여 청·러시아 관계가 악화되었지만, 옹정제의 즉위를 계기로 협상이 추진되었고, 그 결과 캬흐타 조약이 체결되었다. 준가르와 한바탕의 공방전을 치르기 직전인 1729년, 옹정제는 표트르 2세의 즉위를 축하한다는 명분으로 러시아에 사절단을 파견하였다.

이 사절단에는 모스크바 방문을 목적으로 삼은 5명의 사절과 볼가 강 유역을 목적지로 한 5명의 사절이 포함되었다. 표트르 2세는 1730년에 사망했지만 옹정제의 사절단은 그 사실을 모른 채 1731년 초 모스크바에 도착하였다. 사절단은 새로 즉위한 안나 여제를 알현하였으며 러시아 원로원과 준가르와의 전쟁 및 토르구트 방문에 관하여 협의하였다.

원로원은 이번의 토르구트 방문은 허용하였지만, 앞으로는 토르구트와 직접 접촉을 삼가라는 뜻을 밝혔다. 이에 따라 토르구트로 가는 사절 5명은 1731년 6월 토르구트 부를 방문하여 옹정제의 칙서를 전달하고 준가르와의 싸움에 협력을 요청할 수 있었다.

볼가 유역을 떠난 일행은 토볼스크에서 나머지 사절 일행과 합류하여 귀국길에 올랐는데, 1732년 1월 톰스크 부근에서 옹정제가 파견한 또 다른 사절단과 마주쳤다. 두 번째 사절단이 귀국도 하기 전에 옹정제가 세 번째 사절단을 파견한 것은 1730년 말 표트르 2세의 사망과 안나 여제의 즉위 소식을 접한 때문이었다.

1731년 2월 베이징을 출발한 청나라의 세 번째 사절단은 상트페테르부르크로 가는 사절 3명과 토르구트 부로 가는 사절 3명으로 이루어져 있었다. 그러나 러시아는 캬흐타에서 토르구트로 가는 사절의 입국을 불허하였다. 위에서 언급한 대로 당시 러시아는 청나라와 토르구트 간의 직접 접촉을 달갑게 여기지 않았던 것이다. 이에 따라 상트페테르부르크로 가는 사절 3명만이 러시아에 입국할 수 있었고, 이들은 1732년 1월 귀국길의 두 번째 사절단과 조우한 다음 4월 말 상트페테르부르크에 도착하여 안나 여제를 알현하였다.

　　18세기 전반 청나라가 러시아에 파견한 세 차례의 사절단은 청·러시아 간에 체결된 네르친스크 조약, 캬흐타 조약과 몇 가지 공통점이 있다.

　　첫째는 '한인의 배제'다. 현재로선 세 차례의 사절단에 포함된 청나라 관료들의 신원을 정확히 확인할 수는 없다. 그러나 툴리션을 비롯하여 사료에 나타나는 몇 사람은 분명 한인이 아니었다. 추측하건대 러시아로 향하는 사절의 파견에서도 청나라는 '한인의 배제'를 원칙으로 삼았던 것으로 보인다.

　　둘째는 한문 기록의 불비(不備)다. 앞서 지적하였듯이 두 조약에 관한 한문 기록은 조약의 원문을 '수정'하여 호혜·평등의 성격을 은폐하였다. 이와 마찬가지로 역사상 최초로 유럽 국가에 사절을 파견한 중대 사건이었음에도 불구하고, 러시아를 대등한 상대로 인정한 사절단 파견 사실은 한문 기록에 거의 등장하지 않으며, 이것은 러시아 쪽에 상당히 자세한 기록이 남아 있는 것과 뚜렷한 대조를 이룬다.

　　셋째는 준가르 문제와의 밀접한 관련성이다. 네르친스크 조약과 캬흐타 조약의 체결은 아마도 청나라와 준가르의 대립이 없었다면 결코 성사되지 않았을 것이다. 사절단의 파견 역시 마찬가지였다. 순례단의 귀국 문제나 러시아 차르의 즉위 축하가 사절단 파견의 명분이었지만, 실은 준가르와의 대결에서 토르구트의 협력을 구하려는 것이 청나라의 속내였다. 청나라의 이러한 속내는 입국을 거부당한 세 번째 사절단의 3명이 그 뒤로도 계속 캬흐타에 머물면서 러시아의 입국 허가를 기다리다가 준가르와 강화를 맺은 1734년에야 캬흐타를 떠났다는 사실로 확인된다.

또한 러시아가 토르구트와의 직접 접촉을 완강히 거부한다는 사실을 확인한 이후 청나라는 러시아 차르의 즉위를 축하하는 사절을 파견하지 않았다. 여기에는 물론 건륭제가 러시아에 대한 태도를 강희제·옹정제와는 달리했던 것도 작용했지만 차르의 즉위 축하가 어디까지나 명분에 지나지 않았다는 것을 드러낸다.

5장 청 제국 질서와 조선

'이원구조'론과 조선의 위상

지금까지 복잡한 이야기만 잔뜩 늘어놓은 것 같은데, 사실 전달하고픈 메시지는 매우 간단하다. 청나라의 제국 통치는 어디까지나 팔기를 근간으로 이루어졌다는 것이다. 그들이 한인에게 내세운 '만한일가'라는 구호는 단지 허울이었을 뿐이다. 청 제국에서 한인 출신 관료는 극소수를 제외하고 결코 통치 집단의 주류에 끼지 못하였다.

청나라의 제국 통치가 한인의 왕조국가 명나라와 이렇게 달랐다면, 1637년을 기점으로 명나라의 조공국에서 청나라의 조공국으로 처지가 바뀐 조선은 청 제국 주도의 국제 질서 속에서 어떤 위상을 차지하였을까? 이 문제에 본격적으로 접근하기에 앞서 지금까지 학자들이 청 제국 주도의 국제 질서 속에서 조선의 위상을 어떻게 이해하여 왔는지 간단히 언급한다.

일찍이 1960년대에 맨콜(Mark Mancall)이라는 학자가 청나라의 조공 체제와 관련하여 일종의 '이원구조'론을 제시하였다.[1] 그는 조선을 필두로 한 과거 명나라의 조공국은 물론 청나라의 번부(藩部) 역시 조공 체제 안에 포함시켰다. 번부에 대한 청나라의 지배가 직성(直省) 지역과 달리 근본적으로 간접 지배의 성격이었으며, 번부에도 형식상 책봉·조공의 예제(禮制)를 적용하였기 때문이다.

맨콜은 청 제국의 조공 체제가 포괄하는 공간을 생태 환경을 기준으로 '동남 초승달 지역'과 '서북 초승달 지역'으로 양분하고, 이 두 지역을 청나라의 중앙 관제(官制)와 관련지어 설명하였다. 즉, 정주 농경 사회로서 일찍부터 유교와 한자 등 '중국' 문화의 영향을 많이 받았던 '동남 초승달 지역'은 예부(禮部), 대개 초원 유목 사회로서 '중국' 문화의 영향이 훨씬 약했던 '서북 초승달 지역'은 이번원(理藩院)과 연결시켰던 것이다. 맨콜의 '이원구조' 속에서 조선은 유구(琉球), 베트남(安南/越南) 등과 함께 '동남 초승달 지역'에 속한다.[2] 나중에 일본 학자들이 맨콜의 이론을 한층 발전시켜 외교 관계뿐만 아니라 청 제국의 구조 전반에 걸쳐 '이원구조'론을 확대시켜 적용하였다.[3]

조선은 일찍이 1630년대에 무력에 의한 정복으로 청나라 중심의 새로운 질서에 강제적으로 편입되었지만, 외형상 조선·명 관계와 마찬가지로 책봉·조공을 유지하였기 때문에 맨콜은 물론이거니와 거의 모든 학자가 조선·청 관계를 조선·명 관계의 연속선상에서 파악하였으며, '이원구조' 속에서 조선을 유구, 베트남 등과 함께 '동남 초승달 지역'에 위치시켰다.

그러나 조선·청 관계의 전개 양상과 성격은 실질적인 측면

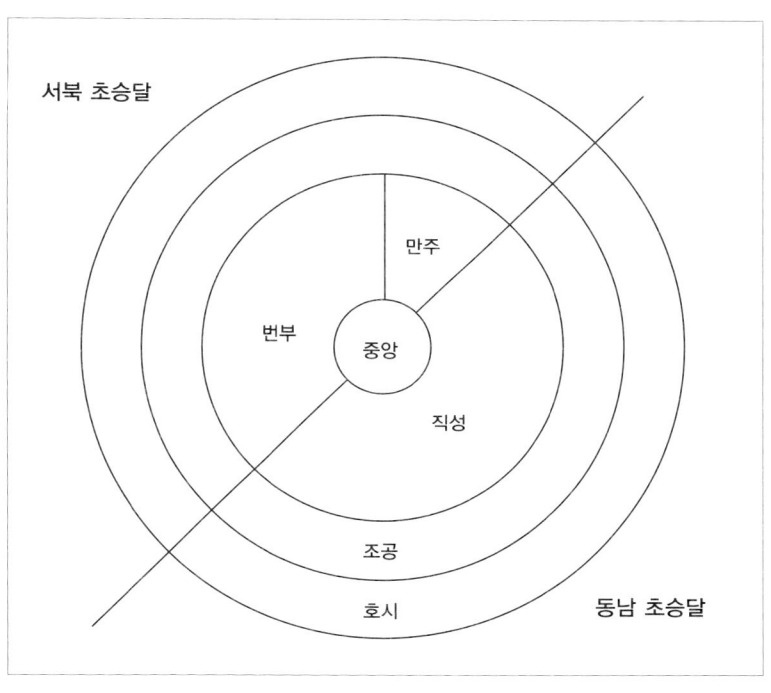

'이원구조'론
맨콜이 제안하고 일본 학자들이 발전시킨 '이원구조'론을
도식화한 것이다. 몽골·신장·티베트를 포함하는 번부는 만주와
함께 '서북 초승달 지역'에 속한다. 조선은 직성과 함께
'동남 초승달 지역'의 '조공' 범주에 속하는 것으로 분류된다.

에서 조선·명 관계와 중대한 차이가 있다. 이 책에서는 조선·청 관계의 역사적 변화 추이를 구체적으로 들여다볼 여유가 없으므로 큰 흐름만 언급하겠다. 17세기 말 청나라의 '중국' 정복이 끝나기 전까지 조선과 청나라 사이에는 아슬아슬한 긴장감이 흐르고 있었다. 청나라는 걸핏하면 조선의 내정에 간섭하였고, 조선에서는 북벌론이 제기되기도 하였다.[4] 하지만 18세기에 들어선 이후에는 양국 관계가 안정 국면에 접어들었고 조선은 사실상 '내정과 외교를 자주(自主)'하는 나라가 되었다.[5]

실질적인 측면에서 중대한 변화의 흐름이 있었지만, 1637년부터 1894년까지 조선과 청나라의 외교 관계가 명나라 때와 마찬가지로 책봉·조공의 틀 속에서 운영되었던 것도 분명한 사실이다. 근대 외교에서는 수교(修交) 상대방의 수도에 외교관을 상주시켜 양국의 외교 현안을 처리하는 것이 보통이다. 그러나 책봉·조공의 틀에서는 외교관을 상주시키는 것이 아니라 상대방에 사절을 파견하거나 외교 문서를 주고받는 방식으로 외교 현안을 처리하였다.

조선과 청의 외교 현안은 크게 '의례(儀禮)'와 '실무'의 두 부류로 나눌 수 있는데, 전자에는 국왕·왕비·세자 등의 책봉, 정기적인 조공, 황제의 즉위, 황후·태후의 책봉 등이 포함되며 후자에는 양국 백성의 월경(越境), 상대국 관민(官民)에 대한 범죄 행위의 수사와 재판, 교역, 서로에 대한 각종 요구 사항의 처리 등 다양한 사안이 포함된다. 이처럼 다양한 사안을 처리하기 위하여 조선과 청나라는 실로 수많은 사행(使行)을 주고받았다.

청의 칙사에 관한 오해

지금까지 양국의 외교 관계에 대한 연구를 보면, 조선이 청나라에 파견한 사행에 대한 연구가 대종(大宗)을 이루어 일일이 열거하기 곤란할 정도로 많은 연구 성과가 나왔다. 조선은 1637년부터 1894년까지 총 507회의 정식 사행을 파견하였고 주문(奏文)이나 자문(咨文)을 전달하기 위하여 190회의 사신을 보냈다.[6] 우리는 이들을 보통 '연행사(燕行使)'라고 부른다. 양국 관계에서도 '조공'의 측면에 초점을 두었다고 할 수 있는 연행사 연구가 활성화되었던 것은 김창업(金昌業)의 『연행일기(燕行日記)』, 홍대용(洪大容)의 『연기(燕記)』, 박지원(朴趾源)의 『열하일기(熱河日記)』 등 수백 종에 달하는 연행록(燕行錄) 덕분이라고 볼 수 있다.

반면에 양국 관계에서 '책봉'의 측면에 초점을 맞추는, 청나라가 조선에 파견한 사신, 즉 칙사에 대한 연구는 그동안 거의 이루어지지 않았다고 해도 과언이 아니다. 최근에야 비로소 청나라의 칙사를 다룬 연구가 몇 편 나온 정도다.[7] 칙사에 대한 연구의 부진은 연행사 연구와 반대로 청나라가 조선에 파견한 칙사의 활동을 자세히 전하는 사료가 의외로 적기 때문이기도 하다. 청나라의 칙사가 사행의 경험을 기록으로 남긴 경우는 매우 희소한데, 이는 나중에 설명하듯이 한인 문사(文士)가 칙사로 오지 않았기 때문으로 보인다. 뿐만 아니라 칙사의 활동을 전하는 조선 측의 기록도 접하기가 쉽지 않은 형편이다.

사정이 이렇다 보니 일반 서적과 언론 및 영상 매체 등에서 청나라의 칙사에 관한 '오해'가 발견되는 것도 어쩌면 당연한 일이다. 한 가지 예로 2010년 인기리에 방송된 텔레비전 드라마 「동이」를 보자. 이 드라마는 조선 후기 숙종 시대를 배경으로 한 사극이었는데, 어느 날 방송에 환관이 청나라에서 파견한 칙사로 등장한 적이 있다. 드라마 「대장금」에서는 청나라 때의 만한전석을 명나라 사신에게 대접하는 '옥의 티'를 찾을 수 있었는데, 「동이」에 등장한 환관 칙사는 거꾸로 명나라 때에나 일어났을 일을 청나라에 잘못 적용한 것이다. 왜냐하면 청나라 때에는 환관들이 국내 정치는 물론이거니와 외교 분야에서 '활약'하기란 구조적으로 불가능하였기 때문이다.

역사상 '중국'을 지배한 왕조 가운데 특히 한나라, 당나라, 명나라가 환관의 횡포로 정치가 어지러웠다는 것은 널리 알려진 사실이다. 그중에서도 명나라는 환관의 전성시대였다고 해도 과언이 아닐 정도로 황제들이 환관을 중용한 것으로 유명하다. 15세기 초 일곱 차례에 걸친 대규모 해상 원정을 지휘한 인물 정화(鄭和)도 환관이었다. 정화를 등용했던 영락제 이래 명나라의 황제들은 거의 예외 없이 환관에 의존한 정치를 펼쳤고, 그러다 보니 조정의 권력을 농단하는 환관이 잇따라 등장하였다. 어떤 황제는 무려 20년이 넘도록 조정의 대신들을 만나지 않고 오로지 환관을 통해서 정치를 하였다. 그러다 보니 명나라 말에는 환관의 숫자가 약 10만 명까지 불어나 정규 관료의 몇 배나 되었다.

명나라가 조선에 보낸 칙사 중에도 환관이 무척 많았다. 『명사(明史)』에 제번(諸蕃)의 책봉이나 외국에 대한 고유(告諭) 등에는 육과(六科)의 급사중(給事中)이나 행인사(行人司)의 행인(行人)을 파견한다는 기록이 있고,[8] 『명회전(明會典)』의 한림원(翰林院) 관련 내용에 황제의 조서(詔書)를 조선에 반포할 때에는 대개 한림원 소속의 하급 문관을 파견한다는 규정이 보이지만,[9] 실제로 명나라가 조선에 파견했던 159회의 칙사를 보면 환관을 칙사로 임명한 경우가 85회로 전체의 절반이 넘었다.[10]

또한 황제의 조서를 반포하기 위한 사행은 『명회전』의 규정처럼 대개 한림원 소속 하급 문관을 파견하였지만 당시 가장 중요한 외교 사안이었던 책봉을 위한 사행은 거의 환관을 파견하였다. 조선 전기의 태종과 세종, 그리고 중기의 광해군만 예외적으로 문관을 책봉사(冊封使)로 파견하였을 뿐 나머지 국왕 및 세자는 모두 환관을 서울에 보내어 책봉 의식을 거행하였다.[11]

그러나 청나라 황제들은 환관의 정치 관여가 명나라를 쇠망으로 이끈 주요 원인이라고 인식하였기 때문에 환관의 숫자를 최소화하고 그들의 정치 세력화를 구조적으로 방지하려 하였으며, 실제로도 큰 성공을 거두었다. 원래 환관은 황제의 사적(私的) 영역인 '가내(家內) 사무'를 관리하기 위한 존재다. 청나라는 황제의 '가내 사무'를 내무부(內務府)에 전담시켰고, 내무부는 황제의 노복인 상삼기(上三旗) 소속의 포의 출신으로 채웠다. 내무부 안에 환관이 있기는 했으나 숫자도 적을뿐더러 지위도 미천하였다. 따라서 청나라 때에는 환관이 외교에 관여한다는 것은 구조적으로 불가능한 일이었다. 나중에 살펴보겠지만, 실제로 청나라가 조선에 파견한 칙사 중에는 환관이 전혀 없었다.

그렇다면 청나라는 조선에 어떤 사람을 칙사로 파견하였던 것일까? 앞에서 살펴보았듯이 청나라는 중앙의 주요 기구에 대하여 장관과 차관을 만·한 동수로 임명하는 이른바 만한병용 제도를 실시하였지만 '몽골 문제'를 취급하는 이번원의 관직이나 대러시아 외교 관련 임무는 한인 관료에게 맡기지 않았다. 또한 제국을 구성하는 여러 지역 중에서 한인 관료의 '순례권'은 과거 명나라의 영토에 국한되어 있었다.

맨콜이 제안하고 일본 학자들이 발전시킨 '이원구조'론에 따르자면, 조선은 번부 지역과 다른 범주에 속하므로 한인 관료의 '순례권'에 포함되었을 것으로 예상된다. 그렇다면 한인 출신 관료도 조선에 파견되는 칙사로 임명될 수 있었을 것이다. 그러나 청나라가 조선에 파견한 칙사의 인선(人選)은 이런 예상을 한참 벗어났다.

칙사 인선의
실제와 원칙

청나라의 조선사행 인선 실태를 들여다보면 놀라울 정도의 일관성을 유지하면서 한인 관료를 칙사 인선에서 배제하는 현상을 관찰할 수 있다. 이 현상은 그 자체로도 대단히 흥미로울 뿐만 아니라 청 제국 주도의 질서 속에서 조선의 위상을 새롭게 설정할 수 있는 가능성을 열어 주고, 한발 더 나아가 청 제국의 구조를 지금까지의 '이원구조'론과는 다른 각도에서 해명하는 실마리도 제공한다. 그래서 여기에서는 조선사행 인선 문제를 다른 경우보다 훨씬 더 깊은 수준에서 고찰하려고 한다.[12]

청 태종 홍타이지가 병자호란을 통해서 조선 국왕에게 칭신(稱臣)을 강제한 이래 조선은 청나라가 파견한 사신을 칙사로 인정하고 그에 상응하는 '칙사 대접'을 하였다. 1644년의 입관 전에도 청나라는 조선에 칙사를 종종 파견하였지만, 이 시기에는 청나라의 모든 관료가 팔기 소속의 기인이었으므로 칙사 중에 한인 관료가 한 명도 없었다는 것은 새삼 지적할 필요가 없다. 따라서 여기에서의 관심 대상은 입관 이후의 사례로 국한한다.

조선 후기의 외교 사료를 집대성한 『동문휘고(同文彙考)』에는 1637년 이후 1881년까지 청나라가 조선에 보낸 조칙과 칙사의 관직 및 이름을 열거한 「조칙록(詔勅錄)」이 수록되어 있다.[13] 이에 따르면 1644년의 입관 이후 1881년까지 청나라가 조선에 파견한 정식 사행은 모두 150회였고, 칙사의 연인원은 349명이었다. 여기에 1890년 신정왕후(神貞王后), 즉 조대비(趙大妃)가 사망했을 때 청나라가 유제사(諭祭使)로 파견한 이부좌시랑 속창(續昌)과 이부우시랑 숭례(崇禮)까지 더하면[14] 입관 이후 청나라의 조선사행은 총 151회, 연인원 351명으로 계산된다. 1880년대 조선에 파견되었던 원세개(袁世凱),

마건충(馬建忠) 등은 왜 산입하지 않느냐는 의문이 들 수 있으나 그들은 칙사가 아니었다는 사실에 유의하기 바란다.

1890년 마지막 조선사행의 정사였던 속창과 부사였던 숭례는 둘 다 정백기 소속의 기인 관료였다.[15] 이들을 제외하고 19세기의 가경(嘉慶) 연간부터 광서(光緒) 연간까지 청나라는 총 27회, 연인원 54명의 칙사를 파견하였는데, 이들의 임무는 모두 '실무'가 아니라 '의례'에 관계된 것이었다. 「조칙록」에 기재된 이들의 관직과 이름은 빠진 것 없이 완전하며, 이 명단을 청나라 쪽의 자료와 대조해 보면 단 한 명의 예외도 없이 기인 출신의 2품 이상 고급 관료였음을 알 수 있다.

이보다 시기가 앞서는 건륭 연간에는 총 18회, 연인원 36명의 칙사 파견이 있었다. 그들의 임무 역시 거의가 '의례'와 관련된 것이었으며, 개중에는 청나라의 전승(戰勝) 사실을 알리기 위한 사행도 있었다. 「조칙록」의 명단을 보면 몇몇 칙사의 이름이 첫 글자만 표기되어 있지만 청나라 쪽 자료와 대조해 보면 건륭 49년 종4품의 시독학사(侍讀學士)가 부사로 파견된 것을 제외하면 모두 3품 이상의 기인 출신 관료였음을 알 수 있다.

옹정 연간은 14회, 연인원 28명의 사행이 있었으며, 모두 '의례'와 관련된 칙사 파견이었다. 「조칙록」의 명단에 일부 이름을 불완전하게 기재한 것도 있지만 역시 청나라 쪽 자료와 대조한 결과 거의가 기인 출신의 3품 이상 고급 관료임을 알 수 있다.

다만 옹정 7년 영조의 맏아들 효장세자(孝章世子)에 대한 유제사로 조선에 온 칙사 중 정사는 정3품의 일등시위(一等侍衛)였지만 부사의 관직은 종4품 시독학사였고, 옹정 9년 청나라 황후의 사망 사실을 알리기 위해 파견된 사행은 정사가 정4품의 대리시소경(大理寺少卿), 부사 역시 정4품의 이등시위(二等侍衛)였다. 3명이 예외적으로 정4품 또는 종4품의 관원이었지만 옹정 7년의 부사는 기인 출신임이 확인되며 옹정 9년의 이등시위 역시 팔기 무직이므로 기인일 수밖에 없다. 또한 「조칙록」에 이름의 첫 글자인 '파(巴)'만 기재된 대리시소경 역시 그 이름으로 보건대 분명 한인은 아닐 것이다.

한편 강희 연간에는 54회, 연인원 114명, 순치 연간에는 40회, 연인원 117명의 칙사가 조선을 방문하였다. 79년 동안 칙사 파견 빈도는 매년 평균 1.19회로, 옹정 원년 이후 1890년까지 168년 동안의 연평균 0.34회에 비해 무려 3.5배나 높았다. 이런 차이는 순치와 강희 연간에 '의례' 외에 '실무' 관련 칙사 파견이 자주 있었기 때문이다. '실무' 관련 조선사행이 많았던 탓에 「조칙록」의 칙사 명단에는 4품 이하의 관직이 적잖이 보인다. 또한 칙사의 이름을 첫 글자만 적은 경우가 대다수를 차지하며 몇몇은 관직조차 생략하였기 때문에 신원을 확인하기가 쉽지 않다.

그러나 그들의 관직과 이름 첫 글자를 실마리로 삼아 청나라 쪽 자료와 대조하여 보면 거의 대부분이 기인 출신 관료였음을 확인할 수 있다. 출신 확인이 곤란한 경우는 겨우 8명뿐이다. 이 중에 정사는 없으며 모두 강희 21년(1682) 이전의 칙사였다. 감히 추측하건대 이 8명도 만약 관직과 이름을 제대로 기재하였다면 그들이 기인 출신이었음을 확인할 수 있었을 것이다.

이상에서 19세기 말부터 시기를 거슬러 올라가면서 칙사의 기인 출신 여부를 따져 보았는데, 여기서 얻을 수 있는 결론을 간단히 정리하면 다음과 같다.

첫째, 칙사의 파견 사유와 관직을 보면 순치에서 강희 연간까지는 '실무' 관련 칙사 파견이 적지 않은 가운데 4품 이하 관원도 조선에 파견되었지만, 옹정 이후에는 '실무' 관련 칙사 파견이 사라진 가운데 극소수 예외를 제외하고 3품 이상의 고급 관료가 파견되었다. 건륭 이후에는 단 한 명의 예외도 없이 3품 이상의 고급 관료가 칙사로 임명되었다.

둘째, 칙사의 출신을 보면 강희 21년까지 산견(散見)되는 8명을 제외한 나머지, 즉 연인원 기준으로 전체의 97.7퍼센트에 해당하는 343명은 그 관직과 이름을 볼 때 모두 기인 출신 관료임을 확인할 수 있다.

여기서 주목할 만한 사실은 조선과 청나라 양국의 실록에 기록될 정도의 중요 사안, 특히 국왕 등의 책봉을 중심으로 한 '의례' 사안은 순치에서 광서 연간까지 어김없이 기인 출신의 고급 관료를 파견하였다는 점이다. 그런데 국왕 등의 책봉을 사유로 칙사를 파견할 때의 인선에 대해서는 『대청회전(大淸會典)』 등에 그 인선 원칙이 천명되어 있다.

먼저 건륭 29년에 완성된 『대청회전』에 다음과 같은 규정이 있다.

조선 국왕은 왕비와 왕을 함께 책봉한다. 아들이 장성하면 세자로 책봉해 줄 것을 청한다. 모두 3품 이상의 관원이 정사와 부사로 임명된다.[16]

이 기록으로부터 늦어도 건륭 중기에는 조선에 파견하는 책봉사에는 3품 이상의 고급 관원을 임명한다는 원칙이 확립되었다는 사실을 알 수 있다.

다음은 건륭『대청회전칙례(大淸會典則例)』에 실려 있는 내용이다.

순치 16년에 칙사를 보내어 조칙(詔勅)을 갖고 가서 조선국 세자 이연(李棩)을 조선 국왕으로 책봉하였다. 이 해에 (다음과 같이) 정하였다. 조선 국왕을 책봉하러 갈 때에는 내대신(內大臣), 산질대신(散秩大臣), 일등시위(一等侍衛), 만주(滿洲) 내각학사(內閣學士), 한림원장원학사(翰林院掌院學士), 예부시랑(禮部侍郎) 등의 명단을 작성하여 (올린 뒤) 삼가 황제께서 정사와 부사 각 한 사람씩 낙점하시기를 기다린다.[17]

『대청회전』의 "3품 이상의 관원"에 해당하는 관직을 구체적으로 열거하였다. 즉, 순치 16년(1659) 청나라는 조선에 현종(顯宗)을 책봉하는 칙사를 파견하였고, 같은 해에 "내대신, 산질대신, 일등시위, 만주 내각학사, 한림원장원학사, 예부시랑" 중에서 정사와 부사를 1명씩 고른다는 원칙을 세웠다는 것이다.

　위 인용문에서는 순치 16년에 책봉사 인선 원칙을 수립하였다고 밝히고 있으나 실제 「조칙록」의 칙사 명단과 비교해 보면 순치 16년 현종에 대한 책봉사조차 이 원칙과 맞지 않으며, 국왕에 대한 책봉사로서 이 원칙에 부합하는 사례는 강희 14년(1675) 숙종에 대한 책봉사로 내대신을 정사로, 일등시위를 부사로 파견한 것이 최초였다. 이어서 강희 59년(1720) 경종(景宗)에 대한 책봉사는 내대신이 정사, 예부시랑이 부사였고, 옹정 3년(1725) 영조(英祖)에 대한 책봉사도 산질대신이 정사, 한림원장원학사가 부사로 이 원칙과 들어맞았다. 따라서 위 인용문에서 "순치 16년"은 적어도 "강희 14년" 이후로 고쳐야 마땅하다.

　그러나 이러한 인선 원칙은 국왕 책봉에 국한되었던 것으로 보인다. 국왕 책봉사 이외의 칙사 인선에서 위의 원칙과 부합하는 사례는 강희 6년(1667)에야 처음 나타나지만 이는 우연한 일치로 보인다. 왜냐하면 강희 6년 이후에 있었던 강희 21년, 강희 28년, 강희 33년의 왕비 책봉, 강희 36년의 세자 책봉, 강희 61년의 세제(世弟) 책봉 등만 보더라도 이 인선 원칙과 들어맞지 않기 때문이다. 참고로 국왕이 아닌 경우의 책봉 중에서 최초로 위의 원칙과 맞는 사례는 강희 42년(1703)의 왕비 책봉사로, 한림원장원학사가 정사, 일등시위가 부사로 파견되었다.

　인선 원칙의 성립 시점이야 어찌 되었든 간에 위 인용문에 열거된 여섯 가지 관직 중에서 종1품의 내대신, 종2품의 산질대신, 정

3품의 일등시위 등은 시위처(侍衛處) 소속의 팔기 무직으로, 이들 관직에 재직 중인 자는 모두 기인이었다. 한편 "만주 내각학사" 이하는 "만주"가 "내각학사"만을 수식하는지, 아니면 세 관직 모두를 수식하는지가 분명치 않다.

그렇지만 가경 23년에 완성된 가경 『대청회전』의 다음 기사는 좀 더 구체적인 인선 원칙을 천명하고 있으며 "만주"의 의미도 분명하게 드러내고 있다.

> 책봉사는 모두 (황제의) 특간(特簡)을 받든다. 조선(으로 가는) 정사는 내대신, 산질대신, 일등시위의 관직과 이름을 적은 명단을 작성하고, 부사는 내각의 만주 학사, 한림원의 만주 장원학사, 예부의 만주 시랑의 관직과 이름을 적은 명단을 작성하여 황제께 파견하실 것을 주청(奏請)한다.[18]

이 기사에서는 정사와 부사의 인선 대상을 구분하고 있다. 정사의 인선 대상은 위에서 지적한 바와 같이 모두 팔기 무직이다. 다음으로 부사의 인선 대상에 보이는 "만주"는 내각학사, 한림원장원학사, 예부시랑의 세 관직 모두에 붙어 있다.

종2품 문관으로 예부시랑의 직함을 겸하던 내각학사는 정원이 10명으로, 그중 만주가 6명, 한인이 4명이었다. 역시 종2품 문관인 한림원장원학사는 만주가 1명, 한인이 1명이었고, 정2품 문관인 예부시랑은 만·한이 2명씩 동수였다. 따라서 위의 기사에서 부사의 인선 대상으로 꼽은 세 관직은 모두 "만주" 출신 관료를 가리키며, 따라서 한인 관료는 인선에서 배제되었다고 할 수 있다. 실제 국왕에 대한 책봉사 인선을 보면, 건륭 41년(1776)의 정조(正祖) 책봉, 가경 5년(1800)의 순조(純祖) 책봉, 도광(道光) 15년(1835)의 헌종(憲宗) 책봉 등 건륭 이후 도광 전기까지의 책봉사는 모두 가경 『대청회전』에 천명된 인선 원칙과 부합하였다.

지금까지 소개한 세 가지 사료는 책봉사 인선에 관한 규정이지만 청나라의 칙사 파견 사유가 시간이 갈수록 '의례' 문제로 좁혀지는 가운데 책봉사 인선 원칙이 책봉사 이외의 '의례' 관련 사행에도 확대 적용되었던 것으로 보인다. 예컨대 건륭 연간에는 단 두 차례를 제외하고 모든 칙사 인선이 위의 원칙과 부합하고, 가경 연간에는 단 한 건의 예외도 발견되지 않는다.

그러나 「조칙록」의 칙사 명단을 면밀히 살펴보면, 도광 중기를 경계로 인선 대상 관직에 변화가 일어났음을 알 수 있다. 도광 11년(1831)의 사행은 정사만이 아니라 부사도 산질대신이었고, 도광 13년에는 부사의 관직이 이번원시랑이었다. 그 뒤 도광 24년(1844) 이후에는 단 한 차례만 산질대신이 정사로 파견되었고, 나머지 정사는 모두 시위처 소속의 무직 관료가 아니라 문직 관료인 육부, 이번원, 성경오부(盛京五部) 등의 시랑이었다. 청나라는 입관 전의 수도였던 성경(盛京)을 제2의 수도로 지정하고, 이곳에 육부 가운데 이부를 뺀 오부(五部)를 두었다. 성경오부의 장관은 시랑이며 모두 만결이었다. 부사는 산질대신이 2회, 부도통이 8회로 대부분 팔기 무직 관료가 임명되었다.

따라서 도광 후기부터는 무직 정사, 문직 부사라는 가경 연간까지의 패턴과는 정반대로 문직 정사, 무직 부사의 인선이 주류를 이루었다고 할 수 있다. 그러나 칙사의 관직에 나타난 변화에도 불구하고 칙사의 면면을 살펴보면 단 한 명의 예외도 없이 기인 출신의 고급 관료였으며 한인은 줄곧 칙사 인선에서 배제되었다는 사실에 특히 유념해야 한다.

지금까지 입관 이후 1890년까지 청나라가 조선에 파견한 칙사의 인선 실태와 건륭 중기 이후 『대청회전』 등에 나타난 책봉사 인선 규정을 비교적 자세히 고찰해 보았다. 고찰 결과에 입각하여 청나라의 조선사행 인선에서 가장 두드러진 특징을 꼽으면, ① 3품 이상의 고급 관료를 대상으로 하였고, ② 한인 관료를 배제하였다는 것이다.

'실무' 사안의 칙사 파견이 잦았던 강희 연간까지는 ①에 대한 예외 사례가 적잖이 보이지만 칙사 파견의 사유가 사실상 '의례'로 국한되는 옹정 이후에는 칙사 명단에서 4품 이하 관원은 옹정 연간의 3명, 건륭 연간의 1명 등으로 극소수에 그치며, 19세기에는 단 하나의 예외도 발견되지 않는다. ②의 경우는, 사료의 불완전한 기재 탓에 강희 21년 이전 8명의 출신을 확정할 수 없지만, 전체의 97.7퍼센트에 해당하는 나머지 칙사들은 모두 기인 출신이었음을 확인할 수 있다. 여기에 건륭 연간에는 책봉사 인선을 중심으로 칙사 인선에서 '한인의 배제'를 내용으로 하는 원칙이 확립되었다.

게다가 칙사만 기인 중에서 뽑았던 것이 아니었다. 조선으로 가는 사행에 참가했던 청나라의 정식 관원 중에는 정사와 부사 외에 조선통관(朝鮮通官)이라는 이름의 통역 관원이 있었다. 조선통관은 예부의 회동사역관(會同四譯館) 소속 관직이었다. 건륭 23년(1758) 4월 조선통관의 정원 조정과 관련하여 『청실록』에 다음과 같은 기사가 실려 있다.

> 조선통관은 강희 13년에 정원을 (다음과 같이) 정한 바 있습니다. (즉) 상삼기(上三旗)에서 6품 3명, 7품 2명, 8품 1명, 하오기(下五旗)에서 6품 3명, 7품 2명, 8품 1명 등이었습니다. 상삼기는 내무부에서 이끌고 데려와서 (황제 폐하를) 알현하게 하였고, 하오기는 연공을 따져서 승진시켰습니다.[19]

이 기사는 조선통관을 팔기에서 선발하였음을 알려 준다. 사실 그들은 팔기에 편입되어 있던 조선인의 후예였다. 달리 말해서, 조선통관 역시 한인 출신을 배제하는 만결이었던 것이다. 따라서 청나라의 조선사행에 정식 관원 신분으로 참여한 사람은 모두가 기인이었다고 할 수 있다.

칙사 인선 비교: '조선형' 대 '유구형'

앞에서 청나라가 놀라울 정도의 일관성을 유지하면서 한인 관료를 조선사행 인선에서 배제하는 현상이 청 제국 주도의 질서 속에서 조선의 위상을 새롭게 설정할 수 있는 가능성을 열어 준다고 말하였다. 이제부터는 이 문제로 관심을 돌리고자 하지만, 먼저 위에서 조선사행 인선의 특징으로 꼽은 ①과 ②를 명나라 때의 조선사행, 그리고 청나라의 유구·베트남에 대한 칙사 파견과 비교해 보겠다.

이미 언급하였듯이 명나라가 조선에 파견한 칙사는 환관이거나 하급 문관이었다. 그리고 명나라의 칙사 인선에서 한인을 배제하기란 원천적으로 불가능하였다. 따라서 명나라의 조선사행 인선은 ①·②와는 거리가 한참 멀며, 이는 적어도 칙사 파견에 관한 한 조선·청 관계에 조선·명 관계와 엄연히 성격을 달리하는 측면이 있었다는 사실을 강력히 시사한다.

조선은 명나라가 이미 멸망한 뒤에도 임진왜란 당시 '재조지은(再造之恩)'을 베푼 명나라에 대한 존숭(尊崇)을 줄기차게 이어 갔다.[20] 조선은 '유명조선국(有明朝鮮國)', 즉 '명나라의 조선국'이라는 표현을 종종 썼으며, 공식적으로는 청나라 연호를 받아들였지만 비공식적으로는 명나라 마지막 황제의 연호인 숭정(崇禎)을 지키는 '숭정후기원(崇禎後紀元)'을 광범위하게 사용하였다.[21] 그리고 이러한 숭명(崇明) 의식과 표리를 이루면서 청나라를 계속 '오랑캐'로 멸시하는 반청(反淸) 의식도 강고하게 이어졌다. 이렇듯 조선의 명나라에 대한 인식과 청나라에 대한 인식이 실로 천양지차(天壤之差)를 보이고 있었다면 거꾸로 청나라의 조선 인식은 과연 명나라와 어떤 차이가 있었던 것일까?

다른 한편으로 ①과 ②는 청나라가 구축한 제국 질서 속에서 조선의 위상을 재검토해 볼 필요성을 제기한다. 앞서 소개하였듯이, '이원구조'론에서 조선은 유구 및 베트남과 같은 범주에 속하는 나라로 분류된다. 만약 청나라가 조선·유구·베트남 등을 동일한 범주에서 넣었다면, 청나라가 유구·베트남에 보낸 칙사의 인선에서도 조선과 마찬가지로 ①·②의 특징이 나타났을 것이다.

마침 청나라 예부 관할의 여러 조공국 가운데 청나라가 칙사를 파견하였던 나라는 조선·유구·베트남 등의 세 나라로 제한되어 있었다.[22] 따라서 청나라의 조선사행 인선에서 드러나는 ①·②의 특징이 어떤 의미가 있는지를 음미하고자 할 때 유구와 베트남은 절호의 비교 대상이 된다. 그렇다면 청나라가 유구·베트남에 파견한 칙사의 인선은 어떤 원칙에 입각하였으며, 또 그 실태는 과연 어떠하였을까? 이 문제에 대한 해답을 먼저 찾아보자.

청나라가 유구·베트남에 파견했던 책봉사의 인선에 관한 원칙은 조선과 마찬가지로 가경『대청회전』에서 찾아볼 수 있다.

책봉사는 모두 (황제의) 특간(特簡)을 받는다. …… 유구(琉球)와

월남(越南)(으로 가는) 정사와 부사는, 내각(內閣)의 전적(典籍), 중서(中書), 한림원의 시독(侍讀), 시강(侍講), 수찬(修撰), 편수(編修), 검토(檢討), 육과(六科)의 급사중(給事中), 예부의 낭중, 원외랑, 주사를 쓰는데, 먼저 주청하여 각 아문에서 의도(儀度)가 수위(修偉)한 만·한의 각 관원을 뽑아 보내고 아울러 예부의 만·한 사관(司官)을 가려 뽑도록 해서, 대령(帶領)하여 인현(引見)한 뒤 (황제께서) 골라 쓰시길 삼가 청한다.[23]

이 기록에서 주목되는 점은 다음과 같다. 첫째, 정사와 부사의 인선을 구분하지 않고 있다. 둘째, 칙사 인선의 대상이 하급 관료였다. 내각의 전적은 정7품, 중서는 종7품이었고, 한림원의 시독과 시강은 종5품, 수찬은 종6품, 편수는 정7품, 검토는 종7품이었으며 육과의 급사중은 정5품이었다. 또 예부의 낭중은 정5품, 원외랑은 종5품, 주사는 정6품이었다. 셋째, 유구와 베트남에 파견하는 칙사의 인선에서는 만·한을 병용하였다. 이는 "만·한의 각 관원(滿漢各官)"과 예부의 "만·한 사관(滿漢司官)"이 인선 대상이라는 부분에 명시되어 있다. 여기서 예부의 "사관(司官)"이란 낭중, 원외랑, 주사를 가리킨다.

그렇다면 실제로 유구·베트남에 파견한 칙사의 인선은 이 원칙에 부합하였을까? 유구는 순치 11년(1654)부터 건륭 20년(1755)까지 있었던 네 차례의 칙사 인선 사례만 들어 보겠다. 순치 11년 7월 청나라는 유구로 파견하는 책봉 정사로 병과(兵科)의 종5품 부이사관(副理事官) 장학례(張學禮)를, 부사로 행인사(行人司)의 정8품 행인(行人) 왕해(王垓)를 선발하였다.[24] 순치 연간 육과의 부이사관은 팔기한군 출신이 취임하는 한군결이었으므로 장학례는 한인이 아니었겠지만, 왕해는 분명히 산동 성 자오저우(膠州) 출신의 한인이었다. 그러므로 순치 11년의 유구 책봉사 인선은 상기 원칙과 관직에서는 딱 들어맞지 않았지만 만·한을 가리지 않았다는 점에서는 어긋나지 않는다. 강희 21년(1682) 이후 세 차례의 칙사 인선은 모두 관직에서도 위의 원칙과 부합하며, 강희 21년은 정사와 부사 모두 한인, 강희 57년(1718)과 건륭 20년(1755)은 정사가 만주, 부사가 한인 관료였다.[25]

한편 18세기까지는 안남(安南), 19세기에는 월남(越南)이라 불렸던 베트남에 파견된 모든 칙사의 명단을 정리한 연구 성과를 보면,[26] 강희 5년(1666)과 강희 8년(1669)의 경우 관직에서는 위의 원칙과 차이가 나지만, 칙사의 면면을 보면 오히려 한인 출신이 대부분이었다. 강희 22년(1683)에서 건륭 2년(1737)까지는 상기 원칙을 충실하게 준수하여 5품에서 7품에 이르는 하급 관료를 파견하였고, 정사가 만주면 부사가 한인, 정사가 한인이면 부사가 만주가 되는 패턴을 보였다.

건륭 26년(1761)에는 정백기 만주 소속의 덕보(德保)와 쓰촨 성 화양(華陽) 출신의 한인 고여수(顧汝修)를 칙사로 파견하였는데, 후자의 관직은 대리시소경(大理寺少卿)이었다. 건륭 53년(1788)에 양광총독(兩廣總督)을 책봉사로 파견한 이후로는 지방관을 칙사로 파견하여 위의 원칙을 지키지 않았다. 그러나 만·한이 절반씩을 차지하여 칙사의 인선에서 만·한을 구분하지 않았다는 점에는 변함이 없다.

결국 청나라가 조선에 파견한 칙사의 인선과 유구·베트남에 파견한 칙사의 인선 사이에는 뚜렷한 차이가 있던 셈이다. 전자의 인선 유형을 '조선형', 후자를 '유구형'으로 부른다면, 두 유형의 첫 번째 차이는 '조선형'이 3품 이상의 고급 관원을 인선 대상으로 한 반면 '유구형'은 5품 이하의 하급 관원을 대상으로 하였다는 점이다. 두 번째 차이는 '조선형'이 기인 관료만을 인선 대상으로 한 반면 '유구형'은 만·한을 가리지 않았다는 사실이다. 달리 말하면 조선에 칙사를 파견할 때에는 한인 관료를 배제하였던 반면에 유구·베트남은 한인 관료를 포함하였던 것이다. 그리고 명나라의 조선사행 인선은 환관을 파견한 것만 제외한다면 청나라의 '유구형' 인선에 해당한다고 볼 수 있다.

조선의 위상

'조선형'과 '유구형' 칙사 인선에 위에서 살펴본 바와 같은 차이가 발생한 이유를 명시적으로 알려 주는 사료는 보이지 않지만, 청나라의 조선사행 인선에서 놀라울 정도의 일관성을 유지하며 나타난 한인 관료 배제 현상은 청나라의 칙사 인선에 모종의 원리가 작동하고 있었을 가능성을 강력히 시사한다. 먼저, 두 유형의 첫 번째 차이는 병자호란의 결과 조선이 청나라의 조공국이 될 때의 상황과 밀접한 관련이 있을 것으로 보인다.

병자호란의 결과 조선 국왕 인조는 삼전도에서 치욕스러운 항복 의식을 치러야만 하였다. 이 책의 첫머리에서 언급하였듯이 지금까지는 다들 그날의 치욕에만 주목해 왔으나, 여기에서는 그날의 '의전(儀典)'이 훗날 조선 국왕의 '높은' 위상 설정에 결정적인 계기가 되었다는 해석을 내놓고자 한다. 인조가 전무후무한 치욕을 겪어야 했던 그날의 '의전'에 관한 『청실록』의 기록에 주목해 보자.

> 예부의 관원이…… (조선 국왕) 이종(李倧)의 반차(班次)(를 어찌할지) 주청하자, 황제께서 이렇게 말씀하셨다. "위세로써 그를 떨게 하는 것은 덕(德)으로써 그를 품는 것만 못하다. 조선의 왕은 비록 병세(兵勢)에 몰려서 (어쩔 수 없이) 내귀(來歸)하였지만, 역시 한 나라의 왕(一國之王)이다." 명을 내려 앞으로 다가와 왼쪽에 앉게 하였다. 예부의 관원이 의장(儀仗) 바깥으로부터 왕을 안내하여 북쪽을 향하면서 들어오게 하였고, 단 아래에 이르러 동쪽에 앉아 서쪽을 향하게 하였다. 그다음으로 왼쪽에는 화석친왕(和碩親王), 다라군왕(多羅郡王), 다라패륵(多羅貝勒) 등의 순서로 앉았고, 이종의 장자 이왕이 패륵(貝勒)의 아래에 앉았다. 오른쪽에는 화석친왕, 다라군왕, 다라패륵 등의 순서로 앉았고, 이종의 차자 이호와 삼자 이요 역시 패륵의 아래에 앉았다.[27]

이 기록은, "한(汗)은 남쪽을 향해 앉고 상(上)께서는 동북 모퉁이에 서쪽을 향해 앉았으며, 청나라 왕자 3명이 차례로 나란히 앉고 왕세자가 또 그 아래에 앉았는데 모두 서쪽을 향하였다. 또 청나라 왕자 4명이 서북 모퉁이에서 동쪽을 향해 앉고 두 대군이 그 아래에 잇따라 앉았다."는 『조선왕조실록』의 상황 묘사와도 부합한다.[28]

위의 『청실록』 기록에 의하면, 홍타이지는 덕으로써 조선 국왕을 품는다는 취지에서 당시 두 번째 석차(席次)에 인조를 앉혔고, 그 이유로 인조가 엄연한 "한 나라의 왕"이라는 사실을 내세웠다. 그런데 같은 상황을 전하는 『청조문헌통고(淸朝文獻通考)』는 "한 나라의 왕(一國之王)" 대신에 "한 나라의 주인(一國之主)"이라는 표현을 쓰고 있다.[29]

만주어에서는 황제를 가리킬 때 '어전 한(ejen han)', 즉 '주인이신 한'이라는 말을 종종 썼는데, 『청조문헌통고』의 "주인(主)"은 바로 이 '어전(ejen)'을 번역한 것으로 보인다. 왜냐하면 당시 홍타이지는 한어가 아니라 만주어를 썼을 것이기 때문이다. 즉, 삼전도에서 홍타이지는 인조를 가리켜 만주어로 "emu gurun i ejen"이라고 불렀을 가능성이 더 높아 보인다.

"한 나라의 왕"이든 "한 나라의 주인"이든 간에, 홍타이지가 조선 국왕 인조를 '남의 신하(人臣)'가 아니라 엄연한 '주권자'인 '남의 임금(人君)'으로 대우하였다는 점에는 차이가 없다. 홍타이지의 이러한 태도를 두고 후고(後顧)의 염려를 덜기 위한 전략적 계산에서 나온 '제스처'에 불과하다고 치부하는 견해도 있을 수 있겠지만,

그야 어찌 되었든 간에 삼전도에서 조선 국왕 인조에 대한 대우, 즉 '의전'은 황제에 다음 가는 것으로 결정되었다.

그리고 이것은 '조선형' 칙사 인선에서 3품 이상의 고급 관원을 대상으로 삼는다는 원칙의 성립과 결코 무관하지 않다. 강희 12년(1673)에 제정된 청나라의 종실 봉작 책봉에 관한 의례를 보면, 친왕과 군왕을 책봉할 때에는 내대신이나 산질대신을 정사로, 내각과 한림원의 학사나 예부시랑을 부사로 삼는다고 규정하였다.[30] 이는 위에서 소개한 조선 국왕의 책봉에 관한 의례와 정확히 일치한다.

한편 패륵(貝勒), 즉 버일러 이하를 책봉할 때에는 내각의 시독학사·시독, 한림원의 시독학사·시강학사·시독·시강을 정사로, 예부의 낭중·원외랑·주사를 부사로 삼는다고 규정하고 있다.[31] 여기에 열거된 관직 중에서 시독학사와 시강학사를 제외한 나머지는 모두 유구·베트남으로 가는 책봉사의 인선 대상에 보이는 관직이다. 시독학사와 시강학사는 다른 관직보다 높은 종4품 관직이므로 아마 버일러를 책봉할 때의 정사가 되었을 것이다. 그렇다면 책봉사 인선 대상이 5품 이하에 그쳤던 유구·베트남에는 적어도 버일러보다 낮은 버이서 책봉에 준하는 의례를 적용하였으리라고 추측할 수 있다.

그러나 삼전도의 '반차(班次)'에 보이는 조선 국왕에 대한 '우대'는 입관 이후 청나라의 칙사 인선에서 한인을 배제한 까닭까지 설명하지는 못한다. 다시 말해서 '조선형'과 '유구형'의 두 번째 차이점, 즉 전자가 한인을 배제한 반면 후자는 한인을 배제하지 않았던 차이가 발생한 이유는 다른 각도의 설명이 필요하다.

당장 머릿속에 떠오르는 것은 조선의 군사적 중요성이다. 사실 입관 전의 청나라가 두 차례에 걸쳐 조선 침략을 단행하였던 데에는, 앞서 언급한 이유 외에도, 부족한 물자와 인력을 조달함과 동시에 명나라와의 전쟁에서 후고의 염려를 잠재운다는 군사적 요인도 크게 작용하였다. 입관 후에도 조선은 군사적으로 여전히 중요한 나라였다. 수도인 베이징에서 가장 가까운 거리에 위치한 나라이자 과거의 적대 국가였던 탓에 청나라는 조선에 대하여 후고의 염려를 완전히 떨칠 수 없었을 것이다. 때문에 역시 피정복민 출신인 한인을 조선에 칙사로 파견하는 데에 적잖은 부담을 느꼈을 수 있다.

그렇지만 이러한 설명에는 심각한 약점이 있다. 먼저 이 설명은 청나라의 한인 관료를 죄다 잠재적인 반청(反淸) 세력으로 가정해야만 성립할 수 있는데, 입관 이후 일정 기간은 그런 가정이 가능하다 치더라도 18세기와 19세기까지 유효하다고 하기엔 엄청난 무리가 따른다. 게다가 한인 칙사가 조선에 와서 반청 행위를 모의할 가능성을 염려했다손 치더라도 이런 염려는 기인 칙사를 함께 파견하여 감시를 맡김으로써 얼마든지 불식시킬 수 있었을 것이다.

또한 조선의 군사적 중요성 때문에 청나라가 한인 칙사를 조선에 파견하지 않았다고 한다면 만·한을 가리지 않았던 '유구형' 인선은 유구·베트남이 군사적으로 중요하지 않았기 때문에 가능했던 것이라고 보아야 한다. 그러나 청나라는 순치 연간 내내

이자성(李自成)·장헌충(張獻忠) 등이 이끌던 농민 반란의 잔존 세력과 여러 남명(南明) 정권을 제압하기 위한 싸움을 계속해야 했다. 게다가 동남 연해를 무대로 반청 활동을 계속한 정씨 세력 때문에 순치 13년(1656)에는 해금령(海禁令)을 내려 해외 무역을 금지하였고 순치 18년(1661)에는 아예 천계령(遷界令)을 단행하여 동남 해안 주민을 내륙으로 이주시켰다. 또 강희 초에는 삼번의 난 때문에 절체절명의 위기를 넘겨야 했다.

결국 입관 이후 1680년대 초까지는 유구·베트남에 인접한 동남 지역의 군사적 중요성이 조선 방면보다 오히려 훨씬 더 큰 무게를 지니고 있던 셈이다. 그럼에도 청나라가 유구·베트남에 한인 칙사 파견을 꺼리지 않았다면 군사적 고려가 조선에 파견하는 칙사의 인선에서 한인을 배제한 이유가 되었다고 보기는 어렵다.

하지만 적어도 순치 연간까지는 조선의 군사적 중요성을 인정할 수 있다면, 그것이 다른 요인과 결합할 경우 청나라가 조선에 파견하는 칙사의 인선에서 한인을 배제하기에 충분한 동기를 구성할 가능성도 완전히 배제할 수는 없다. 사실 조선은 청나라의 조공국이 되었음에도 청나라를 줄곧 오랑캐로 여기고 한때 북벌을 기도하기까지 하였다. 조선의 뿌리 깊은 반청 의식을 고려한다면 청나라가 조선에 대하여 강한 의심을 품고 감시의 눈초리를 거두지 않았던 것은 당연하다. 그러나 청나라의 조선에 대한 의심과 감시의 필요성은 주요 반청복명(反淸復明) 세력을 최종적으로 제거한 17세기 말 이후엔 완전히 사라졌다고 해도 과언이 아니다.

실제로 18세기 이후 청나라의 조선 인식으로부터 의심의 눈초리를 느끼기란 대단히 어렵다. 단적인 예를 들면 강희 45년(1706) 10월 강희제는 시종 명나라를 배반하지 않았던 조선에 대하여 적대감을 표출하기는커녕 오히려 "예의를 중시하는 나라"라고 상찬(賞讚)할 정도로 우호적인 인식을 드러내었다.[32] 강희제의 이런 인식은 한발 더 나아가 홍타이지의 조선 침공이 역관(譯官)들의 '장난'으로 인한 오해에서 비롯된 것이었다는 주장으로까지 발전하였다.[33] 이러한 강희제의 조선 인식은 훗날의 황제들에게도 고스란히 계승되었다.

18세기 이후 뚜렷해지는 청과 조선의 우호적 관계는 청나라의 조선사행 파견에도 반영되었다. 17세기 후반에 청나라는 걸핏하면 조선에 칙사를 파견하였으며 칙사 파견의 사유 또한 실로 다양하였다. 예컨대 입관 이후 순치 18년(1661)까지 칙사를 39회나 파견하였고 강희 연간에는 초기 20년 동안 26회 파견하였다. 칙사를 파견한 사유 가운데에는 조선에 대한 견제나 노골적인 내정 간섭에 해당하는 것도 적지 않다.

그러나 18세기에 접어든 이후에는 칙사 파견의 빈도가 점차 낮아져서 건륭 연간에는 60년 동안 겨우 18회의 칙사를 파견하는 데 그쳤다. 이러한 추세는 19세기에도 지속되었다. 또 청나라가 칙사를 파견한 사유도 두 나라 군주의 중대한 '경조사(慶弔事)' 관련 '의례'로 제한되었다. 따라서 초기의 칙사 파견은 '실무', 즉 정치적인 성격이 강했지만 후기의 칙사 파견은 '의례' 준수의 차원에 머물렀다고 하지 않을 수 없다. 이렇듯 우호적인 양국 관계 속에서 이루어진 대단히 의례적인 칙사 파견에 청나라의 의심과 견제가 칙사 인선의 구조적 요인으로 작용하였다고 보기에는 아무래도 무리가 따른다.

물론 초기의 의심과 견제가 동기가 되어 칙사의 인선에서 한인을 배제하는 관행이 굳어졌고 그것이 조법(祖法)을 묵수(墨守)하는 관성 탓에 계속 유지되었다고 볼 수도 있다. 그러나 도광 11년(1831) 이후 칙사 인선 대상 관직에 변화가 일었던 사실을 보면 조법 묵수의 관성을 인정하기도 곤란하다. 그러므로 한인을 배제하는 '조선형' 칙사 인선의 '원리'는 지금까지 살펴본 바와는 전혀 다른 차원으로 접근하여 추적해야 한다.

여기서 책봉·조공 관계의 성립 시점과 그 방식에 주목할 필요가 있다. 청나라의 조선 국왕 책봉은 입관 전 홍타이지 시기에 청나라가 조선을 군사적으로 굴복시킨 결과로 이루어졌다. 반면에 유구와 베트남은 모두 입관 후 평화적인 방법으로 청나라의 조공국이 되었다. 말하자면 조선·청의 관계가 청나라가 무력을 동원하여 직접 '획득'한 것이었다면 청나라가 유구·베트남과 맺은 관계는 명나라의 유산을 '상속'한 것이었다.

이 대목에서 다시 '이원구조'론으로 눈을 돌려 보자. 맨콜의 '이원구조'는 원래 청나라의 조공 체제를 설명하기 위한 것이었지만 훗날 확장된 '이원구조'론에서는 과거 명나라의 영토였던 직성 지역도 정주 농경 지대이기 때문에 '동남 초승달 지역'에 포함된다. 이미 설명하였듯이 이 직성 지역의 통치를 위하여 청나라는 명나라의 법률·제도를 계승함과 동시에 만·한 출신을 모두 등용하였다. 반면에 '서북 초승달 지역'에 속하는 번부 통치에는 한인 출신 관료의 참여를 배제하였다. 또한 이 같은 원리는 적어도 19세기 중엽까지 엄격히 준수되었다.

그런데 청나라가 일관되게 한인의 참여를 배제하였던 번부와 칙사의 인선에서 한인의 참여가 역시 일관되게 배제되었던 조선 사이에는 한 가지 공통점이 있다. 번부는 비록 18세기 후반에 이르러 완성되었지만 청나라의 입장에서 번부의 형성은 '몽골 문제'에서 그 단초가 마련되었다. 즉, 17세기 초에 시작된 외번 몽골에 대한 간접 지배로부터 청나라의 번부가 형성되기 시작하였던 것이다.

차하르 정복에 성공한 홍타이지는 1636년 다이칭 구룬의 성립을 선포하고 황제에 즉위하였다. 이것은 곧 '대명(大明)' 중심의 기존 질서에 대항하는 '대청(大淸)' 중심의 새로운 질서 수립을 선언한 것이었다. 그러나 조선은 홍타이지가 구축한 '대청(大淸)' 중심의 새로운 질서를 인정하려 들지 않았다. 이에 홍타이지는 조선을 무력으로 굴복시켰고, 그 결과 조선은 '대청' 중심의 새로운 질서에 편입되었다. 이로써 이미 청나라 입관 전에 조선은 훗날 번부 형성의 단초가 되는 외번 몽골 등과 더불어 '대명' 질서에 대항하는 '대청' 질서의 한 축을 구성하였다.

한편 '유구형' 칙사 인선과 명나라가 조선에 파견한 칙사의 인선을 비교해 보면 환관의 칙사 파견을 제외하고 인선의 대상이 된 관직에 별반 차이가 보이지 않는다. 따라서 '유구형' 인선은 명나라의 방식을 그대로 계승한 것이라 볼 수 있다. 공교롭게도 청나라의 입관 시점에서 유구·베트남은 여전히 '대명' 질서의 일부를 구성하고 있었다. 이러한 측면에서 유구·베트남은 청나라가 명나라의 법률·제도를 계승함과 동시에 만·한 출신을 모두 등용하였던 직성과 동일한 범주에 속하였다고 할 수 있다.

    요컨대 훗날 18세기 후반 시점의 청 제국 및 청 중심의 국제질서는 입관 전에 홍타이지가 구축한 '대청' 질서와 그에 대립하던 '대명' 질서를 통합하고 확대·발전시킨 결과였다. 청 제국의 공간은 다시 한인 출신 관원의 통치 참여가 인정되었느냐, 다시 말해서 한인 관료의 '순례권'에 포함되었느냐를 기준으로 두 가지 공간으로 나눌 수 있다. 입관 전의 '대청' 질서에 속했던 공간은 한인 관료의 '순례권'에 들지 않았던 반면 당시 여전히 '대명' 질서에 속해 있던 공간은 한인 관료의 '순례권'에 포함되었다. 전자에는 조선과 함께 몽골이 속하였고, 후자에는 과거 명나라의 영토와 유구·베트남과 같은 조공국이 포함되었다.

    앞서 언급했듯이 '이원구조'론에서 조선은 유구·베트남과 동일 범주에 속하는 것으로 이해되었다. 그러나 청나라의 '조선형' 칙사 인선에 나타나는 한인 배제 현상을 이해하기 위해서는 조선을 유구·베트남과는 다른 범주에 위치시키지 않을 수 없다. 흥미롭게도 이처럼 조선을 '대명' 중심 질서의 바깥에 위치시키는 청나라의 인식은 강희 연간에 완성된 『황여전람도(皇輿全覽圖)』를 통해서도 엿볼 수 있다.

『황여전람도』의 여러 판본 가운데 1719년에 제작된 동판본(銅版本)은 중화민국(中華民國) 시기 선양에서 발견되어 진량(金梁)이라는 사람이 『청내부일통여지비도(淸內府一統輿地秘圖)』라는 이름으로 간행하였다.[34] 『황여전람도』의 다른 판본들이 모든 지명을 한자로 표기한 것과 달리 이 지도는 일부 지역의 지명은 만주문자로, 나머지는 한자로 표기하였다.

『청내부일통여지비도』에서 산둥 성과 요동 지역, 그리고 한반도가 함께 그려진 부분을 보면, 직성인 산둥 성의 지명이 한자로 표기된 것과 대조적으로 요동의 지명은 만주문자로 표기되어 있다. 그리고 무엇보다도 눈길을 끄는 것은 조선의 모든 지명이 한자가 아닌 만주문자로 표기되어 있다는 사실이다. 『청내부일통여지비도』에서 지명이 한자로 표기된 지역은 과거 명나라의 영토였던 직성뿐이고 나머지 지역은 모두 만주문자로 표기되었다. 이로부터 청나라가 자신들의 '세계'를 둘로 나눌 경우 조선을 한자로 표기한 '대명' 공간의 바깥에 위치시켰음을 알 수 있다. 지도에서 지명을 한자로 표기한 지역은 한인 출신이 통치에 참여할 수 있던 지역, 즉 한인의 '순례권'이었던 반면 만주문자로 표기한 지역은 한인이 통치에 참여할 수 없는 지역이었다.

이와 같은 '분류법'은 칙사 인선이나 지도에서만 만날 수 있는 것이 아니다. 예컨대 만한전석에 관한 서술에서 언급한 바 있듯이 청나라 궁정의 공식 연회 요리를 보면 조선의 사절, 몽골 출신의 부마, 달라이 라마, 판첸 라마 등에게는 5등급의 만주 연회 요리가,

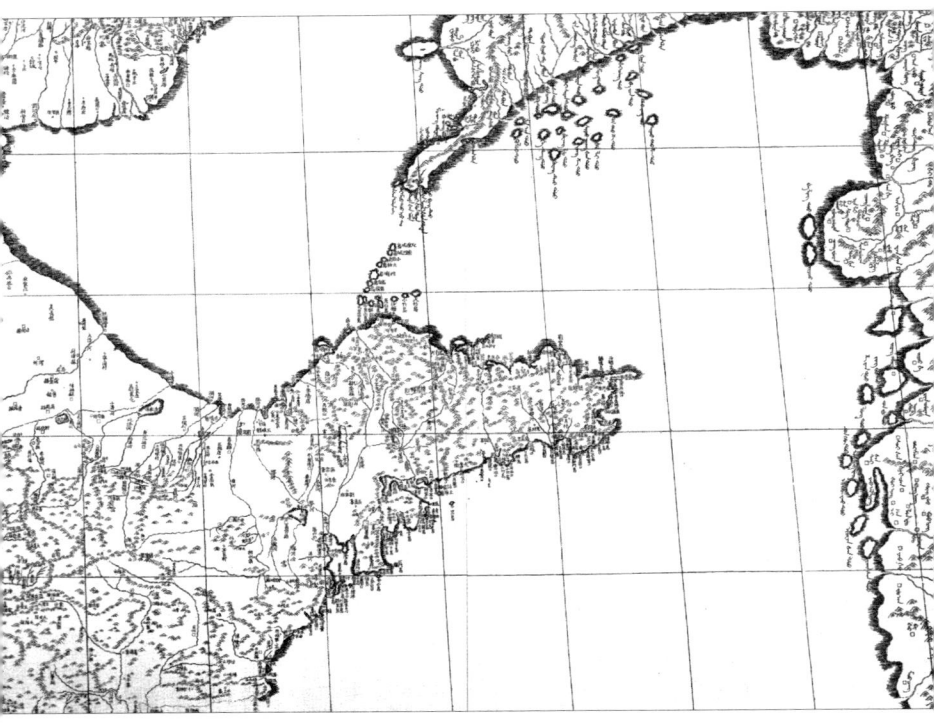

「청내부일통여지비도」의 산둥・요동・조선

「황여전람도」는 서양의 지도 제작술을 활용한 실측 지도다.
「청내부일통여지비도」는 1719년 제작된 「황여전람도」의 동판본으로,
지역에 따라 만주문자 또는 한자로 지명을 표기하였다. 위에서
산둥 성의 지명은 한자로 적었지만 요동 지역과 한반도는 만주문자로
표기하였다.

기타 국가의 사절에게는 6등급의 만주 연회 요리를 제공하였다. 여기에서도 조선은 몽골·티베트와 같은 범주에 속하였던 것이다.

한편 입관 이후 팔기에 새로운 구성원을 편입하는 경우 만·몽·한 가운데 어디에 소속시켰는지도 입관 전의 '대명'과 '대청'이라는 기준으로 설명할 수 있다. 앞에서 입관 전인 1640년대 초 다이칭 구룬의 제국 체제를 단순화하면서, 외번의 구성원과 출신이 같은 사람들이 팔기 내부에도 존재하였음을 지적하였다. 즉, 외번 몽골과 동족인 몽골 유목민 출신이 팔기몽고에, '외번 한인'과 동족인 한군이 팔기한군에 편입되어 있었으며, 조선 출신은 대부분 팔기만주 안에 니루 규모로 존재하였다. 또 다른 곳에서 삼번의 난으로 '외번 한인'이 소멸되면서 그 잔존 세력 일부가 팔기한군에 편입되었음을 언급한 바 있으며, 입관 초 청나라가 명나라 사람들의 일부를 팔기한군에 편입시켰다는 사실도 지적하였다.

그 뒤로 한인이 정식으로 팔기에 편입되는 문호는 닫혀 버렸고, 조선인에게는 그런 기회가 아예 생길 수 없었다. 그러나 팔기에 새로 진입하는 문호가 완전히 폐쇄되었던 것은 아니다. 강희 연간에는 만주의 변경 지역에 살던 퉁구스 및 몽골 계통의 소규모 집단, 즉 허저·쿠얄라·다우르·솔룬·오로천·시버 등이 대거 팔기만주에 편입되었는데, 이들은 '신만주(新滿洲)'로 통칭되었다.[35] 또한 헤이룽장 유역에서 포로로 잡은 러시아인과 타이완에서 투항한 정씨 집단이 각각 니루로 조직되어 팔기에 편입되었다.[36] 건륭 연간에는 위구르 무슬림과 티베트인으로 구성된 니루가 새로 조직되었

고,³⁷ 베트남에서 밀려난 레(黎)씨 왕조의 망명 집단 역시 니루로 조직되었다.³⁸

흥미롭게도 이들 중에서 러시아인, 위구르 무슬림, 티베트인 등의 니루는 팔기만주로 편입되었고, 타이완의 정씨와 베트남의 레씨는 팔기한군에 편입되었다. 이는 입관 전의 '대명'에 속하는 사람들이 팔기에 편입되면 팔기한군에, '대청'에 속하는 사람들은 팔기만주에 편입되었던 것이라고 해석할 수 있다.

｜더 살펴보기

연행사의 봉변

건륭 29년(1764) 정월, 청나라 수도 베이징에는 정사(正使) 순제군(順悌君) 이달(李烜), 부사(副使) 형조판서(刑曹判書) 홍명한(洪名漢), 서장관(書狀官) 이헌묵(李憲默) 등으로 이루어진 조선의 연행사 일행이 머물고 있었다. 건륭 28년 11월 서울을 떠났던 그들은 베이징에 머무는 동안 애꿎은 봉변을 당해야 하였다.[39]

이달 일행은 훗날 정조가 되는 세손(世孫)의 책봉에 대한 사은사(謝恩使)를 겸한 동지사(冬至使)의 임무를 띠고 베이징에 와 있었다. 그들이 청나라로 떠난 뒤인 12월 중순, 서울의 조선 조정은 지중추부사(知中樞府事) 장채유(張采維)를 화급히 베이징으로 파견하였다. 건륭 29년 정월 베이징에 도착한 장채유는 이달 일행의 숙소에 와서 그들이 타고 온 수레를 부순 뒤 청나라 예부에 이달 일행의 죄를 다스려 달라고 청하였다.

이달 일행의 죄목은 청나라 땅에 들어가면 말을 타야 한다는 국왕 영조의 명을 어기고 수레를 탔다는 것이었다. 종래 조선 연행사의 정사와 부사는 가마를, 서장관은 수레를 타고 다녔는데, 이번에는 정사와 부사마저 수레를 탔는데도 말을 타지 않았다는 이유로 죄인이 되어 버린 것이다.

영조가 연행사 일행에게 말을 타라는 명을 내린 데에는 까닭이 있었다. 건륭 28년 봄, 조선 조정은 청나라에 세손 책봉을 요청하였다. 건륭제는 이 요청을 수락하고 시위처(侍衛處)의 산질대신(散秩大臣)이던 종실의 홍영(弘暎)과 일등시위(一等侍衛) 광량(廣亮)을 각각 정사와 부사로 삼아 조선에 파견하기로 결정하였다.

이 일과 관련된 『청실록』의 건륭 28년 6월 25일 조 기록을 보면, 당시 열하(熱河)에 있던 건륭제는 두 사람에게 훈시를 받으러 열하로 올 것 없이 베이징에서 바로 출발할 것과 조선 땅에 들어가서 견여(肩輿)를 타서는 안 되며 오직 말만 탈 것을 명하였다. 건륭제는 "설사 조선 국왕이 견여를 준비하여 마중하더라도 결코 타서는 안 된다."고 강조하였다.

이보다 하루 앞선 6월 24일, 건륭제는 종래 칙사들이 조선 땅에 들어갈 때 조선에서 대기시킨 견여를 탄다는 말을 들었다면서, 앞으로는 '영원토록' 견여를 타지 말고 말을 타야 한다는 상유(上諭)를 내렸다. 이 상유에서 건륭제는 "만주 대신은 본디 말 타기가 익숙할"뿐더러 중대한 사명을 맡은 이상 사신이 편안하게 다녀서는 안 된다고 말하였다. 그리고 이 조치는 외번(外藩)인 조선의 부담도 덜어 줄 수 있다고 덧붙였다. 예부의 자문(咨文)을 통해 이 상유를 접한 조선에서는 황제가 조선을 '체휼(體恤)'해 준 데 대한 감사의 뜻을 예부에 전하였고, 예부는 견여 탑승 금지가 "황상(皇上)의 외번을 체휼하는 지극한 마음"에서 나온 것임을 재차 강조하였다.

홍영 일행은 건륭 28년 7월 19일 베이징을 출발하였다. 그들은 8월 20일 압록강을 건너 9월 4일 서울에 도착하였고, 닷새 뒤 귀로에 올라 9월 22일 압록강을 건너갔다. 실제로 그들은 황제의 명에 따라 조선 땅에서 견여를 타지 않았다. 일이 이렇게 되자 영조는 조선의 사신이 '대국(大國)' 땅에 들어가 감히 가마를 탈 수는 없다고 생각하였고, 11월 베이징으로 떠나는 이달 일행에게 가마를 타지 말고 말을 타고 갈 것을 지시하였다.

동지사 일행이 압록강을 건넌 뒤 평안도 관찰사와 의주부윤이 장계(狀啓)를 올려 정사와 부사가 가마 대신 수레를 타고 갔다고 보고하였다. 이 소식을 접하고 깜짝 놀란 영조는 의주부윤을 유배에 처하고 평안도 관찰사를 파직하였으며, 장채유를 급파하여 동지사 일행이 귀국하면 파직과 유배로 처벌하겠다는 뜻을 청나라 예부에 알리도록 하였다. 예부에서는 그때까지 조선 사신이 수레를 타고 베이징에 들어온 일을 전혀 문제 삼지 않고 있었지만 조선 측의 처벌 요청을 받은 이상 이 사실을 황제에게 보고하지 않을 수 없었다.

그런데 조선의 처벌 요청에 대하여 건륭제는 의외의 반응을 보였다. 건륭제는 칙사의 견여 탑승을 금지했던 이유를, "만주 대신은 본디 말 타기가 익숙"하고 그들이 편안함을 좇는다면 보기에도 좋지 않아 체통을 잃을 수 있기 때문이었다고 밝히는 한편, 조선에서 파견한 사신은 '토속(土俗)', 즉 조선의 본속(本俗)에 따라 수레에 탑승해도 된다고 하였다. 이어서 그는 이달 일행에 대한 처벌은 없던 일로 할 것과 앞으로도 조선 사신은 베이징에 들어올 때 계속 수레를 이용할 수 있도록 할 것을 지시하였다.

결국 이 사건은 칙사의 견여 탑승을 금지한 건륭제의 의도를 조선 조정에서 정확히 파악하지 못한 탓에 일어난 일개 '해프닝'으로 결말이 났다. 조선 조정이 청나라의 의도를 제대로 파악하지 못하여 일어난 '소동'은 이 사건 말고도 여럿 있지만 여기에서 굳이 이 사건을 길게 소개한 데에는 특별한 이유가 있다.

칙사의 견여 탑승을 금지한 건륭제의 명령을 조선 조정에서는 오직 조선의 부담을 덜어주려는 '체휼' 조치로만 해석하였다. 또한 하물며 칙사도 말을 타야 하는 마당에 조선 사신이 수레를 타고 다녔다면 청나라가 이를 불경(不敬)으로 간주하여 사단을 일으킬지도 모른다고 우려하였다. 그래서 황제의 문책이 있기에 앞서 선제적으로 사신 일행에 대한 처벌을 요청하고 나섰다.

비록 건륭제와 예부 역시 외번인 조선에 대한 '체휼'이라는 의미를 언급하긴 하였지만 칙사의 견여 탑승을 금지한 본의는 외번에 대한 '체휼'보다는 오히려 칙사로 하여금 말을 타게 하는 데에 있었다. 건륭제가 보기에, 조선 사신이 수레를 타는 것이 '토속'에 속하듯이, 청나라의 칙사라면 응당 견여가 아니라 말을 타는 것이 그 습속에 부합하는 것이었다.

여기서 응당 말을 타고 다녀야 한다는 칙사가 바로 "만주 대신"이었다는 사실에 특히 주목해야 한다. 홍영과 광량의 관직인 시위처의 산질대신과 일등시위는 기인만이 취임할 수 있는 만결이었고, 특히 홍영은 청나라의 종실, 즉 황족이었다. 당시 건륭제는 만주족 고유의 정체성을 지키기 위하여 만주족에게 '만주족의 법도'를 지킬 것을 거듭 강조하고 있었다. 여기서 '만주족의 법도'란 '국어(國語)', '기사(騎射)', 그리고 소박한 생활을 가리킨다.

앞에서 자세히 고찰하였듯이 청나라가 조선에 파견한 칙사는 '만주 대신'만을 인선 대상으로 삼았다. 이로부터 조선에 가는 칙사의 견여 탑승을 금지한 건륭제의 조치가 사실은 만주족의 정체성에 관한 문제였다는 사실을 파악할 수 있을 것이다.

6장 키메라의 제국

키메라의 제국

　이렇듯 청나라의 입장에서 볼 때 조선은 유구·베트남과 같은 범주에 속하지 않았다. 이 사실은 단지 청 제국 주도의 질서 안에서 조선의 위상을 달리 평가할 가능성을 열어 줄 뿐만 아니라 앞서 언급하였듯이 청 제국 질서의 전체 구조를 새로운 각도에서 이해할 만한 실마리가 되기도 한다.
　'이원구조'론은 생태 환경을 기준으로 청나라의 제국 질서를 구조적으로 이해하려 한 것이다. 그런데 생태 환경에서는 조선이 '동남 초승달 지역'에 속하는 정주 농경 지대일 뿐만 아니라 중국 문화의 영향을 강하게 받은 나라였음에도 청나라는 조선을 유구·베트남과는 분명히 구별되는 방식으로 상대하였다. 그리고 조선과 유구·베트남의 차이는 책봉·조공 관계의 형성 시점과 방식의 차이에서 유래한 것으로 보인다.
　'이원구조'론은 지금까지 고찰한 조선 '변수', 즉 조선과 번부 간의 역사적 친연성을 제대로 반영하지 못한다. 그렇다면 18세기 후반에 완성된, 청 제국을 중심으로 하는 질서의 구조는 생태 환경보다는 오히려 역사적 요인의 영향을 더욱 강하게 받아 만들어진 것이 아닐까? 즉, '중국' 정복 이전의 다이칭 구룬이 만들어 낸 질서에 포함되어 있었느냐의 여부가 생태 환경이나 문화의 차이보다 우선적으로 작용하였던 것이다. 이로부터 발생학적 접근(embryological approach)으로 청 제국의 탄생과 성장, 그리고 제국의 지배 구조를 이해하는 방식을 상정해 볼 수 있다.

앞에서 다이칭 구룬을 1636년경에 탄생한 하나의 생명체에 비유하였다. 이 비유를 입관 이후의 청나라에도 적용해 보자. 청나라는 1680년대 이후 중대 현안으로 등장한 준가르 문제를 해결해 나가는 과정에서 외몽골, 티베트, 신장 등을 차례로 판도에 편입시켰다. 이 번부를 청 제국이라는 생명체의 사지(四肢)에 해당한다고 본다면, 이 사지의 신체 조직은 몽골과 만주의 유전자가 발현되면서 자라난 것이다. 청나라의 입장에서 보면 조선·러시아와의 관계는 이 사지의 '일부'였다.

한편 명나라 정복의 결과물인 청 제국의 직성은 이 생명체의 몸통에 해당한다. 이 몸통의 신체 조직은 주로 한인과 만주 유전자가 발현되면서 자라난 것이다. 역시 명나라의 유산이었던 유구·베트남 등의 조공국은 이 몸통의 '일부'라고 간주할 수 있다. 그리고 청 제국의 근간을 이루었던 팔기만주·팔기몽고·팔기한군은 곧 이 생명체의 머리에 해당하며, 그 조직은 만주 유전자를 위주로 하면서도 몽골과 한인 등의 유전자가 함께 발현되어 만들어진 것이다.

이처럼 만주 땅의 작은 집단에서 비롯된 청 제국의 탄생과 성장 과정을 하나의 생명체가 잉태되어 태어나고 자라나는 과정에 비유할 수 있다면, 청나라는 '키메라'의 제국이라고 부를 수 있다. 이 책의 첫머리에서 이미 소개한 '키메라'를 다시 상기해 보자. 여기서 말하는 '키메라'는 그리스 신화 속의 괴물이 아니라 「과학수사대」라는 미국 드라마에 등장했던 인간 '키메라'처럼 서로 다른 유전 형질을 가지는 세포조직이 하나의 생명체 안에 공존하는 유전자 혼재 생물을 가리킨다. 인간 '키메라' 역시 정상이라고는 할 수 없으므로 여전히 '괴물'의 이미지를 떠올린다는 문제가 없지 않지만 그 '괴물'의 이미지만 제거한다면 청 제국이 「과학수사대」의 인간 '키메라'를 닮았다는 것은 분명하다.

  만약 청 제국의 직성 지역에서만 시료를 채취해서 보면 청나라 황제는 한화에 성공한 '중국'의 수명천자(受命天子)처럼 보이지만 직성 이외의 지역에서 시료를 채취해서 보면 전혀 다른 모습이 떠오른다. 몽골 유목민의 초원 세계에서는 대칸의 이미지, 티베트를 중심으로 한 티베트 불교도의 세계에서는 불법(佛法)의 수호자인 전륜성왕이자 '문수보살 황제'라는 이미지, 타림 분지의 위구르 무슬림 세계에서는 이슬람의 보호자라는 이미지를 각각 갖게 된다. 그리고 기인(旗人)의 세계에서는 누르하치의 계승자인 한(汗)으로 표상되었다.

  청 제국을 '키메라'에 비유할 수 있다면 우리는 그 '키메라' 생명체를 다음과 같은 모습으로 정리할 수 있다. 이 생명체는 생물학적 발생 과정에서 몇 가지 서로 다른 유전자 조합이 형성되고 그

것이 세포와 조직으로 자라나서 각기 머리·몸통·사지 등을 이룬 아주 복잡한 '키메라'다. 청나라의 팔기 조직은 청 제국이라는 '키메라' 생명체의 머리에 비유할 수 있다. 팔기는 곧 1636년경에 탄생한 다이칭 구룬으로, 그 자체가 만주·몽골·한인의 유전자가 혼재하는 '키메라'였다.

입관 이후 팔기는 청나라의 제국 통치에서 줄곧 중추의 역할을 맡았다. 청 제국에서 명나라의 유산이라 할 수 있는 직성은 제국 전체를 지탱하는 각종 자원을 공급하였으므로 음식물을 소화하여 양분을 온몸에 공급하는 몸통에 해당한다. 이 몸통의 세포와 조직은 만주 유전자의 통제를 받는 가운데 한인의 유전자가 발현되어 자라난 것이다. 한인 유전자의 작용 범위는 대체로 몸통에 국한되었다.

청 제국의 번부는 '키메라' 생명체의 사지에 해당한다. 다이칭 구룬의 탄생 무렵 사지에 해당하는 부분은 내몽골 초원에 불과하였지만 18세기 후반이 되면 제국 판도의 절반을 넘길 정도로 커졌다. 이 부분의 세포와 조직에는 만주 유전자와 몽골 유전자가 발현되었다고 할 수 있다.

그리고 이처럼 청 제국의 탄생과 성장, 그리고 지배 구조를 역사의 시간 속에서 탄생하고 성장한 '키메라' 생명체에 비유하면서 발생학적으로 접근하는 이해 방식은, 18세기 말 위풍당당함을 자랑하던 '세계제국' 청나라가 19세기를 거치면서 '중화제국'으로 변모하는 과정을 설명하는 데에도 적용할 수 있다.

청 제국의
변질과 '한화'

청 제국의 찬란한 전성기를 만끽한 건륭제는 재위(在位) 60년 만에 아들에게 제위를 물려주고 자신은 태상황제(太上皇帝)가 되겠다는 뜻을 공표하였다. 조부인 강희제의 재위 61년이라는 '기록'을 깨지 않기 위해서였다. 1796년 건륭제의 양위를 받아 즉위한 가경제는 부친이 살아 있는 동안은 허수아비와 다름이 없었다.

그러나 1799년 건륭제가 89살의 나이로 사망하자 가경제는 아버지의 총신 화신(和珅)을 숙청하여 자살을 명하였다. 화신은 정홍기 만주 소속의 기인으로 부패 관료의 대명사로 알려진 인물이다. 가경제가 몰수한 그의 재산 총액은 자그마치 은(銀) 8억 냥에 달했다고 한다. 이 무렵 청나라의 세입(歲入)이 기껏해야 7000만 냥 정도였으니 화신의 축재는 실로 상상을 초월한다. 화신의 부패 '스캔들'은 건륭제 치하 성세(盛世)의 어두운 그늘을 남김없이 폭로한 것이었다. 화려한 겉모습과 달리 청나라는 속이 곪아 가고 있었다.

이뿐만이 아니었다. 가경제의 즉위 직후 후베이·쓰촨·산시(陝西) 등 세 성의 경계가 교차하는 산간 지대에서 백련교(白蓮敎)의 반란이 일어났다. 청나라는 이 반란의 진압에 1억 3000만 냥의 군비를 썼다고 한다. 이 전쟁으로 인해 건륭 말년만 해도 7000~8000만 냥의 은을 보유했던 청나라의 국고 사정은 크게 악화되지 않을 수 없었다. 게다가 청 제국의 기둥이었던 팔기 군대가 이미 전투력을 상실하였다는 사실이 낱낱이 드러났다. 반란의 진압에는 각지에서 한인이 조직한 의용군의 활약이 컸다.

또한 구이저우와 후난 지역에서는 백련교의 반란보다 1년 앞선 1795년에 묘족(苗族)의 반란이 일어나 1801년까지 계속되었다. 게다가 이 무렵 동남 연해 지역에서는 해적이 기승을 부려 스스로 왕을 칭하는가 하면 바다를 오가는 선박을 상대로 노략질을 자행하였다. 청나라는 한인 무장의 힘에 기대어 이들을 어렵사리 진압할 수 있었다. 1811년에는 허난·산둥·직례에서 천리교(天理敎) 신도들이 반란을 일으켰고, 반란군의 일부가 자금성에 침입하는 사건까지 일어났다.

이들 반란을 겨우 진압한 뒤에는 외부로부터 새로운 위기가 엄습해 왔다. 19세기 전반 청나라는 영국의 인도산 아편 밀무역으로 은이 대규모로 유출되어 심각한 경제 위기에 빠져 들었다. 청나라는 아편을 엄금(嚴禁)하는 강경책을 추진하였고, 이는 결국 아편전쟁의 발발로 이어졌다. 이 전쟁에 패한 청나라는 1842년에 영국과 난징 조약을 체결하였다. 1850년대 말에 일어난 또 한 차례의 전쟁에 패한 청나라는 톈진 조약과 베이징 조약을 체결하였다. 이로써 청나라는 서양 여러 나라가 무력을 앞세워 강제한 '불평등 조약 체제'에 편입되었다.

그러나 19세기 중엽 청 제국을 위기로 내몬 것은 단지 영국을 필두로 한 서양 세력만이 아니었다. 이 시기는 청나라에 문자 그대로 '내우외환(內憂外患)'의 시대였으며, 기실 '외환'보다는 오히려

'내우'의 위협이 더욱 심각하였다. 영국 등과 두 차례 전쟁을 치를 무렵 청나라는 제국 곳곳에서 발발한 각종 반란에 시달렸다.

대표적인 예만 몇 가지 들면, 1851년 광시 성에서 시작된 태평천국(太平天國)의 반란이 걷잡을 수 없이 확산되어 제국의 경제 심장부라 할 수 있는 창장(長江) 유역을 휩쓸었다. 1862년에는 산시(陝西)에서 회족(回族), 즉 한인 무슬림이 반란을 일으켰고, 이 반란은 산시뿐만 아니라 간쑤 지역까지 확산되었다. 산시·간쑤 지역 무슬림의 반란은 타림 분지의 위구르 무슬림을 자극하여 1864년 곳곳에서 반란이 발발하였다. 급기야 서쪽 코칸드 출신의 야쿱 벡 세력이 타림 분지의 여러 도시를 평정하고 이슬람 정권을 수립하는 사태까지 벌어졌다.

이처럼 전에 없던 위기에 빠진 청나라를 수렁에서 건진 것은 한인이었다. 증국번(曾國藩), 이홍장(李鴻章), 좌종당(左宗棠) 등으로 대표되는 한인 지배층은 상군(湘軍)과 회군(淮軍) 등의 의용군을 조직하여 태평천국 진압에 앞장섰다. 뿐만 아니라 산시·간쑤의 반란을 진압한 데 이어 야쿱 벡 정권까지 무너뜨렸다.

베이징 조약 이후 서양과의 관계가 일단 안정 국면으로 접어들면서 '외환'이 어느 정도 가라앉았을 뿐만 아니라 한인 지배층의 활약 덕분에 '내우'마저 잦아든 시기를 일러 '동치중흥(同治中興)'이라고 부른다는 것은 잘 알려진 바지만, 여기서 특별히 주목하고 싶은 사실은 청나라의 내치와 외교에서 한인 관료의 역할과 비중이 전에 없이 확대되었다는 점이다. 함풍제(咸豐帝) 사후 쿠데타를 일으켜 조정을 장악한 서태후(西太后) 정권은 제국 통치는 물론이거니와 외교 분야에서도 한인의 힘을 빌리지 않을 수 없었다. 어느 학자가 19세기 중엽 이후의 청나라를 두고 한인 지배층의 등에 업혀 간신히 버텨 나갔다고 지적한 것은[1] 다소 과장된 감이 없지 않으나 실로 정곡을 찔렀다고 하겠다.

19세기 후반 한인 세력의 부상(浮上)을 몇 가지 측면에서 예시해 보겠다. 먼저 이성봉작의 수여에 나타난 변화다. 앞에서 지적하였듯이 18세기 말까지 청나라가 한인에게 봉작을 수여한 사례는 10건에 불과하였다. 19세기에 들어서서 팔기 군대의 무기력이 드러난 가운데 한인 무장이 각지의 반란 진압에서 두각을 나타냄에 따라 가경과 도광 연간에 9명의 한인이 봉작을 받았다.[2] 그러나 여기서 특히 강조하고 싶은 것은 상군과 회군을 조직하여 태평천국 등을 진압한 한인 문신들이 대거 봉작을 받았다는 사실이다.

증국번은 후작(侯爵), 이홍장, 좌종당, 증국전(曾國荃) 등은 백작(伯爵)을 받았다. 이밖에도 상군·회군 출신의 한인 여러 명이 자작(子爵)과 남작(男爵)을 받았다.[3] 증국번 등의 봉작에 특히 주목해야 하는 이유는, 그들이 무장이 아닌 문신으로 한인 사회의 '주류' 출신일 뿐만 아니라 당시 직성의 민정과 재정, 그리고 군사력을 장악한 사람들이었기 때문이다. 비록 반란 진압에 큰 공을 세웠지만 문신, 그것도 한인 문신에 대한 봉작 수여는 청나라에서 대단히 이례적인 일이었다.

하지만 이는 증국번이 그 공적에 비해 낮은 봉작을 받은 원인이 되기도 하였다. 원래 함풍제는 태평천국으로부터 난징을 수복한 사람을 군왕(郡王)으로 봉하겠다고 하였다. 그러나 정작 한인 문신인 증국번이 그런 공적을 세우자 전례가 없다는 이유로 군왕 봉작을 수여하는 대신 증국번을 포함한 4명의 한인에게 각각 후·백·자·남의 봉작을 주었다.[4] 비록 원래 약속된 대로 왕작(王爵)을 받지는 못했지만 문신 출신의 거물 한인들이 청 제국 공신의 반열에 올랐다는 것은 청나라의 지배 구조에 중대한 변화가 일어나고 있었음을 단적으로 드러낸다.

다음으로 직성의 총독 인사에 나타난 변화를 살펴보자. 18세기 말까지 청 제국은 직성의 총독 자리를 한인 관료에게 맡기는 것을 꺼렸지만 동치 연간(1862~1874)의 청나라는 한인의 활약에 힘입어 가까스로 망국의 위기를 벗어나 중흥의 시대를 맞이하였고, 청나라를 구원한 한인 지배층은 국정의 전면으로 부상하기 시작하였다. 광서 연간(1875~1908) 초기의 총독 인사는 청나라의 직성 통치가 사실상 한인의 수중으로 넘어갔다는 사실을 극명하게 보여 준다.

정월 초하루를 기준으로 광서 원년부터 광서 10년까지의 총독 80명을 보면, 단 1명이 팔기만주 출신이었을 뿐이고 나머지 79명은 모두 한인이었다.[5] 또한 입관으로부터 240년, 태평천국 진압 후 20년이 지난 1884년 초 성급 단위의 인사 실태를 보면, 직성의 총독 8명은 전원이 한인 출신이었으며, 순무는 15명 중에서 13명이 한인, 1명이 팔기만주, 1명이 팔기한군이었다. 그리고 포정사는 19명 중 한인이 15명, 안찰사는 18명 중 한인이 15명이었다.[6]

청 제국의 통치에서 한인의 약진은 직성에만 국한된 현상이 아니었다. 과거 한인 관료의 '순례권'을 벗어나 있던 만주와 번부의 통치에서도 한인 관료들이 서서히 두각을 나타내기 시작하였다. 그리고 한인 관료의 부상(浮上)과 동시에 만주·번부의 '직성화(直省化)', 즉 '중국화'가 개시되었다. 19세기 후반 청 제국이 '만국공법(萬國公法)' 아래의 온전한 주권국가로 살아남기 위하여 가장 시급하고 절실했던 과제는 국경의 확정과 영토의 확보였으며, 이 영토 안에서는 청나라의 배타적인 주권이 어디에서나 균질적으로 행사되어야 했다. 이런 목적을 달성하기 위하여 동원된 수단은 직성의 통치 제도를 제국 전역으로 확산시키는 것이었다. 이는 곧 격리 정책과 본속주의의 포기를 의미하였다.

1870년대 초 청나라는 신장을 영구 상실할 위험에 처하였다. 톈산 남쪽에 야쿱 벡 정권이 들어선 데다 그 북쪽에서는 러시아가 일리 지역을 무력으로 점령하였기 때문이다. 이에 청나라는 좌종당의 주도로 신장에 대하여 대대적인 군사작전을 벌였고, 원정의 성공 이후에는 과거 번부의 일각을 구성하던 신장의 통치 체제를 일신하였다.[7] 1884년 신장 지역에 주현 체제를 전면 도입하고 신장 성을 설치한 것이다. 신장의 회복을 주도했던 것도 한인 좌종당이었거니와 1884년 이후 1905년까지 신장 성의 순무 자리는 한결같이 한인이 차지하였다.[8]

비록 청나라 때에 성을 설치한 것은 아닐지라도 내몽골과 티베트에도 '중국화'의 물결이 밀어닥쳤다. 몽골 초원의 동남부에서는 이미 18세기부터 북중국 각지에서 흘러든 한인에 의해 농지 개간이 이루어지긴 하였지만, 이는 결코 청나라가 의도한 일은 아니었으며, 일부 지역의 주현 설치는 늘어난 한인 인구를 관리하기 위한 사후적인 조치였을 따름이다. 그러나 1900년대 초가 되자 청나라는 몽골의 유목지에 대한 봉금을 해제하여 한인의 이주를 공인하기에 이르렀다.[9] 이에 따라 농지 개간과 함께 한인의 몽골 유입이 본격화되었고, 중화민국 시기에는 마침내 내몽골 지역에도 성제(省制)가 실시되어 3개 성이 설치되었다.

티베트에서 1904년의 라싸 조약을 전후하여 영국의 침략이 노골화되자 청나라는 티베트를 영토로 확정하기 위한 노력을 본격화하였다. 마침 쓰촨 서부의 티베트인들이 사는 캄(Kham) 지역에서 분쟁이 발발하자 청나라는 피로 얼룩진 진압 작전을 벌인 뒤 이 지역에 주현을 설치하였다.[10] 중화민국 시기에 이르면 이 지역에도 성제가 실시되었다. 또 1910년에는 청나라가 티베트 본토로 군대를 파견하여 라싸에 진주하고, 달라이 라마가 인도로 망명하는 사태까지 일어났다.[11]

청나라의 발상지 만주 지역 역시 이런 흐름에서 예외가 되지 못했을 뿐만 아니라 오히려 '직성화'가 훨씬 더 빠른 속도로 진행되었다.[12] 건륭 초에 청나라는 한인의 만주 이주를 엄금하는 봉금 정책을 확립하였으나 법망을 뚫고 많은 한인 유민(流民)이 만주로 흘러들었다. 19세기 전반 청나라는 늘어나는 한인 인구를 관리하기 위하여 성경장군과 길림장군 관할 지역에 주현 아문을 설치하였지만 이들 신설 행정 단위의 장관에는 여전히 기인 출신을 임명하였다.

하지만 19세기 후반에 이르러 만주의 행정 체제에 중대한 변화가 일어났다. 특히 광서 연간에 접어들면서 한인 인구가 급증하자 잇따라 주현을 신설했고, 1904년부터 1910년에 이르는 불과 9년 동안에는 무려 73개의 주현을 새로 설치하였다. 게다가 광서 연간 만주 소재 주현의 인사 실태를 보면 한인의 약진이 두드러진다. 예컨대 일찍부터 주현을 설치하였던 하이청(海城) 등 네 지역을 보면 광서 연간에 임명한 128명의 지현(知縣) 중 기인은 팔기한군을 포함해서 30명으로 전체의 약 23퍼센트에 머물렀다. 이는 18세기 후반 47명 중 한인이 겨우 9명에 그쳤던 것과 극명한 대조를 이룬다.

결국 18세기 후반만 해도 주방팔기 체제를 근간으로 하였던 청나라의 만주 통치는 19세기 후반 이후 직성과 다름없는 주현 체제로 이행하였다. 그리고 이러한 변화는 1907년 동삼성(東三省) 설치로 완성되었다. 청나라는 봉천장군·길림장군·흑룡강장군 등을 없애고 동삼성총독·봉천순무·길림순무·흑룡강순무 등을 두었다. 또한 이들 총독·순무의 출신 역시 다른 직성과 다를 바 없었다. 동삼성 설치 이전 주방팔기의 장군은 모두 기인이었으나 1907년의 개혁 직후 동삼성의 총독·순무는 전원 한인으로 채웠다.

19세기 후반 청나라가 만주에서 기존의 주방팔기 체제를 버리고 주현 체제로 적극 전환했던 데에는 대외 위기가 큰 영향을 끼쳤다. 1860년을 전후하여 청나라는 만주에서 방대한 땅을 러시아에 빼앗겼다. 또한 1890년대 말에는 만주의 철도 부설권과 뤼순(旅順)·

다롄(大連)을 러시아에 조차지(租借地)로 내주었다. 이어서 1900년에는 의화단(義和團) 진압을 명분으로 러시아가 만주를 점령하였고, 1904년에는 만주를 무대로 러시아와 일본이 전쟁을 벌였다. 러일전쟁 이후에는 일본이 만주에 대한 야욕을 노골화하기 시작하였다. 청나라는 이 같은 대외 위기에 직면하자 만주에 대한 봉금 정책을 포기하고 적극적인 개간 정책을 추진하였다. 그 결과 만주의 한인 인구는 1910년경 약 1650만 명을 넘어서서 만주 인구의 약 90퍼센트를 차지하였다.

요컨대 19세기 후반 청나라는 종래 제국 통치의 원리였던 격리 정책과 본속주의가 크게 흔들리면서 만주와 번부의 직성화가 진행되었으며, 동시에 제국 통치의 주류에서 배제되었던 한인 관료의 역할 비중이 대폭 확대되었다. 증국번, 이홍장, 좌종당 등을 필두로 한 한인 관료는 제국의 공신 반열에 올랐을 뿐만 아니라 기인들을 대신하여 총독·순무 자리에 올라 직성의 성급 행정을 장악하였다. 한발 더 나아가 이들은 만주와 신장의 성제 실시를 주도하였다. 이러한 한인 관료의 정치적 성장과 청 제국 내부의 구조 변화는 청 제국의 변질이라고 부를 만한 일이었다.

19세기 후반 한인 세력의 부상은 외교 분야에도 반영되었다. 러시아와 조선을 사례로 들어 보자. 먼저 러시아의 사례다. 청나라는 17세기 말에서 18세기 초에 걸쳐 러시아와 평등 조약에 입각한 외교 관계를 수립하였다. 당시 청나라는 러시아와의 외교에서 한인의 참여를 배제하였다. 또한 대러시아 외교에서 만주어를 중심으로 러시아어, 몽골어, 라틴어 등의 언어를 썼으며, 한어·한문은 사용하지 않았다. 청·러시아 관계는 청의 입장에서 볼 때 '몽골 문제'의 일부로 간주되었고, 따라서 기본적으로 한인과는 무관한 문제로 취급되었던 것이다.

그러나 1858~1860년에 걸쳐 체결된 톈진 조약과 베이징 조약에 의해 종래의 '네르친스크-캬흐타 조약 체제'는 폐기되는 운명을 맞이하였고, 그와 동시에 '한인과 한문의 배제'라는 특징도 사라졌다. 대러시아 외교에서 교섭의 언어는 한어·한문으로 바뀌기 시작하였으며, 1880년대 초 상트페테르부르크 조약 이후에는 교섭의 주체 또한 한인 관료로 바뀌었다. 이제 청나라의 대러시아 외교는 다른 열강과의 외교와 마찬가지로 '불평등 조약 체제'의 틀에서 이홍장 등 한인 관료가 주도하였으며 한어·한문이 교섭의 언어로서 만주어의 지위를 대신하였다.[13]

조선의 사례에서도 동일한 성격의 변화가 나타났다.[14] 조선에 파견한 칙사의 인선에서 뚜렷하게 드러났듯이 청 제국은 원래 대조선 외교에서 한인 관료의 직접 개입을 배제하였다. 그러나 1880년경에 이르자 한인 관료가 청나라의 대조선 외교를 주도하였다. 그전까지는 청나라의 한인 관료가 조선을 방문한 예가 없었지만 1880년대에 접어들자 한인 관료는 물론이거니와 한인으로 이루어진 군대까지 조선 땅에 들어왔다. 1882년 상민수륙무역장정(商民水陸貿易章程)을 체결한 이후에는 한인 상인들이 대거 조선 시장에 진입하여 상권을 장악하는 사태가 일어났다.

청나라는 한편으로 서양 열강에 대하여 조선이 청의 '속방(屬邦)'이라고 주장하고, 다른 한편으로는 서양 열강이 자국에 강요하였던 '불평등 조약'을 응용하여 조선에 적용시켰다. 이 문제와 관련하여, 어떤 연구자들은 1880년대 이후의 양국 관계를 '종번관계(宗藩關係)의 강화에 의한 종속관계(宗屬關係)의 형성'이라든가 '청나라의 종주권 강화' 등으로 해석하는데, 이는 양국이 조공 관계의 '외형'을 유지하였다는 사실을 중시한 것으로 보인다. 또 다른 연구자들은 이 시기 청나라의 조선 정책을 '파생된 제국주의(secondary imperialism)' 또는 '비공식적 제국주의(informal imperialism)' 등으로 규정하는데, 이는 양국 관계의 '외형'보다는 '실질'을 더 강조한 것이다.

여기에서 어떤 해석이 더 타당한지를 따지고 싶지는 않다. 다만 이 시기 양국 관계의 변화가 청 제국 내부의 변화와 조응한다는 점에 주목하고자 한다. 청 제국의 내정과 마찬가지로 한인 관료가 청나라의 대조선 정책을 주도하기 시작하였고, 이를 배경으로 한인 지식인들의 뿌리 깊은 화이사상(華夷思想)이 '만국공법'의 논리와 묘한 형태로 결합하는 현상이 일어났다.

요컨대 적어도 18세기 말까지 청나라의 제국 통치는 한인이 주류에 끼기 힘든 구조였지만 19세기 후반에는 한인 세력이 제국 통치의 방향을 좌지우지할 수 있는 주류 세력으로 떠올랐다. 증국번, 이홍장, 좌종당 등을 필두로 한 한인 관료들은 제국의 공신 반열에 올랐을 뿐만 아니라 기인들을 대신하여 총독·순무 자리를 맡아 직성의 통치 권력을 수중에 넣었다. 그들은 또한 과거 직성으로 제한되었던 '순례권'을 제국 전체로 확대하였고, 대러시아·대조선 정책을 포함하여 청 제국의 외교도 주도하였다. 이제 청나라는 과거의 본속주의를 포기하고 번부와 만주의 '중국화'를 추진하여 신장과 만주에도 성제를 실시하였다.

단, 이 모든 변화에도 불구하고 한인이 청 제국의 '주인'이 되었다고 말할 수는 없다. 적어도 베이징의 청나라 조정은 서태후의 수중에 있었다. 기인(旗人)과 민인(民人)의 구별도 없어지지 않았고, 중앙의 관제에서 만결(滿缺)의 압도적인 비중 또한 여전하였다. 변한 것과 변하지 않은 것을 종합적으로 고려할 때, 19세기 후반의 청 제국은 '만·한 연합 정권'으로 바뀌었다고 보아야 한다.

지금까지 살펴본 청 제국의 변질을 주식회사의 지배 구조 변화에 빗대어 보자. 19세기 중엽까지 청 제국의 지배 구조에서 한인은 기껏해야 이해관계자(stake-holder)였을 뿐이지 주주(share-holder)는 결코 아니었다. 그러나 19세기 중엽의 내우외환을 겪으며 '주식회사 다이칭 구룬'은 파산 위기에 내몰렸다. 이 순간 한인 지배층이 회사를 파산에서 구하였다. 회사는 기존 주식의 상당수를 소각하고 한인의 자본을 유치하여 그들에게 신주를 내주었다. 이제 한인은 '주식회사 다이칭 구룬'의 주주 명부에 이름을 올렸다. 청나라가 중국번 등에게 봉작을 주어 제국의 공신 반열에 올린 것은 그들의 주주 지위를 공인한 것이다.

새로운 주주들은 이사진에 참여하여 경영 전반에서 목소리를 높였고, 제국 전체에 대한 구조 조정을 이끌었다. 제국주의의 위협

앞에서 나라를 유지하기 위해서는 기존 주주들도 구조 조정 노력에 동참하지 않을 수 없었다. 즉, 19세기 중엽 이후 번부와 만주의 '직성화' 내지 '중국화'는 만·한의 '합작품'이었던 것이다.

장기적인 시각에서 보면 청이라는 '세계제국'을 '중화제국'으로, 이어서 중국이라는 근대 국민국가(nation-state)로 탈바꿈시키는 과정 역시 만·한의 공동 프로젝트로 시작되었다고 할 수 있다. 단, 청나라 말기의 만·한 관계와 관련하여 유념해야 할 것이 있다. 그것은 팔기 제도가 끝까지 유지되었으며, 따라서 기인과 민인, 즉 만·한의 구분과 차별도 사라지지 않았다는 사실이다. 이는 청나라 말의 '만주 대 한인'과 '보수 대 개혁'이라는 두 가지 대립 구도의 혼재에 영향을 끼쳤다. 여기서 이 두 가지 구도를 '만주=보수', '한인=개혁'으로 단순화해서는 안 된다. 개혁을 추구하는 만주, 보수를 지향하는 한인도 있었기 때문이다.

한편 '직성화' 또는 '중국화'라는 만·한 합작 프로젝트는 몽골, 티베트, 신장 등지에서는 심각한 불안감과 위기감을 조성하였다. 특히 의화단 전쟁 이후 청나라 조정이 근대 국민국가 건설을 지향하며 본격적으로 추진한 '신정(新政)' 개혁은 몽골과 티베트에서 거센 반발을 불러일으켰다.

이상과 같은 청 제국의 변질을 '키메라' 생명체에 빗대어 보면 다음과 같이 묘사할 수 있다.

19세기 후반에 이르러 청 제국이라는 '키메라' 생명체는 한 차례의 급속한 '변이'를 경험하였다. 안팎의 생존 환경이 급변하는 가운데 '키메라' 생명체의 내부에서는 한인 유전자가 크게 활성화되었다. '키메라'의 몸통에서는 만주 유전자가 발현된 조직이 퇴화하는 대신 한인 유전자가 발현되어 형성된 조직이 급속히 자라서 몸통 전체를 장악하였다. 한인 유전자가 발현된 세포와 조직은 몸통을 벗어나 '키메라'의 사지로 전이되었다. 머리에서도 똑같은 일이 일어났다. '키메라' 생명체의 '사령탑' 안으로 한인 유전자가 발현된 조직이 퍼져 확고하게 자리를 잡았다.

    앞에서 보았듯이, 청나라가 내세운 '만한일가'라는 구호는 18세기 말까지 단지 허울에 지나지 않았다. 어찌 보면 19세기 후반의 청 제국에서는 이 '만한일가'의 구호가 더 이상 허울에 그치지 않고 마침내 현실 속에 구현되기 시작하였다고 할 수 있다. 그러나 청 제국은 이제 '세계제국'의 면모를 상실해 가고 있었다. 안으로는 제국 전체의 '중국화'가 추진됨과 동시에 한인 인구의 거주지가 제국 전체로 확산되기 시작하였다. 밖으로는 청 제국이 '중화제국(Chinese Empire)'이라는 이름으로 국제사회의 일원이 되었다. 이런 의미에서 보면, 바로 이 시기부터 '키메라'의 제국 청나라에 진짜 한화(漢化)가 진행되기 시작하였다고 할 것이다.[15]

'키메라'의 사멸

    부족하고 아쉬운 느낌을 떨칠 수 없지만 이제 이 책의 이야기를 끝맺을 때가 되었다. 청나라가 절체절명의 위기에서 벗어난 1860년대 이후 지금까지 약 150년의 시간이 흘렀고, 그 사이에 정말 많은 일이 일어났다. 1911년 10월 10일 후베이 성 우창(武昌)에서 혁명 봉기가 발발하여 1912년 1월 1월 난징에 중화민국(中華民國) 임시정부가 수립되었다. 이어서 1912년 2월 12일에는 선통제(宣統帝), 즉 푸이(溥儀)가 퇴위를 선언함으로써 청 제국은 마침내 역사 속으로 사라졌다.

신생 중화민국은 베이징에 수도를 두었고 초대 대총통(大總統)에는 선통제의 퇴위를 주도한 위안스카이(袁世凱)가 취임하였다. 그러나 중화민국의 베이징 정부는 위안스카이의 독재와 그의 사후 벌어진 군벌(軍閥) 세력의 각축으로 인해 또 다른 혁명 운동의 타도 대상으로 전락하였다.

1920년대에 쑨원(孫文)의 국민당(國民黨)은 공산당(共産黨)과 더불어 국민혁명(國民革命)을 전개하였다. 쑨원 사후 국민당의 장제스(蔣介石)는 북벌에 나섰고 1927년 난징에 새로운 정부를 세웠다. 그 이듬해 중화민국 난징 정부는 베이징을 점령하여 남북을 통일하였다.

이어서 국민당의 난징 정부는 1927년 북벌 과정에서 결별을 고한 공산당과 내전을 벌이기 시작하였다. 1930년대에 들어서자 일본이 압박과 침략의 수위를 점차 높여 갔다. 난징 정부는 공산당과 내전을 중지하고 1937년 7월부터 전면적인 항일전쟁에 돌입하였다.

1945년 8월 일본의 항복으로 항일전쟁은 끝이 났지만 국민당과 공산당의 내전이 이어졌다. 이 내전은 공산당의 승리로 귀결되어 1949년 10월 1일 베이징에 중화인민공화국(中華人民共和國) 정부가 정식으로 수립되었다. 그 이후로도 중국은 문화대혁명과 같은 동란(動亂)의 터널을 통과해야 했다. 그러나 혁명, 전쟁, 동란 등으로 점철된 격동의 세월은 마침내 기억 저편으로 지나갔고, 이제 얼마 안 있으면 18세기 후반 전성기의 청 제국이 그랬던 것처럼 중화인민공화국이 세계 최대의 경제 대국 자리를 차지할 것으로 보인다.

하지만 이 책의 첫머리에서도 언급하였듯이 오늘날 중국은 티베트와 위구르, 그리고 타이완 문제 등 많은 난제에 직면해 있다. 이 책의 이야기를 마무리해야 하는 마당에 이런 문제를 자세히 다룰 시간도 없거니와 사실 나에게는 그럴 능력도 없다. 나는 그저 청나라 역사를, 그것도 아주 조금 공부했을 뿐이다. 그래서 청 제국의 역사를 공부하는 사람으로서 오늘날 중국의 민족 문제와 역사 문제를 장기적인 시각에서 어떻게 보면 좋을지 잠깐 이야기하는 것으로 이 책을 마무리하고자 한다.

청 제국이 변질의 과정을 겪으면서 만·한 연합 정권이 형성되고 '중흥'의 국면이 도래하기도 하였지만 1890년대에 이르러 만·한 연합 정권의 한계가 여지없이 드러나고 말았다. 청나라는 동쪽의 작은 섬나라로만 여기던 일본과 전쟁을 치러 처참한 패배를 맛보았고 곧이어 제국주의 열강에 갈기갈기 찢겨서 식민지로 전락할지도 모르는 위기에 직면하였다.

이 무렵 위기 탈출을 위한 변화를 추구하던 한인은 대체로 두

가지 입장으로 갈렸다. 하나는 청 제국을 유지한 채 더욱 강력한 '구조 조정'을 추진한다는 입장이었다. 1898년의 무술변법(戊戌變法)을 주도했던 캉유웨이(康有爲) 같은 사람이 이런 입장에 속한다. 무술정변(戊戌政變)의 쿠데타를 일으켜 캉유웨이의 개혁을 약 100일 만에 좌절시켰던 서태후 세력 역시 의화단 전쟁의 파탄을 경험한 뒤에는 결국 신정(新政)이라는 이름의 개혁을 추진하지 않을 수 없었다. 신정 시기 일본의 메이지 유신을 모방한 입헌 개혁을 추구하던 입헌파 한인의 입장은 청 제국의 유지를 전제로 한 것이었다.

또 하나의 입장은 반만(反滿) 혁명을 일으켜 청 제국을 무너뜨려야 한다는 것이었다. 쑨원을 대표로 하는 혁명파가 바로 이런 입장이었다. 당시 세계적으로 유행하던 사회진화론(社會進化論)과 민족주의의 세례를 강하게 받은 혁명파는 "오랑캐를 내쫓고 중화를 되찾자!"는 '종족혁명(種族革命)'의 구호를 내걸었다. 그들은 한족의 공화국을 건설하려 했던 것이다.

흥미롭게도 이 시기까지만 해도 대부분의 한인이 머릿속에 그릴 수 있었던 '중국'의 범위는 여전히 청 제국의 직성 지역에 머물고 있었다. 예컨대 1890년대 말 '과분(瓜分)', 즉 제국주의 열강에 의한 분할을 우려하는 위기감이 고조되는 가운데 등장한 '중국' 지도에는 몽골, 신장, 티베트 등이 보이지 않는다. 물론 늦어도 19세기 초에는 청 제국의 판도를 곧 '중국'으로 인식하는 한인 지식인들이 출현하기는 하였지만, 청나라의 제국 경영에 참여해 본 경험이 전무했던 쑨원 같은 남방 출신의 혁명파 한인에게 한인의 거주 공간인 18개 직성을 넘어서는 '중국'을 상상하기란 결코 쉬운 일이 아니었을 것이다. 어찌 보면 쑨원과 마찬가지로 광둥 성 출신이었던 유학자 캉유웨이 역시 이 점에서는 별반 다를 바가 없었다.

1911년 10월 우창에서 시작된 신해혁명(辛亥革命)이 성공을 거둔 이유는 혁명파의 역량이 강력했기 때문이라기보다는 입헌파가 청나라 조정에 등을 돌리고 혁명에 동조했기 때문이다. 서태후 사후 청나라 조정을 이끌었던 것은 어린 황제 푸이의 생부인 순친왕(醇親王)이었다. 1911년 순친왕은 입헌파의 요구를 수용하여 책임 내각을 조직하였다. 책임 내각의 도입은 입헌 개혁을 가속화하기 위한 것이었지만, 다른 한편으로는 만·한의 차별을 철폐하기 위한 것이기도 하였다. 그러나 막상 새로 조직된 책임 내각의 장관들은 대부분 황족이나 만주 귀족 출신이었다. 만주인 위주의 내각 구성이 만·한의 차별을 철폐하자는 입헌파의 요구에 반하는 것이었음은 물론이다.

게다가 이 내각은 철도 국유화 정책을 추진하였다. 이 정책은 각 성의 한인이 투자하여 설립한 주요 철도회사를 국유화하려는 것이었다. 그런데 이들 철도회사는 제국주의 열강으로부터 철도 이권을 지켜내자는 민족주의적 운동의 일환으로 설립된 것이었다. 청나라 조정의 철도 국유화 정책은 대규모의 자금을 필요로 하였고, 그 자금을 마련하기 위해서는 제국주의 열강으로부터 거액의 차관을 들여오는 방법밖에 없었다. 이것은 결국 철도 이권을 제국주의 열강에 넘겨주는 것과 마찬가지로 인식되었다. 철도회사에 현실적 이해관계까지 걸려 있던 지방의 한인은 철도 국유화 정책에 격렬히 반발

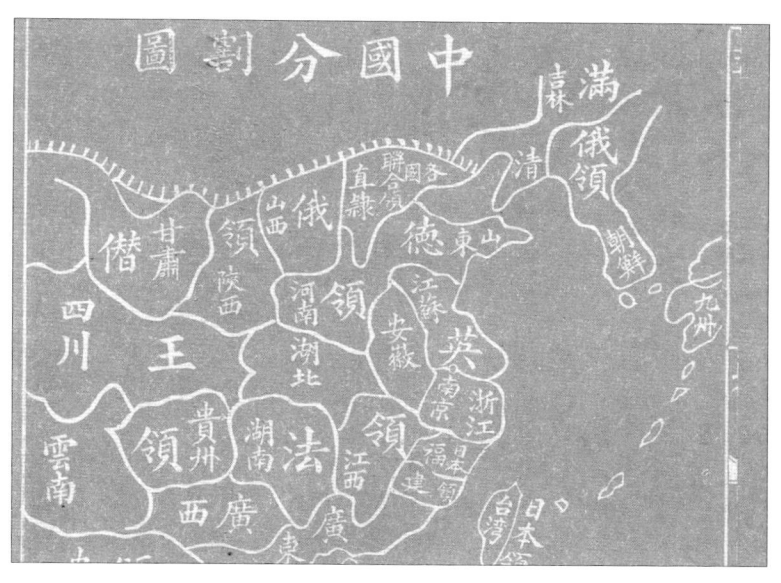

19세기 말의 '중국' 분할도

1898년 초 캉유웨이의 제자들이 마카오에서 발행한 잡지 《지신보(知新報)》는 위의 '중국' 분할 예상도를 게재하였다. 지도에서 '아령(俄領)'은 러시아, '덕령(德領)'은 독일, '영령(英領)'은 영국, '법령(法領)'은 프랑스의 식민지를 의미한다. 이 '중국'에는 몽골, 신장, 티베트 등이 보이지 않는다.

하여 폭동을 일으키기에 이르렀다.

　　이처럼 어수선한 상황에서 후베이 성 우창에 주둔하던 혁명파 군인들이 청나라에 대한 '독립'을 선언하면서 혁명의 깃발을 올렸다. 이를 계기로 다른 성에서도 혁명파가 봉기하였지만 종래의 입헌파 한인이 청나라 조정에 등을 돌리고 한인 출신 총독·순무 등과 함께 '독립'을 선언하면서 혁명에 가담하는 경우가 오히려 더 많았다.

　　이렇게 전개된 신해혁명은 본래 "오랑캐를 내쫓고 중화를 되찾자!"는 '종족혁명', 즉 한족의 민족주의 혁명이었다. 우창에 수립된 혁명 정부가 18개 직성을 상징하는 깃발을 내걸었던 것은 혁명으로 되찾을 '중화'의 공간이 사실은 18개 직성으로 국한되어 있음을 잘 보여 준다. 그러나 혁명의 성공으로 건설할 공화국이 만약 한족만의 공화국이라면 신생 공화국은 청 제국의 유산을 온전히 상속할 수 없었다. 한족만의 공화국으로는 만주족뿐만 아니라 몽골인, 티베트인, 위구르 무슬림 등을 국민으로 끌어안을 수 없고 그들이 사는 지역을 신생 공화국의 영토로 주장할 수도 없기 때문이다. 실제로 1912년 초 중화민국 임시정부가 수립된 무렵에 외몽골은 이미 독립을 선포한 상태였다.

　　이에 신생 중화민국은 종래 혁명파의 구호를 버리고 '오족공화(五族共和)'라는 구호를 전면에 내세웠다. 즉, 새로 수립된 공화국은 한족뿐만 아니라 만주, 몽골, 티베트, 위구르 등 다섯 민족이 함께 건설하는 나라라는 것이다. 이에 따라 신생 중화민국의 국기도 우창

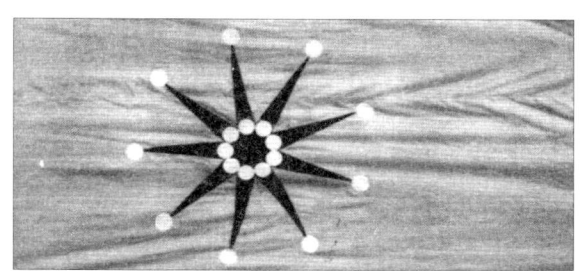

18성기와 오색기

위쪽의 18성기는 우창의 혁명군이 내건 깃발로 홍색 바탕에 흑색으로 9개의 뿔이 있고 황색의 별 18개가 그려져 있다. 18개의 별은 18개 직성을 상징한다. 아래쪽의 오색기에는 위에서 아래로 각각 한(漢)·만(滿)·몽(蒙)·회(回)·장(藏)을 나타내는 홍·황·남·백·흑 등 다섯 색깔의 띠가 그려져 있다.

에 나부꼈던 18성기(星旗)나 쑨원이 주장한 청천백일기(靑天白日旗)가 아닌 오색기(五色旗)로 정했다. 오색기의 다섯 색깔은 다섯 민족을 상징하였다.[16]

그러나 1913년에는 티베트가 독립을 선언하고 외몽골의 독립 정권과 조약을 체결하여 서로를 승인하였다. 몽골과 티베트의 입장에서 중화민국은 어디까지나 한족의 나라였을 뿐이며 청 제국이 붕괴된 이상 한족과 '한 지붕 아래'에 머물 이유는 없었다. 그 뒤로 영국, 러시아, 일본 등 제국주의 열강의 개입으로 사태는 대단히 복잡한 양상을 띠며 전개되었는데, 여기서 이를 자세히 설명할 여유는 없을 것 같다. 다만, 그 자신이 군벌 할거와 혁명의 소용돌이 속에 처해 있던 중화민국 정부가 청 제국의 번부 지역에 대하여 실질적 지배를 관철하지는 못하고 겨우 몽골, 티베트, 신장의 독립을 승인하지 않는 데 그쳤을 뿐이라는 사실만 지적해 두겠다.

중국의 이들 지역에 대한 실질적 지배는 중화인민공화국의 인민해방군이 이들 지역을 군사적으로 점령한 뒤에야 비로소 가능해졌다. 인민해방군은 1949년 12월 신장에 진주하여 1951년까지 저항 세력을 분쇄하는 데 성공하였다. 인민해방군이 티베트의 라싸를 장악한 것도 1951년의 일이었다. 그러나 소련의 영향 아래 몽골인민공화국이 수립된 외몽골만은 그 독립을 승인하지 않을 수 없었다. 이로써 중화인민공화국은 외몽골을 제외한 청 제국의 영토적 유산을 고스란히 상속하였다.

중화인민공화국은 건국 초기 한족 외에 55개의 소수민족을 공식적으로 인정하고, 소수민족이 밀집한 지역에는 성급(省級)의 자치구를 비롯하여 각 급의 자치 정부를 세웠다. 이는 분명 소수민족을 존중하는 정책이지만 정작 소수민족의 입장에서 중화인민공화국의 지배는 결코 만족스러운 것이 되지 못하였다. 특히 1960년대 후반 시작된 문화대혁명은 소수민족의 전통 문화에 심각한 타격을 가하였다.

소수민족 자치구 중에서 가장 심각한 분란이 일어난 곳은 티베트였다. 1959년 티베트에서는 유혈 사태가 터지면서 달라이 라마가 인도로 망명하는 사건이 일어났다. 티베트 문제는 달라이 라마의 망명 이후 50년 이상이 지난 오늘날까지도 여전히 민감한 현안으로 남아 있다. 신장의 위구르 무슬림 문제 또한 오늘날 중국 정부에 심각한 고민이기는 마찬가지이며, 내몽골도 민족 갈등의 소지가 완전히 사라지지는 않았다. 이들 자치구에서는 한인 인구가 갈수록 증가하여 인구 구성상 소수민족 자치구라는 이름이 무색해지는 사태가 진행되고 있다.

이상 청 제국을 무너뜨린 신해혁명 이후 100년의 과정을 '키메라'의 비유를 통하여 다시 짚어 보자. 1911년의 혁명은 마치 청 제국이라는 '키메라' 생명체의 머리에서 만주 유전자가 만들어 낸 조직을 떼어 내는 외과 수술과 같다. '키메라' 생명체의 사지 부분에서도 비록 중화민국 시기에 그 진행 속도가 크게 느려지긴 하였지만 기본적으로 19세기 후반 이래의 '한화' 추세가 오늘날까지 지속되고 있다. 적어도 소수민족의 입장에서 보면, 한인 유전자가 발현된 세포와 조직이 시간이 갈수록 깊이 침투하고 있다. 이제 그리 머지않은 장래에 '키메라' 생명체의 모든 신체 조직은 한인 유전자의 지배 아래에 놓일 것만 같다. 그렇게 되면 이 생명체는 더 이상 '키메라'라고 부를 수 없다. 이런 의미에서 '키메라'는 사멸(死滅)을 눈앞에 두고 있다.

물론 '키메라'의 사멸 과정이 중화인민공화국 이후에야 비로소 시작된 것은 아니다. 앞서 지적하였듯이 청 제국을 근대 국민국가 중국으로 탈바꿈시키는 프로젝트를 시작한 것은 청나라 자신이었다. 그런데 국민국가 중국의 건설은 아직도 현재 진행형이다. 국민국가의 완성을 위하여 중국 정부는 한편으로 그 어떠한 형태의 '분리주의' 책동도 허락하지 않으면서, 다른 한편으로 '중화민족'론을 내세우고 있다.

'중화민족'론은 중국의 56개 '형제 민족'이 오랜 역사를 공유하면서 '중화민족'이라는 대가정(大家庭)을 형성하였다고 주장하는데, 따지고 보면 청 제국의 유산 상속을 위하여 고안되었던 '오족공화'론을 정교하게 다듬은 것이다. 역사에 의지하여 만들어진 국민통합의 이데올로기인 '중화민족'론은 언뜻 중국의 오랜 역사를 또 다른 '키메라' 생명체가 탄생하여 성장한 시간으로 묘사하며, 앞으로도 그 '키메라' 생명체가 '영생'을 누릴 것이라고 '약속'하는 것처럼 보인다.

그러나 이 생명체는 '키메라'라고 부를 수 없다. '중화민족'은 오랜 시간에 걸쳐 진행된 이종(異種) 간의 생식세포 결합으로 나타난 하나의 생명체에 비유할 수 있기 때문이다. 또한 설사 '키메라'

라고 부를 수 있다 하더라도 청나라 말기 이래의 '한화', 즉 한인 인구의 확산이라는 역사의 거대한 물결 앞에서 심각한 위기감을 피부로 절감하고 있는 소수민족의 입장에서 '키메라'의 '영생'에 대한 '약속'을 기꺼이 믿고 받아들일 수 있을지는 장담할 수 없다. 게다가 티베트와 몽골의 티베트 불교 신자나 신장의 위구르 무슬림이 근래 '중화민족'론과 더불어 부활하고 있는 공자(孔子)와 유교 사상을 자기 정체성의 일부로 받아들이기란 결코 쉽지 않을 것이다.

끝으로 근래 중국 정부는 엄청난 자금을 투입하여 역대 정사(正史)의 계보를 잇는 『청사(清史)』 편찬 사업을 벌이고 있다. 『청사』 편찬의 궁극적인 목적은 청 제국을 '중화제국'의 계보 속에 공식적으로 자리매김하기 위한 것이다. 아래에 인용하는 어느 저명한 중국 학자의 말을 통해 청 제국의 역사가 오늘날 중국에서 어떤 의미를 갖는지 음미해 볼 것을 독자 여러분께 부탁한다.

> 청나라가 통일을 완성한 이후, 제국주의가 중국을 침입하기 이전의 중국 판도를 가지고 역사 시기의 중국 범위로 삼을 수 있다. 이른바 역사 시기의 중국이란 이를 범위로 삼아야 한다. 수백 년이든 수천 년이든 이 범위 안에서 활동한 민족은 모두 중국 역사상의 민족이고, 이 범위 안에 건립한 정권은 모두 중국 역사상의 정권이다.[17]

더 살펴보기

'대청황제', 중국 국민으로

역사상 청나라의 마지막 황제였던 선통제(宣統帝) 푸이(溥儀)만큼 파란만장한 삶을 살았던 인물을 찾기란 그리 쉽지 않다. 1906년 황제의 조카로 태어난 푸이는 일생 동안 모두 세 차례나 황제로 즉위하였다. 1945년 8월 전쟁이 끝난 뒤에는 소련군의 포로 신세가 되었으며, 중화인민공화국 성립 이후에는 약 10년 동안 만주 푸순(撫順)의 전범 수용 시설에서 사상 개조 교육을 받았다.

1959년 특별 사면을 받은 뒤 베이징에서 정원사로 일하기도 했던 푸이는, 문화대혁명의 광풍이 몰아치던 1967년 언제 홍위병(紅衛兵)의 공격을 받을지 모르는 불안감 속에서 신장암과 심장병으로 세상을 떠났다. 태어난 지 만 3년도 되지 않아 청 제국의 황제로 즉위했던 푸이는 만 61세의 나이에 중화인민공화국의 국민으로 죽음을 맞이하였다.

1987년 제작된 베르나르도 베르톨루치 감독의 영화 「마지막 황제」를 기억하는 독자에게 파란만장했던 푸이의 인생 이야기는 그리 낯선 것은 아닐 터이다. 따라서 여기서 굳이 푸이에 관한 이야기를 시시콜콜 되풀이할 필요는 없다. 다만 '대청황제(大淸皇帝)'에서 중국 국민으로 '개조'된 푸이의 인생이 곧 청 제국이 중국이라는 국민국가로 전환되는 역사 과정을 상징적으로 보여 준다는 점을 강조하면서, 어떻게 해서 푸이가 제위에 올랐는지, 그리고 신해혁명 이후 '대청황제' 푸이의 지위가 어떠한 변화를 겪었는지와 관련된 사실을 언급하고자 한다.[18]

먼저 푸이의 제위 계승에는 광서제(光緖帝)의 비극적 운명과 서태후의 마지막 욕망이 빚어낸 기막힌 '우연'이 얽혀 있다. 일생 동안 세 차례 황제로 즉위한 푸이의 첫 번째 황제 즉위식은 1908년 12월에 거행되었지만, 아직 세 돌도 되지 않은 어린아이였던 푸이가 새로운 황제로 결정된 것은 11월 중순의 일이었다.

11월 14일 광서제가 후사를 남기지 못한 채 사망하자 무려 50년 가까운 세월 동안 청나라 조정에서 최고 권력을 휘두르던 서태후는 푸이를 새로운 황제로 결정하고는 광서제가 사망한 이튿날인 11월 15일에 자신도 세상을 하직하였다. 단 하루 차이로 광서제와 서태후가 사망하는 기막힌 우연을 두고 서태후가 자신의 죽음에 앞서 광서제를 독살했다는 이야기가 돌기 시작하였다.

광서제 독살설이 나온 배경을 이해하기 위해서는 시간을 좀 거슬러 올라갈 필요가 있다. 서태후는 함풍제가 남긴 유일한 아들 동치제(同治帝)의 생모로, 동치제가 만 5세의 나이로 즉위하면서 후궁에서 황태후로 지위가 급상승하였으며, 이어서 정변을 통해 수렴청정을 시작하면서 권력의 주인이 되었다. 또한 동치제가 후사를 남기지 못하고 사망하자 서태후는 자기 여동생의 아들이자 동치제의 사촌동생으로 만 3세에 불과했던 광서제(光緖帝)를 즉위시켰다. 동치제가 아닌 함풍제의 후사 자격으로 광서제를 즉위시킨 것은 분명 '반칙'으로, 광서제의 모후(母后)로서 수렴청정을 하려던 서태후의 권력욕에서 비롯된 일이었다.

그런데 성인이 된 광서제가 1890년대 후반 개혁파와 더불어 무술변법을 추진하자 이에 위기감을 느낀 서태후는 무술정변을 일으켰다. 그녀는 개혁파를 숙청하였을 뿐만 아니라 광서제를 감금하여 유명무실한 존재로 만들었다. 이러한 상황에서 만약 서태후가 광서제보다 먼저 죽었다면 10년간의 감금 상태에서 풀려나 권력을 되찾았을 광서제가 서태후를 상대로 어떤 한풀이를 할지 몰랐다. 자신의 죽음을 예감한 서태후가 정적(政敵)인 광서제를 독살했다는 이야기는 이와 같은 역사적 배경에서 나왔다.

전후 상황을 보건대 광서제 독살설은 설득력이 높지만 학자들은 당시의 기록을 분석한 결과 광서제가 오랜 감금 생활 끝에 만성 질환으로 사망하였다고 결론을 내렸다. 그러나 최근 광서제의 옷과 유체를 과학적으로 조사한 결과 비상(砒霜)에 의한 급성중독이 사인(死因)으로 확인되어, 마침내 광서제 독살설이 사실이었음이 드러났다.

다음으로 신해혁명으로 중화민국이 수립된 뒤 선통제 푸이의 지위 변화를 살펴보자. 1912년 2월 선통제의 퇴위는 위안스카이가 혁명 세력과 협의하여 제시한 '대청황제'에 대한 '우대 조건'을 청 황실이 수용함으로써 이루어졌다.

'우대 조건'에 따라 푸이는 중화민국 성립 이후 '대청황제'라는 존칭을 계속 썼고 중화민국은 그를 외국의 군주로 대우하였다. 또한 중화민국은 청나라 황실에 매년 은 400만 냥의 경비를 지급하는 한편 청나라의 종묘와 역대 황제의 능묘를 보호하여 제사가 끊이지 않도록 하였다. 황제의 거처에 관해서는 잠시 자금성에 머물다가 베이징 교외의 이화원(頤和園)으로 옮기기로 하였으나 푸이는 중화민국 정부의 묵인하에 자금성에 계속 거주하였다.

초기의 중화민국 정부가 '우대 조건'을 비교적 성실히 이행하였기 때문에 베이징에는 '대청황제'와 중화민국 총통이 공존하는 기묘한 상황이 빚어졌다. 심지어 1916년에는 위안스카이가 '중화제국(中華帝國)'의 황제로 즉위하면서 청나라의 옛 황성 안에 2명의 황제가 함께 사는 일까지 벌어졌다.

위안스카이가 황제 즉위를 취소하고 사망한 이듬해인 1917년, 변발을 자르지 않은 채 청 제국의 신하를 자처하던 한 장군이 군대를 이끌고 베이징에 입성하여 푸이를 재차 제위에 올리는 사건이 일어났다. 그러나 푸이의 두 번째 황제 즉위 사건은 겨우 12일 만에 끝장이 났다. 무력으로 이 사태가 평정된 뒤에도 베이징의 중화민국 정부를 장악한 군벌 세력은 '우대 조건'을 폐기하지 않았고, 이에 따라 푸이는 '대청황제'로서의 삶을 그럭저럭 이어나갈 수 있었다.

푸이가 '대청황제'에서 중화민국의 국민으로 격하된 것은 1924년의 일이었다. 당시 베이징을 장악한 펑위샹(馮玉祥)이라는 군벌은 '우대 조건'을 고쳐서 푸이의 '대청황제' 칭호를 폐기하고 그를 자금성에서 쫓아냈다. 그러나 역대 황제의 능묘를 보호한다는 조건은 유지되었다.

자금성에서 나온 뒤의 푸이가 정착한 곳은 중화민국의 주권이 미치지 않는 톈진의 일본 조계(租界)였다. 이제 중화민국 정부는 그를 중화민국의 국민으로 규정하였지만, 어린 나이에 '대청황제'로 즉위하여 줄곧 '대청황제'로 교육을 받고 자라난 푸이는 이를 인정하지 않았을 것이다. 게다가 1928년에는 국민당 군대가 건룽제와 서태후의 능묘를 대포까지 동원해서 파괴하고 그 부장품을 남김없이 약탈한 사건이 일어났다. 이 사건은 '우대 조건'의 완전한 폐기를 의미하는 동시에 적어도 심정적으로는 '대청황제'의 정체성을 유지하고 있었을 푸이가 국민당 정부에 반감을 품는 중요한 계기가 되었을 것이다.

일본이 1931년 만주사변을 일으켜 만주를 점령하자 푸이는 텐진을 떠나 만주로 갔고 이듬해 3월 '만주국'의 집정(執政)에 취임하였다. 이로써 푸이는 중화민국의 반역자가 되었다. 만주로 간 푸이가 꿈꾼 것은 '대청황제'의 부활이었겠지만, 1934년 그의 세 번째 황제 즉위로 탄생한 '만주제국'은 그의 희망과 거리가 먼 일본의 괴뢰국가에 불과하였다. 그리고 위에서 언급하였듯이, 푸이가 '대청황제'로서의 자아를 청산하고 마침내 중국 국민의 자리에 정착한 것은 신해혁명으로부터 50년 가까운 세월이 흐른 1950년대 말의 일이었다.

주석

1장 청나라와 중국

1   한명기, 「丙子胡亂 패전의 정치적 파장」, 《동방학지》 119(2003), 53쪽.
2   『淸實錄: 太宗文皇帝實錄』(北京: 中華書局, 1985) 권32, 410쪽; 권33, 421쪽.
3   날짜 환산은 鄭鶴聲 編, 『近世中西史日對照表』(北京: 中華書局, 1981)에 의거하였다.
4   한명기, 『정묘·병자호란과 동아시아』(서울: 푸른역사, 2009), 4쪽.
5   위의 책, 185쪽.
6   李建昌, 이근호 옮김, 『黨議通略』(서울: 지만지, 2008), 95~112쪽.
7   김훈, 『남한산성』(서울: 학고재, 2007), 352~357쪽.
8   Rawski, Evelyn S., *The Last Emperors: A Social History of Qing Imperial Institutions*(Berkeley: University of California Press, 1998), pp.46~47.
9   *Ibid.*, p.48.
10 '중국' 개념에 대한 논의는, 이성규, 「中華思想과 民族主義」, 정문길 외 엮음, 『東아시아, 문제와 시각』(서울: 문학과지성사, 1995); 이성규, 「중화제국의 팽창과 축소: 그 이념과 실제」, 《역사학보》 186(2005); 김한규, 「전통시대 중국 중심의 동아시아 세계질서」, 《역사비평》 2000년 봄호(2000) 등 참조.
11 이성규, 「중화제국의 팽창과 축소: 그 이념과 실제」, 92~93쪽.
12 Millward, James A., "The Qing Formation, the Mongol Legacy, and the 'End of History' in Early Modern Central Eurasia," Lynn A. Struve (ed.), *The Qing Formation in World-Historical Time*(Cambridge, MA: Harvard University Asia Center, 2004), p.94.
13 야마무로 신이치(山室信一), 윤대석 옮김, 『키메라: 만주국의 초상』(서울: 소명출판, 2009), 40쪽.
14 아래의 삼전도비 관련 서술은, 배우성, 「서울에 온 청의 칙사 馬夫大와 삼전도비」, 《서울학연구》 38(2010); 배우성, 『삼전도비 최초건립위치 고증 학술조사 연구용역 보고서』(서울: 송파구청, 2008) 등에 의거한 것이다.

2장 미약한 시작, 창대한 나중

1. Elliott, Mark C., "The Limits of Tartary: Manchuria in Imperial and National Geographies," *The Journal of Asian Studies* 59-3(2000) 참조.
2. Di Cosmo, Nicola, "The Manchu Conquest in World-Historical Perspective: A Note on Trade and Silver," *Journal of Central Eurasian Studies* Vol. 1(2009), pp.52~54.
3. 劉小萌, 『滿族從部落到國家的發展』(沈陽: 遼寧民族出版社, 2001), 166쪽.
4. 니루 편성의 기준이 되는 장정의 숫자는 누르하치 시기 300명이었지만, 홍타이지 시기 200명을 거쳐, 강희 연간에 다시 100명으로 원래의 3분의 1까지 줄었다가, 건륭 이후 다시 150명으로 늘어났다.(劉小萌, 『淸代北京旗人社會』(北京: 中國社會科學出版社, 2008), 43쪽.) 단, 이 숫자는 어디까지나 '표준'일 뿐으로, 각 니루의 실제 장정 숫자에는 상당한 편차가 있었다.
5. 『欽定八旗通志』(長春: 吉林文史出版社, 2002), 권32, 561쪽.
6. 1634년에 이르러 홍타이지는 선양을 성경(盛京)으로, 허투 알라를 흥경(興京)으로 이름하였다.(『淸史稿』(北京: 中華書局, 1977) 권2, 45쪽.)
7. 김호동, 『몽골제국과 세계사의 탄생』(서울: 돌베개, 2010), 111~114쪽 참조.
8. 劉小萌, 『滿族從部落到國家的發展』, 134쪽.
9. 『淸實錄: 太宗文皇帝實錄』 권1, 26쪽; 권2, 31쪽.
10. 岡田英弘 編, 『淸朝とは何か』(東京: 藤原書店, 2009), 84~85쪽.
11. 『淸實錄: 世祖章皇帝實錄』(北京: 中華書局, 1985) 권9, 91~92쪽.
12. 『淸實錄: 世祖章皇帝實錄』 권1, 32~33쪽.
13. 주완요, 손준식·신미정 옮김, 『대만: 아름다운 섬 슬픈 역사』(서울: 신구문화사, 2003), 58~71쪽.
14. 김성수, 「五世 달라이 라마 北京行의 배경과 17세기 내륙아시아 네트워크」, 《명청사연구》 29(2008).
15. 달라이 라마가 청나라 황제를 '문수보살 황제'로 부른 것이 사실로 확인되는 것은 강희제 이후이다.(岡田英弘 編, 앞의 책, 127쪽.)
16. 『淸實錄: 滿洲實錄』(北京: 中華書局, 1986) 권3, 124쪽.
17. 『淸實錄: 滿洲實錄』 권3, 110~112쪽.

3장 팔기와 청나라의 제국 통치

1 청나라에는 원래부터 황태자 제도가 없었기 때문에 제위 계승 문제로 인한 정치적 위기가 여러 차례 발생하였다. 그러나 명나라의 경우처럼 적장자(嫡長子)가 자질이 없더라도 자동으로 제위를 승계하는 일은 없었기 때문에 암군(暗君)의 출현은 막을 수 있었다. 또한 옹정제에 의해 황제 생전에 후계자를 몰래 정하되 공개하지 않는 제도가 도입된 뒤에는 제위 계승을 둘러싼 정쟁(政爭)도 잦아들었다. 여기에 더하여 청나라는 황자(皇子)들에 대하여 매우 엄격한 교육을 실시하였다. Rawski, Op. cit., pp.98~103, pp.117~120 참조.

2 몽골이 남송의 수도에 입성한 것은 1276년, 남송의 저항 세력을 완전히 진압한 것은 1279년의 일이다. 명나라 군대가 원나라의 수도 대도(大都)를 점령한 것이 1368년이었으므로, 몽골의 '중국' 전체 지배는 만 90년에도 미치지 못했던 셈이다.

3 Elliott, Mark C., *The Manchu Way: The Eight Banners and Ethnic Identity in Late Imperial China*(Stanford: Stanford University Press, 2001)는 팔기 제도와 만주족의 정체성 문제를 자세히 고찰하고 있다.

4 *Ibid.*, pp.13~15.

5 徐凱, 「滿洲八旗中高麗士大夫家族」, 『明淸論叢』 第1輯(北京: 紫禁城出版社, 1999) 참조.

6 岡田英弘 編, 앞의 책, 84~85쪽.

7 이 제도는 '태자밀건(太子密建)', '비밀건저(秘密建儲)' 등 다양한 이름으로 불린다.

8 『淸史稿』 권321, 10787~10788쪽에 긴기얀과 그 아들의 전기가 보인다. 또 『淸史稿』 권214, 8919쪽에 보이는 숙가황귀비(淑嘉皇貴妃)는 긴기얀의 누이다.

9 예컨대 14세기 후반 중앙아시아와 서아시아에 걸친 대제국을 건설했던 티무르조차 감히 칸을 칭할 수 없었기 때문에, 따로 칭기스 칸 일족의 칸을 세우지 않을 수 없었다. 또한 15세기 중엽 몽골 초원을 제패했던 에센은 불문율을 어기고 칸을 칭했다가 살해되고 말았다.

10 1612년부터 1912년까지의 300년 동안에 청나라 황족으로 몽골의 귀족 남성과 혼인한 여성은 432명, 몽골의 귀족 여성과 혼인한 남성은 163명

에 달하였다.(杜家驥,『淸朝滿蒙聯姻硏究』(北京: 人民出版社, 2003), 3쪽.)

11 예컨대 경중명의 손자는 홍타이지의 손녀와, 오삼계의 아들은 홍타이지의 딸과 결혼하였다.
12 최소자, 『명청시대 중한관계사 연구』(서울: 이화여자대학교출판부, 1997), 254~268쪽 참조.
13 『欽定八旗通志』 권22, 389~390쪽.
14 Rhoads, Edward J. M., *Manchus & Han: Ethnic Relations and Political Power in Late Qing and Early Republican China, 1861~1928*(Seattle and London: University of Washington Press, 2000), pp.33~34.
15 「淸初編審八旗男丁滿文檔案選譯」,《歷史檔案》 1988-4(1988), 11쪽.
16 내몽골 지역의 통치 시스템은, 劉子揚, 『淸代地方官制考』(北京: 北京紫禁城出版社, 1994), 371~373쪽에 근거한 것이다. 여기서 설명을 생략한 외몽골과 칭하이 등지의 유목민 집단에 대한 통치 시스템은 역시 같은 책, 373~378쪽을 참고하기 바란다.
17 티베트 통치 시스템은, Fletcher, Joseph, "Ch'ing Inner Asia c.1800," John K. Fairbank (ed.), *The Cambridge History of China Vol. 10*(Cambridge: Cambridge University Press, 1978), pp.95~105 참조.
18 김호동, 『근대 중앙아시아의 혁명과 좌절』(서울: 사계절, 1999), 35~49쪽.
19 팔기한군으로 봉작을 받은 사람은 입관 전까지 27명이었으며, 순치 연간에 68명까지 늘어났다. 한편, 팔기만주의 경우는 입관 전 50명에서 순치 연간 94명으로, 팔기몽고의 경우는 입관 전 37명에서 순치 연간 51명으로 증가하였다.(楊學琛·周遠廉, 『淸代八旗王公貴族興衰史』(沈陽: 遼寧人民出版社, 1986), 61~63쪽, 75~76쪽, 97~98쪽, 159~168쪽, 174~178쪽.)
20 『淸朝文獻通考』(杭州: 浙江古籍出版社, 2000) 권254, 考7136~7137쪽; 『淸朝續文獻通考』(杭州: 浙江古籍出版社, 2000) 권291, 考10367쪽.
21 『淸朝文獻通考』 권254, 考7136쪽.
22 『明史』(北京: 中華書局, 1974) 권52, 1339~1340쪽.
23 『淸朝續文獻通考』 권164, 考9146쪽.
24 『淸史稿』 권288, 10240쪽.
25 부급의 주와 현급의 주를 구별하기 위하여, 전자는 직례주(直隸州), 후자는 산주(散州)라고 부른다. 마찬가지로 부급의 청은 직례청(直隸廳), 현급

의 청은 산청(散廳)이라고 한다.

26 Rhoads, *Op. cit*., p.47. 부급 단위의 경우는 기인의 비율이 약 21퍼센트였다.
27 Ibid.
28 錢實甫 編, 『淸代職官年表』(北京: 中華書局, 1980), 1342~1347쪽.
29 위의 책, 1406~1413쪽.
30 위의 책, 1437~1442쪽.
31 『明史』 권72, 1734쪽.
32 劉小萌, 『滿族從部落到國家的發展』, 328~335쪽.
33 『淸史稿』 권114, 3273쪽.
34 위의 책, 3274쪽.
35 『淸史稿』 권2, 111쪽.
36 만·한 상서의 관품 차별이 영구적으로 사라진 것은 강희 9년(1670) 이후의 일이다.(『歷代職官表』(上海: 上海古籍出版社, 1989), 97쪽.)
37 『明史』 권72, 1739~1740쪽.
38 『淸史稿』 권114, 3275쪽.
39 위의 책.
40 陳文石, 「淸代滿人政治參與」, 《中央硏究院歷史語言硏究所集刊》 48-4(1977)의 연구 결과와 통계 참조. 강희 연간 베이징의 왕공 이하 관원들에 대한 봉록 지급 총액에서 한인 관료의 봉록은 전체의 약 3.2퍼센트에 불과하여, 관직 구성의 경우보다 훨씬 더 심한 격차를 보였다.(劉小萌, 『淸代北京旗人社會』, 23쪽.)
41 『淸史稿』 권114, 3297~3298쪽.
42 杉山淸彦, 「大淸帝國の支配構造」, 岡田英弘 編, 『淸朝とは何か』(東京: 藤原書店, 2009), 144~145쪽. 스기야마 키요히코(杉山淸彦)가 말한 '순례권' 개념은, Anderson, Benedict, *Imagined Communities: Reflections on the Origin and Spread of Nationalism*(London: Verso, 1983)에서 차용한 것이다.
43 구범진, 「淸代 '滿洲' 지역 행정체제의 변화: '駐防體制'에서 '州縣體制'로」, 《동북아역사논총》 14(2006), 80~86쪽.
44 李治亭 主編, 『東北通史』(鄭州: 中州古籍出版社, 2003), 491~494쪽.
45 구범진, 「淸代 '滿洲' 지역 행정체제의 변화: '駐防體制'에서 '州縣體制'

로」, 86~90쪽.
46 아래의 서술은, 『淸史稿』, 『欽定八旗通志』, 『八旗滿洲氏族通譜』(沈陽: 遼海出版社, 2002) 등의 사료와 徐凱, 앞의 글; 徐凱, 「八旗滿洲旗分佐領內高麗姓氏」, 《故宮博物院院刊》 2000-5(2000); 劉小萌, 『淸代北京旗人社會』, 524~528쪽; 우경섭, 「17세기 전반 만주(滿洲)로 귀부(歸附)한 조선인들: 『팔기만주씨족통보(八旗滿洲氏族通譜)』를 중심으로」, 《조선시대사학보》 48(2009) 등의 연구에 근거한 것이다. 그리고 신다리, 창밍, 긴기얀 등의 만주어 이름은, Stary, Giovanni, *A Dictionary of Manchu Names: A Name Index to the Manchu Version of the "Complete Genealogies of the Manchu Clans and Families of the Eight Banners"*(Wiesbaden: Harrassowitz in Kommission, 2000)에 의거한 것이다.
47 박지원 지음, 김혈조 옮김, 『열하일기』(서울: 돌베개, 2009), 154~155쪽.
48 『淸史稿』 권499, 13804쪽.
49 『淸史稿』 권258, 9843~9845쪽에 보이는 기여연(傑殷)과 기여두(傑都) 형제는 한택의 아들이다.

4장 청 제국과 러시아

1 '네르친스크-캬흐타 조약 체제'라는 용어는 吉田金一, 『近代露淸關係史』(東京: 近藤出版社, 1974)를 따랐다.
2 이 책에서 소개하는 네르친스크 조약과 캬흐타 조약의 만주어 조약문은, 野見山溫, 『露淸外交의 硏究』(東京: 酒井書店, 1977), 10~14쪽, 66~80쪽을 이용하였다.
3 러시아와 '몽골 문제' 관련 서술은, 구범진, 「淸代 對러시아 外交의 성격과 그 변화: 締約大臣과 交換 條約文의 言語를 중심으로」, 《대동문화연구》 61(2008), 169~175쪽에 근거하였다.
4 아래의 한문 텍스트 관련 서술은, 구범진, 「淸代 對러시아 外交의 성격과 그 변화: 締約大臣과 交換 條約文의 言語를 중심으로」, 175~178쪽을 요약한 것이다.
5 이하 러시아와의 협상에 나섰던 청나라 관료들과 조약문의 언어 문제에

관한 서술은, 구범진, 위의 글, 178~185쪽을 요약·정리한 것이다.
6   野見山溫,『露淸外交の硏究』, 10쪽.
7   위의 책, 66~68쪽.
8   구범진,「淸代 對러시아 外交의 성격과 그 변화: 締約大臣과 交換 條約 文의 言語를 중심으로」, 185~186쪽.
9   여기에 소개하는 청나라가 러시아에 파견한 사절단 관련 사실은, 野見山溫, 앞의 책, 103~147쪽; 吉田金一, 앞의 책, 115~120쪽, 149~157쪽; Perdue, Peter C., *China Marches West: The Qing Conquest of Central Eurasia*(Cambridge, MA: The Belknap Press of Harvard University Press, 2005), pp.214~220, 그리고 Atwood, Christopher P., *Encyclopedia of Mongolia and the Mongol Empire*(New York: Fact on File, 2004)의 관련 항목 등에 근거하였다.

5장 청 제국 질서와 조선

1   Mancall, Mark, "The Ch'ing Tribute System: An Interpretive Essay," John K. Fairbank(ed.), *The Chinese World Order: Traditional China's Foreign Relations*(Cambridge, MA: Harvard University Press, 1968).
2   1984년에 출판한 저서에서 맨콜은 '동남 초승달 지역'을 'the Maritime Crescent', '서북 초승달 지역'을 'the Inner Asian Crescent'로 바꾸어 불렀고, 전자에서 조선을 첫 번째로 꼽았다.(Mancall, Mark, *China at the Center: 300 Years of Foreign Policy*(New York: The Free Press, 1984), pp.131~158.)
3   모테기 도시오,「국민국가 건설과 내국 식민지: 중국 변강(邊疆)의 '해방'」, 임지현 외,『국사의 신화를 넘어서』(서울: 휴머니스트, 2004), 144~146쪽 참조.
4   병자호란 직후 청의 조선 내정에 대한 통제와 감시는 한명기,『정묘·병자호란과 동아시아』, 161~184쪽 참조. 조선의 북벌론에 대해서는 최소자,『청과 조선: 근세 동아시아의 상호인식』(서울: 혜안, 2005), 150~164쪽 참조.
5   18세기 양국 관계의 안정에 관해서는, 홍성구,「18세기 중국의 조선인

식: 阿克敦의 朝鮮出使와 「東游集」·「奉使圖」를 통해 본 朝淸關係, 그리고 그 시대적 특징」, 『15~19세기 중국인의 조선인식』(서울: 고구려연구재단, 2005) 참조. 양국 관계의 안정은 조선의 대청인식(對淸認識)에도 적잖은 변화를 몰고 왔다.(조성산, 「18세기 후반~19세기 전반 對淸認識의 변화와 새로운 中華 관념의 형성」, 《한국사연구》 145(2009) 참조.) 한편, 조선이 '자주(自主)'의 나라라는 인식은, "우리나라는 오랫동안 중국에 예속하였으나, 정령(政令)은 모두 스스로 다스리는 것으로 돌려왔다. 우리나라가 중국에 속하는 것은 진실로 천하가 모두 아는 바이며, 우리나라가 자주(自主)의 나라라는 것 또한 천하가 모두 아는 바이다."(『通文館志』(서울대학교 규장각한국학연구원, 2006) 권11 紀年續編, 今上 15年 戊寅)라는 말에 잘 요약되어 있다.

6 全海宗, 『韓中關係史研究』(서울: 일조각, 1970), 71쪽.

7 아극돈(阿克敦)이 남긴 조선 방문 기록을 분석하여 18세기 양국 관계의 특징을 규명한 홍성구, 앞의 글; 19세기 전반 조선을 방문했던 칙사들의 기록을 분석한 俞春根, 「淸 冊封使 花沙納의 朝鮮 見聞」, 《嶺東文化》 5(1994)와 구범진, 「19세기 전반 淸人의 朝鮮使行: 柏葰(1844년)과 花沙納(1845년)의 경우」, 《사림》 22(2004); 청나라가 조선에 파견한 칙사의 출신을 분석한 구범진, 「淸의 朝鮮使行 人選과 '大淸帝國體制'」, 《인문논총》 59(2008) 등이 나와 있다. 또한 청을 포함하여 송 이후의 역대 조선 사행록(使行錄)을 다룬 연구서인 김한규, 『사조선록(使朝鮮錄) 연구』(서울: 서강대학교출판부, 2011)가 최근 출간되었다. 한편 중국에서는 양국의 사신 왕래를 다각도에서 해명한 종합적인 연구서인 劉爲, 『淸代中朝使者往來研究』(哈爾濱: 黑龍江教育出版社, 2002)가 출간된 바 있다.

8 『明史』 권74, 1806쪽, 1809쪽.

9 『明會典』(文淵閣四庫全書本, 臺北: 臺灣商務印書館, 1983) 권174 翰林院, 7b쪽. 명대 한림원 학사(學士)의 관품은 정5품이었다.(『明史』 권73, 1985쪽.)

10 정은주, 『조선시대 사행기록화』(서울: 사회평론, 2012), 582~589쪽의 표에서 황제의 칙사 파견과 환관 칙사 파견 횟수를 계산하였다.

11 高艷林, 「明朝與朝鮮王朝之間的使臣往來」, The Final Research Results Supported by the KFAS International Scholar Exchange Fellowship Program(2004), 193~200쪽.

12 아래 언급하는 사실은 대부분 구범진, 「淸의 朝鮮使行 人選과 '大淸帝國

體制」, 179~228쪽. 그중에서도 208~222쪽의 부록에 실린 〈표 1〉~ 〈표 11〉에 근거하였다.

13 『同文彙考』(國史編纂委員會, 1978) 補編 권9.
14 『淸史稿』 권526, 14610~14611쪽; 殷夢霞·于浩 選編, 『使朝鮮錄』 (北京: 北京圖書館出版社, 2003), 845~852쪽 참조.
15 錢實甫 編, 앞의 책, 3215쪽, 3284쪽.
16 乾隆『欽定大淸會典』(文淵閣四庫全書本, 臺北: 臺灣商務印書館, 1983) 권56, 2a쪽.
17 乾隆『欽定大淸會典則例』(文淵閣四庫全書本, 臺北: 臺灣商務印書館, 1983) 권93, 3a쪽.
18 嘉慶『欽定大淸會典』(近代中國史料叢刊 三編 第64輯, 臺北: 文海出版社, 1992) 권31, 13b쪽.
19 『淸實錄: 高宗純皇帝實錄』(北京: 中華書局, 1985) 권560, 103~104쪽.
20 한명기, 「'再造之恩'과 조선후기 정치사」, 《대동문화연구》 59(2007).
21 이성규, 「중화제국의 팽창과 축소: 그 이념과 실제」, 115~117쪽.
22 『淸史稿』 권93, 2722쪽.
23 嘉慶『欽定大淸會典』 권31, 13b~14a쪽.
24 『淸實錄: 世祖章皇帝實錄』 권85, 667쪽.
25 『淸實錄: 聖祖仁皇帝實錄』(北京: 中華書局, 1985) 권102, 25쪽; 권279, 734쪽; 『淸實錄: 高宗純皇帝實錄』 권488, 120쪽.
26 山本達郎 編, 『ベトナム中國關係史』(東京: 山川出版社, 1975), 684~694쪽.
27 『淸實錄: 太宗文皇帝實錄』 권33, 432쪽.
28 『朝鮮王朝實錄』(國史編纂委員會, 1969), 仁祖 15년 正月 庚午.
29 『淸朝文獻通考』 권293, 考7418쪽.
30 『欽定八旗通志』 권78, 1336쪽.
31 위의 책, 1336쪽.
32 『淸實錄: 聖祖仁皇帝實錄』 권227, 275쪽.
33 『淸實錄: 聖祖仁皇帝實錄』 권249, 470쪽.
34 孫喆, 『康雍乾時期輿圖繪制與疆域形成研究』(北京: 中國人民大學出版社, 2003), 53~54쪽. 이 지도는 서울대 도서관에 1책(분류번호: 大 4709 53)이 있으며, 근래 중국에서 『淸廷三大實測全圖: 康熙皇輿全覽圖』(北京: 外文出版社, 2007)라는 이름으로 영인되었다.

35 劉小萌,「淸代北京旗人社會」, 441~445쪽.
36 「欽定八旗通志」 권3, 44~45쪽; 권25, 448~449쪽.
37 「欽定八旗通志」 권7, 131~132쪽; 권5, 81쪽.
38 「欽定八旗通志」 권22, 396~397쪽.
39 이하의 서술 내용은,「淸實錄: 高宗純皇帝實錄」 권686, 680쪽; 권689, 721~722쪽;「同文彙考」 原編 권3, 58쪽; 原編 권39, 759~761쪽; 補編 권7, 1724쪽; 補編 권9, 1765쪽 등에 근거하였다.

6장 키메라의 제국

1 오금성,「국법과 사회관행: 명청시대 사회경제사 연구」(서울: 지식산업사, 2007), 238쪽.
2 「淸朝續文獻通考」 권291, 考10368~10369쪽.
3 위의 책, 考10368~10370쪽.
4 위의 책, 考10368쪽.
5 錢實甫 編, 앞의 책, 1483~1488쪽.
6 錢實甫 編, 앞의 책, 1488쪽, 1725쪽, 1944쪽, 2186쪽.
7 야쿱 벡 정권의 흥망에 관해서는, 김호동,「근대 중앙아시아의 혁명과 좌절」 참고.
8 錢實甫 編, 앞의 책, 1725~1744쪽.
9 孔經偉 主編,「淸代東北地區經濟史」(哈爾濱: 黑龍江人民出版社, 1990), 273쪽.
10 박장배,「근대 캄 지역의 변화를 통해서 본 중국과 티베트의 관계」, 하정식 · 유장근 엮음,「근대 동아시아 국제관계의 변모」(서울: 혜안, 2002); 馬菁林,「淸末川邊藏區改土歸流考」(成都: 巴蜀書社, 2004) 참조.
11 Mancall, *China at the Center: 300 Years of Foreign Policy*, p.144.
12 이하 만주의 '직성화'에 관한 서술은 구범진,「淸代 '滿洲' 지역 행정체제의 변화: '駐防體制'에서 '州縣體制'로」 90~100쪽에 근거하였다.
13 구범진,「淸代 對러시아 外交의 성격과 그 변화: 締約大臣과 交換 條約文의 言語를 중심으로」, 186~193쪽.
14 이하 조선 관련 서술은, 구범진,「동아시아 국제질서의 변동과 조선 · 청

관계」, 이익주 외, 「동아시아 국제질서 속의 한중관계사: 제언과 모색」 (서울: 동북아역사재단, 2010), 359~369쪽에 근거하였다.

15 여기서 말하는 '한화'는, Millward, James A., *Beyond the Pass: Economy, Ethnicity, and Empire in Qing Central Asia, 1759~1864* (Stanford: Stanford University Press, 1998), p.251에 보이는 "제국의 '한화'('Hanization' of empire)" 개념과 취지를 같이한다.

16 김형종, 「청말 혁명파의 '반만'혁명론과 '오족공화론'」, 《중국현대사연구》 12(2001) 참조.

17 譚其驤, 「歷史上的中國和中國歷代疆域」, 《中國邊疆史志研究》 1(1991). 송기호, 「대외관계에서 본 발해 정권의 속성」, 여호규 외, 「한국 고대국가와 중국왕조의 조공·책봉관계」(서울: 고구려연구재단, 2006), 224~225쪽에서 재인용.

18 아래의 서술 내용은, 김형종, 「근대중국의 황제권력: 광서제와 서태후」, 《역사학보》 208(2010); 민두기, 「중국의 공화혁명」(서울: 지식산업사, 1999), 210~225쪽; Rhoads, *Op. cit.*, pp.231~284에 근거하였다.

참고 문헌

1. 사료

『同文彙考』(國史編纂委員會, 1978).

『明史』(北京: 中華書局, 1974).

『明會典』(文淵閣四庫全書本, 臺北: 臺灣商務印書館, 1983).

『歷代職官表』(上海: 上海古籍出版社, 1989).

『朝鮮王朝實錄』(國史編纂委員會, 1969).

『(滿漢合璧)淸內府一統輿地秘圖』(서울대학교 중앙도서관 소장, 大4709 53).

『淸史稿』(北京: 中華書局, 1977).

『淸實錄: 滿洲實錄』(北京: 中華書局, 1986).

『淸實錄: 太宗文皇帝實錄』(北京: 中華書局, 1985).

『淸實錄: 世祖章皇帝實錄』(北京: 中華書局, 1985).

『淸實錄: 聖祖仁皇帝實錄』(北京: 中華書局, 1985).

『淸實錄: 高宗純皇帝實錄』(北京: 中華書局, 1985).

『淸廷三大實測全圖: 康熙皇輿全覽圖』(北京: 外文出版社, 2007).

『淸朝文獻通考』(杭州: 浙江古籍出版社, 2000).

『淸朝續文獻通考』(杭州: 浙江古籍出版社, 2000).

「淸初編審八旗男丁滿文檔案選譯」,《歷史檔案》1988-4(1988).

『通文館志』(서울대학교 규장각한국학연구원, 2006).

『八旗滿洲氏族通譜』(沈陽: 遼海出版社, 2002).

『欽定八旗通志』(長春: 吉林文史出版社, 2002).

康熙『大淸會典』(近代中國史料叢刊 三編 第72輯, 臺北: 文海出版社, 1992).

乾隆『欽定大淸會典』(文淵閣四庫全書本, 臺北: 臺灣商務印書館, 1983).

乾隆『欽定大淸會典則例』(文淵閣四庫全書本, 臺北: 臺灣商務印書館, 1983).

嘉慶『欽定大淸會典』(近代中國史料叢刊 三編 第64輯, 臺北: 文海出版社, 1992).

嘉慶『欽定大淸會典事例』(近代中國史料叢刊 三編 第65~70輯, 臺北: 文海出版社, 1991~1992).

光緖『欽定大淸會典』(續修四庫全書 794, 上海: 上海古籍出版社, 1995~1999).

박지원 지음, 김혈조 옮김, 『열하일기』(서울: 돌베개, 2009).

殷夢霞·于浩 選編, 『使朝鮮錄』(北京: 北京圖書館出版社, 2003).

李建昌, 이근호 옮김, 『黨議通略』(서울: 지만지, 2008).
錢實甫 編, 『淸代職官年表』(北京: 中華書局, 1980).
鄭鶴聲 編, 『近世中西史日對照表』(北京: 中華書局, 1981).

2. 연구 논저

고마츠 히사오 외 씀, 이평래 옮김, 『중앙유라시아의 역사』(서울: 소나무, 2005).
구범진, 「19세기 전반 淸人의 朝鮮使行: 柏葰(1844년)과 花沙納(1845년)의 경우」, 《사림》 22(2004).
구범진, 「한국사 서술과 역법문제」, 《역사교육》 94(2005).
구범진, 「淸代 '滿洲'지역 행정체제의 변화: '駐防體制'에서 '州縣體制'로」, 《동북아역사논총》 14(2006).
구범진, 「淸代 對러시아 外交의 성격과 그 변화: 締約大臣과 交換 條約文의 言語를 중심으로」, 《대동문화연구》 61(2008).
구범진, 「淸의 朝鮮使行 人選과 '大淸帝國體制'」, 《인문론총》 59(2008).
구범진, 「동아시아 국제질서의 변동과 조선·청 관계」, 이익주 외, 『동아시아 국제질서 속의 한중관계사: 제언과 모색』(서울: 동북아역사재단, 2010)
김두현, 「요동지배기 누르하치의 對漢人政策」, 《동양사학연구》 25(1987).
김선민, 「만주제국인가 청 제국인가: 최근 미국의 청대사 연구동향을 중심으로」, 《사총》 74(2011).
김성수, 「17세기 '할하 중심론'의 형성과 티벳불교」, 《중앙아시아연구》 7(2002).
김성수, 「1세 제브준단바호톡토와 17세기 할하 몽골」, 《동양사학연구》 83(2003).
김성수, 「티벳불교권의 형성과 청조 번부지배체제」, 《명청사연구》 22(2004).
김성수, 「五世 달라이 라마 北京行의 배경과 17세기 내륙아시아 네트워크」,《명청사연구》 29(2008).

김성수, 「17~18세기 몽골의 동아시아 인식과 대외정책」, 인하대학교 한국학연구소 편, 『중국 없는 중화』(인천: 인하대학교출판부, 2009).

김성수, 「활불 전세제도와 근세 내륙아시아」,《몽골학》 27(2009).

김한규, 『한중관계사』(서울: 아르케, 1999).

김한규, 「전통시대 중국 중심의 동아시아 세계질서」,《역사비평》 2000년 봄호(2000).

김한규, 『티베트와 중국: 그 역사적 관계에 대한 연구사적 이해』(서울: 소나무, 2000).

김한규, 『사조선록(使朝鮮錄) 연구』(서울: 서강대학교출판부, 2011).

김형종, 「청말 혁명파의 '반만'혁명론과 '오족공화론'」,《중국현대사연구》 12(2001).

김형종, 「근대중국의 황제권력: 광서제와 서태후」,《역사학보》 208(2010).

김형종 외, 『중국의 청사 편찬과 청사 연구』(서울: 동북아역사재단, 2010).

김호동, 『황하에서 천산까지』(서울: 사계절, 1999).

김호동, 『근대 중앙아시아의 혁명과 좌절』(서울: 사계절, 1999).

김호동, 「몽골 제국과 大元」,《역사학보》 192(2006).

김호동, 『몽골제국과 세계사의 탄생』(서울: 돌베개, 2010).

김훈, 『남한산성』(서울: 학고재, 2007).

동북아역사재단 편, 『한중일 학계의 한중관계사 연구와 쟁점』(서울: 동북아역사재단, 2009).

모테기 도시오, 「국민국가 건설과 내국 식민지: 중국 변강(邊疆)의 '해방'」, 임지현 외, 『국사의 신화를 넘어서』(서울: 휴머니스트, 2004).

미야자키 이치사다, 차혜원 옮김, 『옹정제』(서울: 이산, 2001).

민두기, 『중국근대사연구』(서울: 일조각, 1973).

민두기, 『중국 근대개혁운동의 연구』(서울: 일조각, 1985).

민두기, 『중국의 공화혁명』(서울: 지식산업사, 1999).

박장배, 「근대 캄 지역의 변화를 통해서 본 중국과 티베트의 관계」, 하정식·유장근 엮음, 『근대 동아시아 국제관계의 변모』(서울: 혜안, 2002).

배우성, 『삼전도비 최초건립위치 고증 학술조사 연구용역 보고서』(서울:

송파구청, 2008).

배우성, 「서울에 온 청의 칙사 馬夫大와 삼전도비」, 《서울학연구》 38(2010).

서울대학교동양사학연구실 편, 『강좌중국사』 IV(서울: 지식산업사, 1989).

송기호, 「대외관계에서 본 발해 정권의 속성」, 여호규 외, 『한국 고대국가와 중국왕조의 조공·책봉관계』(서울: 고구려연구재단, 2006).

송미령, 「합의에서 지명으로: 청대황위계승방식의변화」, 《이화사학연구》 32(2005).

송미령, 「강희제의 청 제국 구상과 만주족의 정체성: 예수회 선교사들의 기록을 중심으로」, 《역사학보》 196(2007).

송미령, 「천총연간(1627~1636년) 지배체제의 확립과정과 조선정책」, 《중국사연구》 55(2008).

송미령, 「淸 康熙帝의 皇太子 결정과 그 位相」, 《명청사연구》 33(2010).

야마무로 신이치(山室信一), 윤대석 옮김, 『키메라: 만주국의 초상』(서울: 소명출판, 2009).

오금성, 『국법과 사회관행: 명청시대 사회경제사 연구』(서울: 지식산업사, 2007).

우경섭, 「17세기 전반 만주(滿洲)로 귀부(歸附)한 조선인들: 『팔기만주씨족통보(八旗滿洲氏族通譜)』를 중심으로」, 《조선시대사학보》 48(2009).

유장근 외, 『중국 역사학계의 청사연구 동향』(서울: 동북아역사재단, 2009).

俞春根, 「淸 冊封使 花沙納의 朝鮮 見聞」, 《嶺東文化》 5(1994).

윤영인, 「만주족의 정체성과 청대사 연구」, 《만주연구》 5(2006).

윤영인 외, 『외국학계의 정복왕조 연구 시각과 최근 동향』(서울: 동북아역사재단, 2010).

윤휘탁, 「'邊地'에서 '內地'로: 中國人 移民과 滿洲(國)」, 《중국사연구》 16(2001).

이성규, 「中華思想과 民族主義」, 정문길 외 엮음, 『東아시아, 문제와 시각』(서울: 문학과지성사, 1995).

이성규, 「중화제국의 팽창과 축소: 그 이념과 실제」, 《역사학보》 186(2005).

이준갑, 「건륭 연간 청조의 대외전쟁과 제국체제」, 인하대학교 한국학연구소 편, 『중국 없는 중화』(인천: 인하대학교출판부, 2009).

이지영, 「淸末 東北地域의 行政改編과 그 意味: 1907年의 建省改制를 中心으로」, 서울대학교 동양사학과 석사학위논문(2004).

任桂淳, 『淸史: 만주족이 통치한 중국』(서울: 신서원, 2000).

全海宗, 『韓中關係史硏究』(서울: 일조각, 1970).

정은주, 『조선시대 사행기록화』(서울: 사회평론, 2012).

정혜중 외, 『중국의 청사공정 연구』(서울: 동북아역사재단, 2008).

조성산, 「18세기 후반~19세기 전반 對淸認識의 변화와 새로운 中華 관념의 형성」, 《한국사연구》 145(2009).

주완요, 손준식·신미정 옮김, 『대만: 아름다운 섬 슬픈 역사』(서울: 신구문화사, 2003).

최소자, 『명청시대 중한관계사 연구』(서울: 이화여자대학교출판부, 1997).

최소자, 『청과 조선: 근세 동아시아의 상호인식』(서울: 혜안, 2005).

최정연, 「理藩院考」, 《동아문화》 20·21(1982·1983).

크로슬리(Crossley, Pamela Kyle), 「'신'청사에 대한 조심스러운 접근」, 윤영인 외, 『외국학계의 정복왕조 연구 시각과 최근 동향』(서울: 동북아역사재단, 2010).

한명기, 『광해군』(서울: 역사비평사, 2000).

한명기, 「丙子胡亂 패전의 정치적 파장」, 《동방학지》 119(2003).

한명기, 「정묘·병자호란과 동아시아 질서」, 역사학회 엮음, 『전쟁과 동북아의 국제질서』(서울: 일조각, 2006).

한명기, 「'再造之恩'과 조선후기 정치사」, 《대동문화연구》 59(2007).

한명기, 『정묘·병자호란과 동아시아』(서울: 푸른역사, 2009).

홍성구, 「18세기 중국의 조선인식: 阿克敦의 朝鮮出使와 「東游集」·『奉使圖』를 통해 본 朝淸關係, 그리고 그 시대적 특징」, 『15~19세기 중국인의 조선인식』(서울: 고구려연구재단, 2005).

高艷林, 「明朝與朝鮮王朝之間的使臣往來」, The Final Research Results Supported by the KFAS International Scholar Exchange Fellowship Program(2004).

孔經偉 主編, 『淸代東北地區經濟史』(哈爾濱: 黑龍江人民出版社, 1990).

歐立德(Elliott, Mark C.),「滿文檔案與新清史」,《故宮學術季刊》24-2(2006).

譚其驤,「歷史上的中國和中國歷代疆域」,《中國邊疆史志研究》1(1991).

杜家驥,『清朝滿蒙聯姻研究』(北京: 人民出版社, 2003).

賴惠敏,『天潢貴冑: 清皇族的階層結構與經濟生活』(臺北: 中央研究院近代史研究所, 1997).

馬菁林,『清末川邊藏區改土歸流考』(成都: 巴蜀書社, 2004).

商鴻逵 等,『清史滿語辭典』(上海: 上海古籍出版社, 1990).

徐凱,「滿洲八旗中高麗士大夫家族」,『明清論叢』第1輯(北京: 紫禁城出版社, 1999).

徐凱,「八旗滿洲旗分佐領內高麗姓氏」,《故宮博物院院刊》2000-5(2000).

孫喆,『康雍乾時期輿圖繪制與疆域形成研究』(北京: 中國人民大學出版社, 2003).

楊學琛·周遠廉,『清代八旗王公貴族興衰史』(沈陽: 遼寧人民出版社, 1986).

劉小萌,『滿族從部落到國家的發展』(沈陽: 遼寧民族出版社, 2001).

劉小萌,『清代北京旗人社會』(北京: 中國社會科學出版社, 2008).

劉爲,『清代中朝使者往來研究』(哈爾濱: 黑龍江教育出版社, 2002).

劉子揚,『清代地方官制考』(北京: 北京紫禁城出版社, 1994).

李鵬年 等,『清代中央國家機關概述』(北京: 紫禁城出版社, 1989).

李洵·薛虹 主編,『清代全史』第一卷(北京: 方志出版社, 2007).

李燕光·關捷 主編,『滿族通史』(修訂版, 沈陽: 遼寧民族出版社, 2001).

李治亭 主編,『東北通史』(鄭州: 中州古籍出版社, 2003).

任桂淳,『清朝八旗駐防興衰史』(北京: 三聯書店, 1993).

張杰 等,『清代東北邊疆的滿族(1644-1840)』(沈陽: 遼寧民族出版社, 2005).

張存武,『清代中韓關係論文集』(臺北: 臺灣商務印書館, 1987).

定宜庄,『清代八旗駐防研究』(沈陽: 遼寧民族出版社, 2002).

鄭天挺,『清史探微』(北京: 北京大學出版社, 1999).

陳文石,「清代滿人政治參與」,《中央研究院歷史語言研究所集刊》48-4(1977).

佟冬 主編, 『中國東北史』(長春: 吉林文史出版社, 1999).

郝維民 · 齊木德道爾吉 主編, 『內蒙古通史綱要』(北京: 人民出版社, 2006).

マーク=エリオット(Elliott, Mark C.), 「ヨーロパ、米國における滿洲學: 過去、現在、未來」, 《東洋文化研究》 10(2008).

岡田英弘 編, 『清朝とは何か』(東京: 藤原書店, 2009).

菊池俊彦, 「北方世界とロシアの進出」, 『岩波講座世界歴史 13 東アジア東南アジア傳統社會の形成』(東京: 岩波書店, 1998).

吉田金一, 『近代露清關係史』(東京: 近藤出版社, 1974).

吉澤誠一郎, 『清朝と近代世界』(東京: 岩波書店, 2010).

山本達郎 編, 『ベトナム中國關係史』(東京: 山川出版社, 1975).

杉山清彦, 「大清帝國史研究の現在: 日本における概況と展望」, 《東洋文化研究》 10(2008).

杉山清彦, 「大清帝國の支配構造と八旗制: マンジュ王朝としての國制試論」, 《中國史學》 18(2009).

杉山清彦, 「大清帝國の支配構造」, 岡田英弘 編, 『清朝とは何か』(東京: 藤原書店, 2009).

石橋崇雄, 『大清帝國』(東京: 講談社, 2000); 이시바시 다카오, 홍성구 옮김, 『대청제국 1616~1799』(서울: 휴머니스트, 2009).

石橋崇雄, 「清朝國家論」, 『岩波講座 世界歴史 13 東アジア東南アジア傳統社會の形成』(東京: 岩波書店, 1998).

松浦茂, 『清の太祖ヌルハチ』(東京: 白帝社, 1995).

野見山溫, 『露清外交の研究』(東京: 酒井書店, 1977).

楢木野宣, 『清代重要職官の研究: 滿漢併用の全貌』(東京: 風間書店, 1975).

片岡一忠, 「朝賀規定からみた清朝と外藩 · 朝貢國の關係」, 『中國官印制度史研究』(東京: 東方書店, 2008).

平野聰, 『清帝國とチベット問題』(名古屋: 名古屋大學出版會, 2004).

平野聰, 『大清帝國と中華の混迷』(東京: 講談社, 2007).

Adshead, S. A. M., *Central Asia in World History*(New York: St.

Martin's Press, 1993).

Anderson, Benedict, *Imagined Communities: Reflections on the Origin and Spread of Nationalism*(London: Verso, 1983).

Atwood, Christopher P., *Encyclopedia of Mongolia and the Mongol Empire*(New York: Fact on File, 2004).

Brook, Timothy, "Tibet and the Chinese World-Empire," Stephen M. Streeter (eds.), *Empires and Autonomy: Moments in the History of Globalization*(Vancouver: UBC Press, 2009).

Chun, Hae-jong, "Sino-Korean Tributary Relations in the Ch'ing Period," Fairbank (ed.), *The Chinese World Order: Traditional China's Foreign Relations*(Cambridge, MA: Harvard University Press, 1968).

Crossley, Pamela Kyle and Evelyn S. Rawski, "A Profile of The Manchu Language in Ch'ing History," *Harvard Journal of Asiatic Studies* 53-1(1993).

Crossley, Pamela Kyle, *The Manchus*(Cambridge MA: Blackwell Publishers, 1997).

Crossley, Pamela Kyle, *A Translucent Mirror: History and Identity in Qing Imperial Ideology*(Berkeley: University of California Press, 1999).

Crossley, Pamela K., "The Conquest Elite of the Ch'ing Empire," Willard J. Petterson (ed.), *The Cambridge History of China, Vol. 9*(Cambridge: Cambridge University Press, 2002).

Crossley, Pamela Kyle (eds.), *Empire at the Margins: Culture, Ethnicity, and Frontier in Early Modern China*(Berkeley: University of California Press, 2006).

Crossley, Pamela Kyle, "The Influence of Altaicism on East Asian Studies," *Towards a New Paradigm in East Asian Cultural Studies: Proceedings for 2009 Berkeley-KU Forum on East Asian Cultural Studies*(Seoul, 2009).

Dennerline, Jerry, "The Shun-chih Reign," Willard J. Petterson (ed.), *The Cambridge History of China Vol. 9*(Cambridge: Cambridge

University Press, 2002).

Di Cosmo, Nicola, "Qing Colonial Administration in Inner Asia," *The International History Review* 20-2(1998).

Di Cosmo, Nicola, and Dalizhabu Bao, *Manchu-Mongol Relations on the Eve of the Qing Conquest: A Documentray History*(Leiden: Brill, 2003).

Di Cosmo, Nicola, "The Manchu Conquest in World-Historical Perspective: A Note on Trade and Silver," *Journal of Central Eurasian Studies* Vol. 1(2009).

Elliott, Mark C., "The Limits of Tartary: Manchuria in Imperial and National Geographies," *The Journal of Asian Studies* 59-3(2000).

Elliott, Mark C., *The Manchu Way: The Eight Banners and Ethnic Identity in Late Imperial China*(Stanford: Stanford University Press, 2001) ; 마크 C. 엘리엇, 이훈 · 김선민 공역, 『만주족의 청제국』(서울: 푸른역사, 2009).

Elliott, Mark C., *Emperor Qianlong: Son of Heaven, Man of the World*(New York: Longman, 2009); 마크 C. 엘리엇, 양휘웅 옮김, 『건륭제』(서울: 천지인, 2011).

Elverskog, Johan, *Our Great Qing: The Mongols, Buddhism and the State in Late Imperial China*(Honolulu: University of Hawai'i Press, 2006).

Esherick, Joseph W., "How the Qing Became China," Joseph W. Esherick (eds.), *Empire to Nation: Historical Perspectives on the Making of the Modern World*(Lanham, MD: Rowman & Littlefield Publishers, 2006).

Farquhar, David M., "The Origins of the Manchus' Mongolian Policy," John K. Fairbank (ed.), *The Chinese World Order: Traditional China's Foreign Relations*(Cambridge, MA: Harvard University Press, 1968).

Farquhar, David, "Emperor as Bodhisattva in the Governance of the Qing Empire," *Harvard Journal of Asiatic Studies* 38(1978)

Fletcher, Joseph F., "China and Central Asia, 1368~1884," John K. Fairbank (ed.), *The Chinese World Order: Traditional China's Foreign Relations*(Cambridge, MA: Harvard University Press, 1968).

Fletcher, Joseph, "Ch'ing Inner Asia c.1800," John K. Fairbank (ed.), *The Cambridge History of China Vol. 10*(Cambridge: Cambridge University Press, 1978).

Fletcher, Joseph, "Sino-Russian Relations, 1800~62," John K. Fairbank (ed.), *The Cambridge History of China Vol. 10*(Cambridge: Cambridge University Press, 1978).

Franke, Herbert, "The Forest Peoples of Manchuria: Kitans and Jurchens," Denis Sinor (ed.), *The Cambridge History of Early Inner Asia*(Cambridge: Cambridge University Press, 1990).

Gang Zhao, "Reinventing China: Imperial Qing Ideology and the Rise of Modern Chinese National Identity in the Early Twentieth Century," *Modern China* 32-1(2006)

Grousset, René, *The Empire of the Steppes: A History of Central Asia*(New Brunswick, NJ: Rutgers University Press, 1970) ; 르네 그루쎄, 김호동 등 역,『유라시아 유목제국사』(서울: 사계절, 1998).

Ho, Ping-ti, "The Significance of Ch'ing Period in Chinese History," *Journal of Asian Studies* 26-2(1967).

Ho, Ping-ti, "In Defense of Sinicization: A Rebuttal of Evelyn Rawski's 'Reenvisioning the Qing'," *Journal of Asian Studies* 57-1(1998).

Hsu, Immanuel C. Y., "Late Ch'ing Foreign Relations, 1866~1905," John K. Fairbank (eds.), *The Cambridge History of China Vol. 11*(Cambridge: Cambridge University Press, 1980).

Kishimoto Mio, "The Ch'ing Dynasty and the East Asian World," *Acta Asiatica* 88(2005).

Larsen, Kirk W., *Tradition, Treaties, and Trade: Qing Imperialism and Chosŏn Korea, 1850~1910*(Cambridge, MA: Harvard University

Asia Center, 2008).

Mancall, Mark, "The Ch'ing Tribute System: An Interpretive Essay," John K. Fairbank(ed.), *The Chinese World Order: Traditional China's Foreign Relations*(Cambridge, MA: Harvard University Press, 1968).

Mancall, Mark, *Russia and China: Their Diplomatic Relations to 1728*(Cambridge, MA: Harvard University Press, 1971).

Mancall, Mark, *China at the Center: 300 Years of Foreign Policy*(New York: The Free Press, 1984).

Millward, James A., *Beyond the Pass: Economy, Ethnicity, and Empire in Qing Central Asia, 1759~1864*(Stanford: Stanford University Press, 1998).

Millward, James A., "The Qing Formation, the Mongol Legacy, and the 'End of History' in Early Modern Central Eurasia," Lynn A. Struve (ed.), *The Qing Formation in World-Historical Time*(Cambridge, MA: Harvard University Asia Center, 2004).

Millward, James A. (eds.), *New Qing Imperial History: The Making of Inner Asian Empire at Qing Chengde*(London and New York: RoutledgeCurzon, 2004).

Perdue, Peter C., "Military Mobilization in Seventeenth and Eighteenth-Century China, Russia, and Mongolia," *Modern Asian Studies* 30-4(1996).

Perdue, Peter C., "Boundaries, Maps, and Movement: Chinese, Russia, and Mongolian Empires in Early Modern Central Eurasia," *The International History Review* 20-2(1998).

Perdue, Peter C., "Comparing Empires: Manchu Colonialism," *The International History Review* 20-2(1998).

Perdue, Peter C., *China Marches West: The Qing Conquest of Central Eurasia*(Cambridge, MA: The Belknap Press of Harvard University Press, 2005).; 피터 C. 퍼듀, 공원국 옮김, 『중국의 서진: 청의 중앙 유라시아 정복사』(서울: 길, 2012).

Rawski, Evelyn S., "Reenvisioning the Qing: The Significance of the Qing Period in Chinese History," *Journal of Asian Studies* 55-4(1996).

Rawski, Evelyn S., *The Last Emperors: A Social History of Qing Imperial Institutions*(Berkeley: University of California Press, 1998) ; 이블린 S. 로스키, 구범진 옮김, 「최후의 황제들: 청 황실의 사회사」(서울: 까치, 2010).

Rhoads, Edward J. M., *Manchus & Han: Ethnic Relations and Political Power in Late Qing and Early Republican China, 1861~1928*(Seattle and London: University of Washington Press, 2000).

Rossabi, Morris, "The Ming and Inner Asia," Frederick W. Mote (eds.), *The Cambridge History of China Vol. 8*(Cambridge: Cambridge University Press, 1998).

Roth Li, Gertraude, "State Building before 1644," Willard J. Petterson (ed.), *The Cambridge History of China Vol. 9*(Cambridge: Cambridge University Press, 2004).

Rowe, William T., *China's Last Empire: The Great Qing*(Cambridge, MA: Belknap Press of Harvard University Press, 2009).

Spence, Jonathan D., *Emperor of China: Self Portrait of K'ang Hsi*(New York: Knopf, 1974) ; 조너선 D. 스펜스, 이준갑 옮김, 「강희제」(서울: 이산, 2001).

Spence, Jonathan D., *Treason by the Book*(New York: Viking Penguin, 2001) ; 조너선 D. 스펜스, 이준갑 옮김, 「반역의 책」(서울: 이산, 2004).

Spence, Jonathan, "The K'ang-hsi Reign," Willard J. Petterson (ed.), *The Cambridge History of China, Vol. 9*(Cambridge: Cambridge University Press, 2002).

Stary, Giovanni, *A Dictionary of Manchu Names: A Name Index to the Manchu Version of the "Complete Genealogies of the Manchu Clans and Families of the Eight Banners"*(Wiesbaden: Harrassowitz in Kommission, 2000).

Struve, Lynn A. (ed.), *The Qing Formation in World-Historical*

Time(Cambridge, MA: Harvard University Asia Center, 2004).

Torbert, Preston M., *The Ch'ing Imperial Household Department: A Study of its Organization and Principal Functions, 1662~1796*(Cambridge, MA: Harvard University Press, 1977).

Waley-Cohen, Joanna, "The New Qing History," *Radical History Review* 88(2004).

Woodside, Alexander, "The Ch'ien-lung Reign," Willard J. Petterson (ed.), *The Cambridge History of China Vol. 9*(Cambridge: Cambridge University Press, 2002).

출간사

급격하게 변화하고 있는 21세기를 맞아 창의적인 인문학 연구를 고취하고, 인문학의 연구 성과를 대중과 소통하여 그 내실을 다지며, 사회와 현실에 대한 보다 깊이 있는 시선을 확보하는 일은 무엇보다 중요하다. 옛것을 거울삼아 새로운 것을 창조해 내는 이른바 법고창신(法古創新)의 정신을 되살리고, 변화하는 사회에 능동적으로 대처하기 위해서는 무엇보다도 인문학이 가져다줄 수 있는 심화된 교양과 고전에 대한 깊이 있는 이해가 필요하다. 인문학의 위기를 걱정하고 그 미래를 고민하며 시대를 헤쳐 나갈 인문학의 지혜에 목말라하는 사람들은 많아졌지만, 정작 '대중 인문학'이라고 부를 수 있는 저술들은 턱없이 부족하다.

서울대 인문 강의 총서는 창의적 학술성을 지닌 인문학적 지식이 가독성과 깊이를 겸비한 저술을 통해 학계 및 사회와 소통할 수 있는 계기를 만들고자 한다. 이를 위해 대중과 호흡할 수 있는 창의적인 인문학 주제들을 발굴해 내고, 인문학 스스로 대중 및 사회와의 접점을 능동적으로 찾아 나가는 길을 모색하고자 한다.

서울대 인문 강의 총서는 "대중과 함께하는 인문학의 향연"이라는 취지에서 2010년 시작된 '서울대학교 인문 강의'의 성과를 저술로 묶어 낸 것이다. 서울대 인문 강의 총서는 교양서와 학술서라는 진부한 이분법에서 벗어나 품격 있는 고급 교양서를 지향한다. 이를 위해 서울대학교 인문대학의 소장 교수들이 동양과 서양, 고대와 현대, 문사철(文史哲)의 경계를 넘나들며 최고의 인문학적 지식과 상상력을 펼쳐 보이고자 한다.

서울대 인문 강의 위원회

01　서울대 인문 강의

청나라,
키메라의 제국

1판 1쇄 펴냄 2012년 8월 31일
1판 8쇄 펴냄 2022년 7월 6일

지은이 구범진
발행인 박근섭, 박상준
펴낸곳 (주)민음사

출판등록 1966. 5. 19. (제16-490호)
서울특별시 강남구 도산대로1길 62(신사동)
강남출판문화센터 5층 (06027)
대표전화 02-515-2000
팩시밀리 02-515-2007
www.minumsa.com

ⓒ 구범진, 2012. Printed in Seoul, Korea
ISBN 978-89-374-8494-0 04910
ISBN 978-89-374-8492-6 (세트)

* 잘못 만들어진 책은 구입처에서 교환해
  드립니다.